外 国 民 事 诉 讼 法 译 丛

主编 张卫平 齐树洁

FRENCH CODE OF CIVIL PROCEDURE

法国民事诉讼法典

周建华 译

厦门大学出版社
XIAMEN UNIVERSITY PRESS

国家一级出版社
全国百佳图书出版单位

图书在版编目(CIP)数据

法国民事诉讼法典/周建华译.—厦门:厦门大学出版社,2022.3
ISBN 978-7-5615-8511-5

Ⅰ.①法… Ⅱ.①周… Ⅲ.①民事诉讼法—法典—法国 Ⅳ.①D956.551

中国版本图书馆 CIP 数据核字(2022)第 021841 号

出 版 人	郑文礼
责任编辑	甘世恒
装帧设计	李夏凌
技术编辑	许克华

出版发行 厦门大学出版社

社　　址	厦门市软件园二期望海路 39 号
邮政编码	361008
总　　机	0592-2181111　0592-2181406(传真)
营销中心	0592-2184458　0592-2181365
网　　址	http://www.xmupress.com
邮　　箱	xmup@xmupress.com
印　　刷	厦门集大印刷有限公司

开本	720 mm×1 020 mm　1/16
印张	26.25
插页	2
字数	445 千字
版次	2022 年 3 月第 1 版
印次	2022 年 3 月第 1 次印刷
定价	128.00 元

本书如有印装质量问题请直接寄承印厂调换

厦门大学出版社
微信二维码

厦门大学出版社
微博二维码

总　序

张卫平[*]

　　一个伟大的民族应该是最善于学习和借鉴的民族。中华民族欲实现自己文明的伟大复兴就必须向世界学习,吸取社会发展的知识,以人类的智慧丰富自己。除了自然科学知识之外,社会管理、法律治理的知识和制度也是我们必须学习和借鉴的。中华民族具有悠远、伟大、灿烂的文明历史,但对近现代的法治而言,中国才刚刚起步。在我们下定决心走向现代法治之路时,我们便应该以无限开放的姿态和观念,学习、借鉴、接纳国外发达法治国家的理论和制度的精华。他国的实践和经验是人类最有价值的共同财富。

　　诚然,各国的历史、文化、观念、政治等有所不同,每个国家都有自己走过的路,中国亦有自己特定的历史发展路径和社会背景。但是,人类发展过程中总是有许多共性,在法律治理、依法治国、纠纷解决方面总是会面临同样的问题。这是作为人的存在、社会的存在的必然。人类社会发展的价值观总是有诸多共同的面相。这些共同的价值观决定了人们在处理纠纷解决的问题时,在其制度建构方面具有同样的追求,因而会设计和构建出充分体现其聪明才智的制度。于此,我们没有理由拒绝这些智慧,单凭自己的想象走一条完全陌生的道路。可以说,所有的制度创新,其前提都是学习和借鉴。没有学习和借鉴,就不可能有所创新,有所创造,民事诉讼制度亦是如此。

　　在民事诉讼法的制度建构方面,我国已有长足的进步,但与发

＊　作者系清华大学法学院教授,中国民事诉讼法学研究会会长。

达国家相比,依然还有很大的差距。尤其是对程序和程序正义,我们在传统和观念方面尚无足够的重视。民事诉讼法的制度建构远不能与实体法制度的建构相比,远远滞后于实体法的制度建设。我们不得不面对民事诉讼法和民事诉讼程序还相当粗疏,尚有诸多缺失的现实。与此同时,我们却还常常质疑现代法律和程序的精致性。实质上这种精致和严密恰恰反映了人们对纠纷解决程序正义的追求,也体现了人类社会发展的大趋势。一个复杂的社会的纠纷解决机制不可能是简单和粗陋的。当然,我们没有必要将每一种程序都推向极致的严密,而应当从多元化、多样化角度考虑,使之呈现一种多元化和多样化的"树形"构建和布局。民事诉讼法的现代建构与现代农业的发展一样,离不开精细化的作业。

我们注意到,相对而言,实体法的发展更注意对先进制度的学习和借鉴,更充分地吸纳发达国家的实体法制度。由于司法制度的政治、历史原因,对域外民事诉讼法的学习和借鉴会遭遇更强烈的本土意识和传统意识的自觉抵制,因而更容易受到排斥。因此,我们更需要在观念上、心理上克服这种人为的封闭和自缚,以更开放的姿态学习和借鉴国外程序法制度的经验。只有这样,才能充分发挥我国在法治发展方面的"后发优势",使我们的民事诉讼法成为一部先进的法典,成为一部最具现代法治精神和理念的民事诉讼法。

民事诉讼法典是民事诉讼规范的基本文本,对于域外民事诉讼制度的了解,重要的途径之一就是学习和研究该国的民事诉讼法典。对国外民事诉讼法典的学习和研究是我们了解国外民事诉讼制度的开端。厦门大学出版社组织翻译、出版这套外国民事诉讼法译丛无疑是有远见和气魄的。相信这套译丛的出版将对我国民事诉讼法学的发展和民事诉讼制度建设起到十分重要的作用。在此,我们要真诚地感谢厦门大学出版社。可以毫不夸张地说,厦门大学出版社已经成为我国民事诉讼法学发展的一个重要基地。

翻译是一种学术、艺术和科学的作为,更是一项十分辛苦的作业,尤其是在人们片面强调所谓创新,翻译作品不计入学术研究成果的当下,翻译对于青年学者更是缺乏进阶价值的作为。因此,从事法典的翻译无疑是一种牺牲和奉献。民事诉讼法典的翻译要做到严复先生提倡的"信、达、雅",就绝不是语言的简单转换,必须准确理解诉讼制度的精神和结构,方能实现传意性、相似性和可接受性。其中既需要译者对域外诉讼制度的正确把握,也需要译者对我国诉讼制度的了解。为此,我们要向这些不计名利、辛苦劳作的译者们致敬。

就我国的近代历史而言,似乎呈现着这样一种现象,每当大量国外译介作品问世时,就有可能预示新一轮社会的改革和发展。我们相信,"外国民事诉讼法典译丛"的问世也将助推我国民事诉讼制度和民事诉讼法学新一轮的兴盛。

2015 年 8 月 6 日

序　言
法国民事诉讼程序的改革

洛伊克·卡迪耶(Loïc Cadiet)

　　周建华女士对《法国民事诉讼法典》的中文翻译是一项宏大的工程。非常感谢她！我很荣幸为该法典的中文版本写此序言！

　　法国民事诉讼程序改革的历史进程以两个重大事件为标志，即1806年法典的颁布和1975年法典的颁布。对前者，我们曾长期称之为"旧民事诉讼法典"；对后者，曾长期称之为"新民事诉讼法典"。这两部法典曾在一段短暂的时期内并存，其各自条文适用于不同领域。今天存留下来的只有1975年《民事诉讼法典》，自其颁布以来已有多次修改。

　　这两部法典尽管各自采取的方式不同，但均具有鲜明的时代特征。它们的影响不仅仅限于法国境内。1806年法典和1975年法典在历史的进程中与欧洲其他国家的法律相互交融，彼此之间因为军事的占领或知识的交流而互相影响。在民事诉讼程序的欧洲一体化时期，对1806年法典和1975年法典的反思也深刻融入尚未完成的欧盟民事诉讼程序的构建中。

　　法国民事诉讼法典的发展具有悠久历史。在初始发展进程中，1667年关于民事诉讼程序的皇家法令（Ordonnance royale）①是这一演变过程中的重要事件②，它在随后的几十年中把民事诉讼程序固定了下来，直到法国大革命爆发。

在这种情况下，不能像曾经常提及的那样，把1806年法典简化为1667年皇家法令的简单复制。③ 1806年法典实际上具有了现代性的意义。1806年法典，以不同于1804年《民法典》的方式，实现了从旧制度的程序法律至中间法（droit intermédiaire）④中的程序简化改革之间的过渡。此点反映在迄今为止被忽略的信息源中，即1806年法典的制定理由说明中。⑤

但是，坦率地说，1806年法典的章节目录没有体现出法典本身

----

① 也称为"民事法令"（Ordonnance civile）或"路易法典"（Code Louis），以当时法国的国王路易十四命名。Voir N. Picardi e A. Giuliani (a cura di), *Testi e Documenti per la Storia del Processo*, spécialement I. Code Louis, t. 1 *Ordonnance civile*, 1667, Introduzione N. Picardi (1996).

② 就民事诉讼程序的政治历史发展角度而言，1667年法令具有非常重要的意义。1667年法令在路易十四国王的首相科尔伯特（Colbert）的倡议和授权下编写，当时的王权（今天称之为行政权）正遭遇敌对情绪，甚至包括议会的反对，尤其是来自巴黎议会的反对（今天称之为司法权）。1667年法令正是司法合理化与司法传统的强力碰撞下的产物。参见：J. Krynen, *L'Etat de justice*, France, XIIIe-XXe siècle, Vol. 1: *L'idéologie de la magistrature ancienne*, Paris, Editions Gallimard, collection NRF, 2009, spécialement p. 191 et suivantes.

③ 有学者认为1806年法典是"一次欠缺独立性的复制"。参见：E. Garsonnet et C. Cézar-Bru, *Traité théorique et pratique de procédure civile et commerciale*, Paris, 2ème édition, 1898-1904, t. II, p. 241；同时，有学者认为1806年法典"在颁布时便已经过时了"，参见 E. Glasson, A. Tissier et R. Morel, *Traité théorique et pratique d'organisation judiciaire, de compétence et de procédure civile*, Sirey, 3ème édition, t. 1, n° 25, p. 65.

④ 中间法，是指象征旧君主政体制度灭亡的攻克巴士底狱事件至法兰西第一帝国1804年《民法典》颁布之间的法律。"中间"（intermédiaire）一词揭示了从旧制度的法律（Ancien Droit）向基于《民法典》的新制度之间过渡的理念。

⑤ 有学者成为1806年法典的第一批注释学派：P. Boncenne, *Théorie de la procédure civile*, Poitiers, E.P.J. Catineau, 1828, spécialement, p. 27 et suivantes. 或者参见：G. Wiederkehr, *Les exposés des motifs du Code de procédure civile de* 1806, in L. Cadiet et G. Canivet (sous la direction de), 1806-1976-2006, *de la commémoration d'un code à l'autre*, 200 ans d'histoire de la procédure civile, Paris, LexisNexis, 2006, p. 91 et suivantes.

的合理性。该法典包括两部分。第一部分"法院适用的程序"包括五卷,分别规定治安法官、基层法院、上诉法院、对裁判的特殊救济和对裁判的执行。第二部分"其他程序"包括三卷:第一卷没有标题,分为十二编;第二卷是有关继承开始的程序;第三卷为仲裁,仅一编。毫不夸张地说,此目录没有任何意义,是一个历史遗留的产物,而非 1806 年立法者想要的结果。1975 年新法典的情况则截然不同。

在此序言中,我不打算详谈新民事诉讼法典的起源和一般演进,因为我在其他文献中多有论述。① 此处,只做简单回顾:新民事诉讼法典于 1977 年 1 月 1 日在法国全部领土生效之时并不完整,只有 927 条,仅包括第一卷"各法院适用的通则"和第二卷"各法院的特别规定";直到 1981 年才得以完善,达到 1507 条。在此期间,加入了适用于最高司法法院的相关程序规定②,以及第三卷"特定案件的特别规定"③和第四卷"仲裁"④的内容。此后,法典持续进行了大量修改。2011 年 1 月 13 日第 2011-48 号法令修改第四卷"仲裁"(第 1442 条至第 1527 条)。第五卷起初用来汇集有关民事执行程序的规定,2012 年被用来汇集"协商解决纠纷"的规定。⑤

---

① 参见:L. Cadiet et G. Canivet (sous la direction de), 1806-1976-2006, *de la commémoration d'un code à l'autre*, 200 ans d'histoire de la procédure civile, Paris, LexisNexis, 2006. 也参见: L. Cadiet, *Le Code*, in Cour de cassation, *Le nouveau Code de procédure civile*, *vingt ans après*, Paris, La documentation française, 1998, p. 45 et suivantes.

② 根据 1979 年 11 月 7 日第 79-941 号法令制定的《民事诉讼法典》最初的第 973 条至第 1037 条。

③ 根据 1981 年 5 月 12 日第 81-500 号法令制定的《民事诉讼法典》最初的第 1038 条至第 1441 条。

④ 根据 1981 年 5 月 12 日第 81-500 号法令制定的《民事诉讼法典》最初的第 1442 条至第 1507 条。

⑤ 2012 年 1 月 20 日第 2012-66 号法令增加了《民事诉讼法典》第 1528 条至第 1567 条,随后又对其进行了若干修改。

最后,加入第六卷"适用于海外属地的规定"。①

法典编撰工作带来的挑战使 20 世纪的民事诉讼改革者们很快意识到法典目录中存在的问题。正如其中一位改革者、也曾是主要修改者的②杰哈诃·科尔尼(Gérard Cornu)校长所言:"是时候把这些章节通过合理顺序进行联系,而非采用商品目录的方式呈现。"③新民事诉讼法典的目录就是此理性思考的产物,体现了民事诉讼程序自身的合理性逻辑。

在尝试从大审法院适用程序的角度去组织法典结构后,法典编纂者们意识到有必要从更高的普遍性来指引民事法官为之构思一个"民事诉讼的范式"④。

"从上述视角出发,大审法院的适用程序不再作为诉讼程序的单一本源,而是平等地作为那些统率民事诉讼程序(包括所有民事诉讼程序)具有一般性依据的众多规则之一。方案由此产生:法典的第一卷旨在规定对所有法院适用的共同程序规则,也即依据各法院的性质而抽象适用的基本规定;第二卷则为不同的法院确定各自的特别规定,包括第一审、上诉和向最高司法法院上诉。在此部分,依据法院的性质确定各自的程序;同时,引入另一个标准,即

---

① 《民事诉讼法典》第 1508 至第 1519 条,由 2004 年 11 月 20 日第 2004-1234 号法令添加,后由 2005 年 10 月 14 日第 2005-1302 号法令修改;随后,又因为第四卷"仲裁"的修改和第五卷"协商解决纠纷"的插入,重新编号为第 1575 条至第 1582 条。第六卷仅表明《民事诉讼法典》适用于瓦利斯群岛和富图纳群岛,并对一些条文进行相应修改。瓦利斯群岛和富图纳群岛是法国海外领土,位于新喀里多尼亚和塔希提岛之间的波利尼西亚大洋洲上。

② Jean Foyer, *Synthèse des travaux*, in Cour de cassation, *Le nouveau Code de procédure civile*, *vingt ans après*, Paris, La documentation française, 1998, p. 321 et suivantes, spécialement p. 323."此部法典是由,或几乎全部由杰哈诃·科尔尼校长起草,因此可以将其称为《科尔尼法典》。"

③ G. Cornu, *L'élaboration du code de procédure civile*, *Revue d'histoire des facultés de droit et de la science juridique*, 1995, n° 16, p. 241 et suivantes, spécialement, p. 247.

④ "诉讼"(procès)的概念已经出现在当时年轻的法学教授杰哈诃·科尔尼和让·佛耶在法国大学出版社出版的民事诉讼教材中,参见:G. Cornu et J. Foyer, *Procédure civile*, Paris, Presses Universitaires de France, 1958. 1996 年第三版中第二部分的标题为"民事诉讼",包括第一卷"民事诉讼的范式"和第二卷"民事诉讼的类型"。

案件的类型。因此,第三卷旨在总结适用于特定案件的特别规定,此卷中涉及由于一些案件(例如离婚、辅助教育、占有诉讼等)的特殊性而确定的特殊程序规定。"①

之后在 1981 年,鉴于仲裁在程序和实体上的双重特殊性,将有关仲裁的条文整体移至第四卷中;2012 年,又编入第五卷有关协商解决纠纷的规定。

这种方法论式的构建不限于法典的总体性建构。正所谓"在此顺序里,此种构建也是一种模式"。② 在法典每卷的具体章节安排方面,结构的逻辑亦遵循从一般到特殊,原则性规定在前、补充性规定和例外性规定在后的逻辑。在介绍每个种类的特定条款之前,最常陈述共同规定③,例如有关调查取证措施④和救济程序⑤的规定在这方面特别具有意义⑥。正如有学者建议的,"此种立法的科学性构建"回应了"立法的经济性期望",即"从纷繁复杂中提炼共同性,有利于实现文本和法律上的经济性"。⑦

从完整的意义上说,新民事诉讼法典的结构因此呈现为一部

---

① G. Cornu, *L'élaboration du code de procédure civile*, *Revue d'histoire des facultés de droit et de la science juridique*, 1995, n° 16, p. 241 et suivantes, spécialement, p. 248.

② G. Cornu, *L'élaboration du code de procédure civile*, *Revue d'histoire des facultés de droit et de la science juridique*, 1995, n° 16, p. 241 et suivantes, spécialement, p. 248.

③ 大多数情况下皆如此,但也存在例外。有时,特殊规定在前,一般规定在后。为什么? 可能是因为对一般的理解需要依托对特殊规定的事先认知。例如:第49条至第52条,有关权限管辖和地域管辖的规定;第954条至第955-2条,有关上诉程序的争讼程序和非讼程序的规定;第1009条至第1022-1条,有关最高司法法院适用的各种程序的共同规定。

④ 参见第143条至第178条,以及有关调查询问的第204条至第221条,有关由技术人员执行的调查取证措施的第232条至第248条。

⑤ 参见第528条至第537条。

⑥ 参见有关强制第三人参与诉讼的第331条至第333条,有关裁判的第430条至第479条。

⑦ G. Cornu, *L'élaboration du code de procédure civile*, *Revue d'histoire des facultés de droit et de la science juridique*, 1995, n° 16, p. 241 et suivantes, spécialement, p. 248 et suivantes.

精巧的作品,正如有学者所言,这是"一部优美的法典,具有井井有条的优美结构"①。新民事诉讼法典显然就是一部优美的法典,其法兰西式花园的美丽必将受到赞美。

如果抛开形式从实质来看,法国民事诉讼程序构思的特点很清晰,即开展诉讼的意向往往胜于对事实做出的判决。

这个问题首先并且尤其涉及民事诉讼的抗辩式或纠问式性质,即私法或公法属性的问题。因此,一个简单的观点是:将旧民事诉讼法典的抗辩式理念与新民事诉讼法典的纠问式理念进行对比。对此观点既有反对者也有支持者。虽然从表面看,法国民事诉讼体系呈现为纠问式,但诸多法国学者仍认为法国民事诉讼原则上不同于刑事诉讼和行政诉讼,属于抗辩式。实际上,这些区分过于僵化,无法对现实进行有益和忠实的说明。② 尽管新民事诉讼法典的起草者表示已经接受了(他们已经进行了多次解释③)法国民事诉讼法的很多自由传统,尤其是承认诉讼应属当事人的事情(即私法层面);但是由于民事诉讼解决的是私法秩序上的纠纷,起草者也支持民事诉讼与其他诉讼一样具有维护社会利益的功能,即在公共服务框架内行使的社会职能,这就自然导致赋予法官必要的控制诉讼权力(即公法层面)。故而在某种意义上说,民事诉讼是当事人和法官的共同事情,这种共同的目标或利益,要求各方

① Ph. Malaurie, *Rapport de synthèse*, in B. Beignier (sous la direction de), *La codification*, Dalloz, 1997, p. 200.

② 参见:C. Ambroise-Castérot, *Procédure accusatoire/Procédure inquisitoire*, in L. Cadiet (sous la direction de), *Dictionnaire de la justice*, Presses universitaires de France, 2004;L. Cadiet, J. Normand, S. Amrani-Mekki, *Théorie générale du procès*, Paris, Presses universitaires de France, collection *Thémis*, 3ème édition 2020, n° 197 à 309. 参见比较法相关文章: N. Trocker et V. Varano (eds), *The reforms of civil procedure in comparative perspective*, Torino, Editore Giapichelli, 2005, p. 243 et suivantes.

③ 特别参见: G. Cornu, *Les principes directeurs du procès civil par eux-mêmes, fragment d'un état des questions*, in *Mélanges Pierre Bellet*, Litec, 1991, p. 83 et suivantes. -H. Motulsky, *Prolégomènes pour un futur Code de procédure civile: la consécration des principes directeurs du procès civil par le décret du 9 septembre 1971*, *Recueil Dalloz* 1972, p. 91 et suivantes.

在确定争议事项和诉讼程序方面进行长期的合作。① 当然，应当在程序规定中的细节上具体规范这种合作，不要忽略对这种合作的思考。这种合作不仅是一种合同，以及诉讼主体在合作中的妥协放弃和融合，更是各方自治空间边界的清晰界定和表述。②

1975 年以来，《民事诉讼法典》虽然经历多次修改，但是其基本方向从未被质疑。这些修改总体而言是对程序规则进行适应性调整，因为一个私法体系从来都不是凝固不变的。法典随着时间的流逝而发展，以适应现实的不断演变。改革就是这种适应的表现。③ 但是，自 2016 年以来，由于第一审法院组织体系的结构性改革，《民事诉讼法典》自然也进行了一场更为实质性的改革，我将在此序言中具体阐述。

改革是永恒的话题。有理由为法国自中世纪以来的司法改革写下一部有启发性的历史。这部历史尤其能展示出司法改革与政治改革之间的紧密联系④；经济方面的考虑亦始终存在于其中，但这一点并不是随着自由主义秩序和新公共管理在世界范围内的扩散而产生的，而是涉及 16 世纪商事法院的创立和 19 世纪初司法统计工具的产生，以及 20 世纪 20 年代被称为"司法地图"（la carte judiciaire）的法院地理分布重组等历史事件。⑤

---

① 参见：L. Cadiet et E. Jeuland, *Droit judiciaire privé*, Paris, LexisNexis, 10ᵉᵐᵉ édition 2017, n° 509 à 536.

② 参见：L. Cadiet, *Construire ensemble des débats utiles* ⋯, in *Mélanges Jean Buffet*, Petites affiches, 2005, p. 99 et suivantes.

③ 参见：L. Cadiet et L. Richer（sous la direction de），*Réforme de l'Etat, réforme de la justice*, Presses universitaires de France, 2003；A. Vauchez et L. Willemez, *La justice face à ses réformateurs*（1980-2006），Presses universitaires de France, 2007.

④ 重大的法律改革是在重大政治变革中进行的。参见：G. Cornu et J. Foyer, *Procédure civile - Mise à jour* 1960： *Commentaire de la réforme judiciaire*（22 *décembre* 1958），Presses universitaires de France, 1960. 特别是第 1 页中关于 1958 年司法大改革的论述："与 1958 年 10 月 4 日宪法中政治机构改革紧密相连，法国历史上第二次高卢主义冲动下的革命运动也带动了司法机构的改革。"

⑤ 参见 L. Cadiet, *L'hypothèse de l'américanisation de la justice française - Mythe et réalité*, *Archives de philosophie du droit*, tome 45, Dalloz, 2001, p. 89 et suivantes.

十年前,我写过一篇关于法国现代民事诉讼趋势的文章,特向乔治·维德克尔(Georges Wiederkehr)校长致敬。[①] 在此文中,我尝试总结当时的发展和未来的挑战。在我看来,当时的事态发展呈现为纠纷的非司法化、程序的理性化、诉讼程序的重组化,三者构成了一种新的诉讼程序文化。关于法国现代民事诉讼程序的未来,我也归纳出三个挑战,分别是技术性挑战、复杂性挑战和民主性挑战。十年后,上述判断的趋势并未逆转,挑战的绝大部分也仍存在。[②]

下面谈谈 2015—2017 年和 2018—2019 年的两轮改革。我将分别以主持改革的两位司法部长的名字命名:第一位为克里斯蒂娜·陶比拉(Christine Taubira),第二位为妮可·贝卢贝特(Nicole Belloubet)。在 21 世纪司法改革的"陶比拉改革"[③]实施后不到 3 年,2018 年改革的齿轮又重新启动[④],开启了一项新的改革——"贝卢贝特改革",即有关新时代的法律改革。[⑤] 2019 年 3 月 23 日第 2019-222 号《关于 2018—2022 规划和司法改革的法律》,与同日第 2019-221 号《关于加强法院组织改革的法律》,借用一名学者的表达,共同组成"旗舰店"。[⑥] 愤世嫉俗的人可能认为 21 世纪不会

---

① L. Cadiet, *Les tendances contemporaines de la procédure civile française*, in *Mélanges Georges Wiederkehr*, Dalloz, 2009, p. 65 et suivantes.

② 因为民事诉讼程序中的民主制度处于崩溃边缘,无论是在诉诸法律和求助法律援助方面,还是在法官地位方面,仍然受到政治权力的束缚。

③ 特别是 2016 年 11 月 18 日第 2016-1547 号《关于司法现代化的法律》,以及许多其他文本的补充。参见:H. Croze et L. Cadiet (sous la direction de), *Justice du XXIᵉ siècle : aspects procéduraux*, Procédures 2017, n° 2.

④ L. Cadiet, *Chantiers de la justice. De Word Perfect au monde parfait?*, Procédures 2018, Repère 3.

⑤ 2019 年 3 月 23 日第 2019-222 号《有关 2018—2022 规划和司法改革的法律》,并辅以许多其他文本,特别是 2019 年 8 月 30 日的 2019-912 号关于修改《司法组织法典》和适用 2019 年 3 月 23 日第 2019-222 号《关于 2018-2022 规划和司法改革的法律》中第 95 条和第 103 条,2019 年 12 月 11 日第 2019-1333 号《关于改革民事诉讼程序的法令》。参见:L. Cadiet et H. Croze (sous la direction de), *Procédures* 2019, Etudes 6 et suivantes; *Procédures* 2020, Etudes 2 et suivantes.

⑥ J. Danet, *Brèves réflexions sur une réforme de la justice ambitieuse et sur ses enjeux profonds*, Dalloz. Actualité, 19 avr. 2019.

外国民事诉讼法译丛

法国民事诉讼法典

持续很长时间。其他人则将其视为政治营销的体现,每位部长都希望将自己的名字与改革联系起来,这样历史就不会忘记其政治功绩,否则似乎就不曾当过司法部长。说实话,这两轮改革其实属于同一项计划。虽然它们涉及不同的立法者,但是立法者属于同一时期的改革者。一方面,"陶比拉改革"中没有涉及的部分得以优化,特别是取消小审法院作为第一审的独立法院,同时在财政计划中加入了新法律,旨在赋予实现目标所需要的财务手段,并将重要的技术部分整合到改革体系中——这些正是 2016 年 11 月 18日第 2016-1547 号《有关 21 世纪司法现代化的法律》所没有规定的;另一方面则是拓展和加深前面改革已经开始的进程,特别是家事纠纷解决中日益提高的契约化。从此改革到彼改革,呈现的是同一理念和同一改革的延续态势。

这些改革的生效时间为从法律发布之日起至 2023 年 12 月 31日止。[①] 本序言无意详细介绍正在进行的改革,我将在更广泛的意义上选择性地论述法国司法(主要是民事司法)改革中的关键点。这些关键点可总结为五个词语,——去碎片化(dé-fragmentation)、去司法化(dé-judiciarisation)、去形式化(dé-formalisation)、去物质化(dé-matérialisation)、去法典化(dé-codification)。[②]

一、去碎片化

"去碎片化"这一术语在法律语言中并不常见。我在此采用它是为了总结这些年与司法组织结构的新方式有关的改革中呈现的法院管辖权合并现象。

法国的司法组织并不是真正的法兰西式花园。它从来没有严格按照几何的方式从整体上进行考虑,因而不同于大革命时期合

---

①　Circulaire Ministère de la Justice, 25 mars 2019, JUST 1806695L, CIV/04/2019. Voir H. Croze, *Loi n° 2019-222 du 23 mars 2019 de programmation 2018－2022 et de réforme pour la justice : entrée en vigueur des dispositions civiles*, Procédures 2019, Etude 9.

②　参见:L. Cadiet, *La réforme Belloubet ou le jeu de dés*, Procédures 2019, Repère 6.

理设计的司法地域组织结构——司法地图。① 这似乎是诸多法院组织的简单共存,源于历史进程中极其多样化的环境。② 这些法院的产生,有时纯粹是出于政治考虑,例如行政法院和司法法院的分开设立,体现法国三权分立的理念;有时是出于经济原因,例如商事法院的设立,授予某些监管机构具有裁判的权力;有时还会考虑某些实体法规则的特殊性,例如劳动法院的设立,还有二战之后设立的负责实施新的社会保障权利的社会保障法院,以及 1945 年和 1958 年设立的儿童事务法院,20 世纪 60 年代在家事法律的改革中婚姻事务法官变更为家事法官。③ 对法院的特殊化组织结构的选择胜过了对司法统一的关注。这种选择的结果实际上增加了复杂性。此种状态在 1958 年第一审普通法院——大审法院之外设立小审法院时达到了顶峰。小审法院可视为治安法院的继任者,但与后者在经济上产生断裂。因为小审法院由职业法官组成,职业法官除促进当事人和解外,还依据法律进行裁判。以前有 2902 个治安法院,新设立的小审法院却只有 455 个。在设立之初,小审法院的性质便引发讨论,因为有些小审法院只具有特殊管辖权,而另一些则具有普通管辖权,导致一些学者认为小审法院属于大审法院的"分支机构"④。之后,大审法院和小审法院之间管辖权的分配愈发变得模糊,因为难以建立两者受案范围的清单。特别是在 2002 年,设立了由推荐方式组成的邻近法院,随后又于 2017 年撤销,更是加重了这种混乱。

早在 1967 年预算抉择合理化政策起步之时,经济和财政部的中央调查委员会就公共服务的成本和收益进行了调研,认为"法院

---

① 参见: F. Chauvaud et J.-J. Yvorel, *Histoire de la carte judiciaire - L'organi-sation judiciaire entre les pouvoirs, les savoirs et les discours* (1790-1930), Convention de recherche du 29 oct. 1991 avec le Ministère de la Justice (Conseil de la recherche).

② 参见:L. Cadiet, *Introduction à un cours de Droit institutionnel de la justice*, in *Mélanges Geneviève Giudicelli-Delage*, Paris, Dalloz, 2016, p. 289-322, spécialement n° 8-9.

③ 根据《欧洲人权公约》第 5 条至第 7 条,欧盟立法和欧洲人权法院判例法引发的组织和程序改革将范围扩大到欧洲。

④ 参见:L. Cadiet et E. Jeuland, *Droit judiciaire privé*, LexisNexis, 10ème édition 2017, spécialement n° 141.

外国民事诉讼法译丛 法国民事诉讼法典

的集中化是法院正常运作的必要条件"。① 因此,在 2001 年提出成立设想第一审法院的,"第一审法院将有可能更好地管理民事诉讼程序和刑事诉讼程序以及特定案件,它将统管发生在行政区首府,邻近法院的辖区,小审法院的司法辖区内的各种类型的纠纷解决"②。这个想法逐步浮出水面。五年前,在"陶比拉改革"方案制定的过程中,整合第一审法院的改革计划已经出台,甚至包括整合小审法院以外的商事法院和劳动法院,但改革计划最终搁浅。2019 年春季,尽管遭遇工会组织的一再反对,整合第一审法院的改革计划内容作为"贝卢贝特改革"的一部分,在获得法院系统高层的支持下③还是得以通过而重新生效。2019 年 3 月 23 日的法律确实撤销了小审法院,把它和大审法院融合;自 2020 年 1 月 1 日起,又合并统一为初审法院(tribunal judiciaire),与行政法院系统的初审法院(tribunal administratif)相对应。④

　　这种重组并不意味着亲民司法的退化。一方面,新的初审法院内部设立了一个特殊的职位——"保护诉讼法官"(juge des contentieux de la protection),负责处理日常生活中的事项(特别是保

---

① 参见:F. Casorla, *Réflexions sur l'amélioration de l'accès à la justice par la mise en place d'un guichet unique de greffe et la simplification de juridictions de première instance*, La documentation française, 1997;H. Mayras, *L'organisation de la justice civile en France*, *Revue juridique et politique. Indépendance et coopération*, tome 23, 1969, p. 681 et suivantes.

② *Les Entretiens de Vendôme*,特别是第 38 页,甚至建议采用更大胆的一审法院形式,包括商事法院和劳动法院。有关此新法院组织结构的更多详细信息,参见:H. Haenel et J. Arthuis, *Justice sinistrée:démocratie en danger*, Economica, 1991, préface J.-D. Bredin, p. 101:应当设立省法院(*tribunaux départementaux*)。

③ 首先表明支持态度的是最高司法法院第一院长贝特兰·卢维尔(Bertrand Louvel),其观点符合法国司法发展的总体愿景。B. Louvel, *Pour l'unité du tribunal*, 31 oct. 2018, https://www.courdecassation.fr/publications_26/prises_parole_2039/tribunes_8215/bertrand_louvel_37963.html。参见:L. Cadiet, *La règle des quatre unités, ou l'avenir de la justice française selon le premier président de la Cour de cassation*, 2018, Repère 1.

④ 参见:L. Cadiet, *Tribunal judiciaire:les choses sérieuses commencent*, *Procédures* 2019, Repère 9.

护弱势成年人、租约案件、驱逐案件、消费信用卡案件、破产案件等)①、② 另一方面，当初审法院在大审法院辖区外建立时，体现亲民司法的地点予以保留并成为初审法院的分庭，被称为"邻近法院"。③ 这种聚合正是司法组织去碎片化的明确标志。2016年，刑事案件方面的合并工作也已完成。在大审法院已经作为轻罪法院管辖最严重的轻罪和罚款的情形下，又把违警罪法院的判决罚款大部分权限移交大审法院。④ 继而，2016年11月18日颁布的法律还取消了社会保障法院，于2019年1月1日起该法院管辖的案件正式转移至大审法院。大审法院随后又改组为初审法院；在一些初审法院，将设立专门机构负责此类案件。⑤

去碎片化的进程导致司法组织的不可否认的简化。这也自然导致程序简化以及管辖权异议事件的减少，而在大多数情况下，这

---

① 由2019年3月23日第2019-222号法律增加的《司法组织法典》第L 213-4-1条至第L 213-4-8条，后由2019年8月30日第2019-912号法令增加的《司法组织法典》第R 213-9-2条至第R 213-9-9条补充。

② 与2019年3月23日第2019-222号法律同时颁布的第2019-221号《组织法》，涉及加强法院的组织结构，对1958年12月22日第58-1270号《关于确立法官地位组织法的条例》所确定的法官地位进行了修改。

③ 由2019年3月23日第2019-222号法律增加的《司法组织法典》第L 212-8条，以及由2019年8月30日第2019-912号法令增加的《司法组织法典》第R 213-9-6条。邻近法院的权限将依据《司法组织法典》附表Ⅳ-Ⅱ和Ⅳ-Ⅲ(《司法组织法典》第D 212-19-1条)由法令确定；但是，上诉法院第一院长和驻该法院的总检察长在征询法院领导的意见并咨询法院理事会后，可发布共同的决定赋予邻近法院补充管辖权限。法院理事会(conseil de juridiction)由21世纪的司法法创设，参见《司法组织法典》第R 212-64条至第R 312-85条，被定义为"法院与城市之间进行交流和沟通的场所"，它"对法院的司法活动或组织没有任何控制权，也无权提审法院受理的案件"。

④ 参见由2016年11月18日第2016-1547号法律增加的《司法组织法典》第L 211-1条。

⑤ 参见由2016年11月18日第2016-1547号法律增加的《司法组织法典》第L 211-16条。《司法组织法典》规定法院可以细分为"中心(pôle)、庭(chambre)、处(service)"，但是其定义并不清晰。参见《司法组织法典》第L 123-3条、第R 121-1条、第R 212-37条、第R 312-42条、第R 212-62条、第R 312-83条。由此得出的结论是：当法院由多个庭和处组成时，可以将之集中分为几个中心，其数量和内容由法院院长在取得法官全体大会的意见后在每个司法年度开始之前通过条例确定，法官们分配至各个中心、庭和处。

外国民事诉讼法译丛

法国民事诉讼法典

些事件原本是会升级为司法行政事务的。① 这项改革还具有管理方面的目标,即改善法院的管理。因为改革能促进法院书记室之间的互助,改变之前存在于小审法院和大审法院之间且对两者均有损害的实质不平等。这种合并超出了初审法院的范畴,因为它还包括劳动法院的书记室服务,这类书记室的组成人员由司法公务员担任②,这也是劳动法院规范化的重要一步。这种发展还关系到初审法院本身,在其内部设立一个单独的接待当事人的服务中心③,结合民事诉讼程序电子化管理的全国系统,即 Portalis 系统的运用④。借此,书记室的服务范围超出其所依附的司法管辖区的范围,其功能是向当事人通报与他们有关的程序并从他们那里收取相关诉讼文书,无论这些当事人居住于哪个司法管辖区。从长远来看,每个当事人都可以通过司法部(网址:www.justice.fr)设立的"当事人之门"(Portail du justiciable)执行所有程序性操作。⑤

---

① 参见由 2019 年 12 月 11 日第 2019-1333 号《关于改革民事诉讼程序的法令》创设的《民事诉讼法典》第 82-1 条,该法令第 2 条规定:"作为本目规定的例外,对同一个初审法院内的管辖争议,法官可依一方当事人的申请或依职权,在第一次庭审前解决,并记载于案卷中。在确定当日,应通过任何方式立即告知当事人或其律师。书记室立即把案卷转交被指定的法官。对收到案件转交的法官管辖权,该法官或一方当事人可在三个月内提出管辖权异议。在此情形下,法官依职权或依一方当事人的申请,简要记载于案卷中,把案件移送至初审法院院长。初审法院院长按照相同方式把案件转交其指定的法官。对院长的决定,不准许救济。当事人可向法官对其管辖权提出异议。对管辖权做出的裁判不服,可按照本节第二目规定的条件提起上诉。"

② 2019 年 3 月 23 日第 2019-222 号法律增加的《司法组织法典》第 L 123-1 条规定,"在确保劳动法院有序运作的条件下","应向劳动法院院长咨询有关该法院书记室服务组织的情况"。

③ 参见由 2016 年 11 月 18 日第 2016-1547 号法律增加的《司法组织法典》第 L 123-3 条,后由 2019 年 8 月 30 日第 2019-912 号法令增加的《司法组织法典》第 R 123-6 条至第 R 123-29 条。

④ 此外,还有关于对检察官登记的刑事诉讼程序、辅助教育程序、民商事诉讼程序进行电子化管理的 CASSIOPPE 系统(适用于支持刑事诉讼程序和儿童的信息定位系统应用链)。

⑤ 《民事诉讼法典》第 748-8 条和 2019 年 5 月 6 日《关于通过"当事人之门"电子发送通知、传唤书或收据的技术特征的决议》(由 2020 年 2 月 18 日决议修订),以及 2019 年 5 月 28 日决议(由 2020 年 2 月 18 日决议修订),授权自动处理"当事人之门"中的个人数据(当事人在线跟进诉讼进展)。

去碎片化的过程将有可能不仅限于上述重组。

未来,劳动法院和商事法院或将合并进初审法院,合并后的法院将成为唯一的一审法院。①

无论如何,法律已经规定,在同一省(département)②里存在多个初审法院的情况下,可以通过法令专门指定其中一个法院单独管辖省里的某类特定案件。这将由国务院法令依据有关的案件数量和这些案件的技术特性而确定。③ 如果位于两个不同省的法院的地理位置和地域特殊性证明其需求合理时,也可以作为例外情形实施此措施。④

改革不只涉及第一审程序。新法律还规定了可以试点的方式:在同一地区的不同上诉法院辖区内,通过法令专门指定某一上诉法院受理对第一审法院做出的民事裁判的救济。试点名单由国务院法令结合对有关案件的数量和这些案件的技术特性考虑而确定。⑤ 改革中提出的目标——"改善司法公共服务的一致性",显然也涉及宪法委员会司法有效管理[①]的问题。在事前违宪性审查由宪法委员会管控的框架内,此前对宪法委员会的行为没有"抱怨"的机会,没有在法律框架内获得有效司法补救的权利,也没有体现法庭面前平等原则。[②]

上述的演进发展为下面的论点提供了依据,司法自此应被视为一个体系,即司法体系。其具有两个特征:一是整体性,因为司法组织之间的因素互相关联;二是多元化,因为它们基于同一个宪法或协议基础,在同一管理和运作逻辑内,汇集民事、刑事和行政司法,宪法、欧盟和国际层面,裁判程序和替代性纠纷解决程序。在替代性纠纷解决程序中,没有法官管理司法,而是由第三人调解纠纷。[③] 当然,有必要在这个整体构架中设立独立的行政机构和公共机构,尤其是市场监管部门,与刑事司法类似[④],它们也行使和解、[⑤]裁判和惩罚权。同时,不要忽视社会赔偿机制在损害赔偿方面所起的作用,例如集体担保基金在损害赔偿、交通事故和医疗事故(包括干预)等方面的作用,其在实体法和程序法的空隙中实现分配正义而非矫正正义。

从这个角度来看,去司法化是当代司法改革的另一个重要趋势,不应只视为一个解决问题的外在化工具,而应当视为司法体系内转移解决方案的机制。

[①] 参见:L Cadiet, *Introduction à la notion de bonne administration de la justice en droit privé*, in *Justice & Cassation*, Dalloz, 2013, p. 13 et suivantes et P. Gonod, *Introduction à la notion de bonne administration de la justice en droit public*, in *Justice & Cassation*, Dalloz, 2013, p. 31 et suivantes.

[②] Conseil constitutionnel, décision n° 2019-778 DC du 21 mars 2019, considérants n° 370-382.

[③] 参见:L Cadiet, *Construire ensemble une médiation utile*, *Gazette du Palais* 17-18 juillet 2015, p. 10 et suivantes.

[④] 参见: G Giudicelli-Delage, *V° Justice pénale*, in L. Cadiet (sous la direction de), *Dictionnaire de la justice*, Paris, Presses universitaires de France, 2004.

[⑤] 参见: L. Cadiet, J. Normand, S. Amrani-Mekki, *Théorie générale du procès*, Paris, Presses universitaires de France, 3ème édition 2020, n° 99 à 102.

二、去司法化

"去司法化"是当代法律发展的重点。而且这确实引起了复杂的边界问题。边界是不确定的,并且存在模糊的挑战。①

"去司法化"一词在20世纪70年代末出现于法国,受到同时期英文语言中的新词——"去法律化"(delegalization)[如今另外一个词"分流"(diversion)的引用更加频繁]或"去刑事化"(decriminalization)的启发。"去司法化"一词第一次出现在官方文件中是在20世纪80年代中期一份警察总局的招标文件中,招标的主要目的是对分流司法机构的部分案件的机制和路径进行研究。②"去司法化"的词源也指出了其含义有从司法机构撤回法律事件的倾向。③ 因此,"去司法化"是指把大量纠纷转移至替代性纠纷解决方式,尤其是纠纷解决的契约化,协商解决是典型,甚至不仅是仲裁。④ 尽管去司法化涉及纠纷解决这一领域⑤,但是不能简单地与

---

① 参见:A. Jeammaud, V° Judiciarisation/Déjudiciarisation, in L. Cadiet (sous la direction de), *Dictionnaire de la justice*, Paris, Presses universitaires de France, 2004. - L. Cadiet, *La déjudiciarisation*. Rapport introductif, in O. Boscovicz (sous la direction de), *La déjudiciarisation*, mare & martin, 2012, p. 9 et suivantes.

② 最初的举动更多涉及法律社会学问题,《法律理论和法律社会学词典》在1987年的第一版中首次提出"去司法化"的定义[由当时沃克森(Vaucresson)跨学科研究中心的研究员赫琳·伊茨瓦特(Heleen Ietswaart)撰写]。H. Ietswaart, V° *Déjudiciarisation*, in A.-J. Arnaud et alii, *Dictionnaire encyclopédique de théorie et de sociologie du droit*, Librairie générale de droit et de jurisprudence, 2ème édition 1993. "去司法化"是指"司法法院与其他机构在解决个人之间纠纷中的分工术语。'去司法化'的概念是之后把民事案件中的部分种类和刑事秩序中的部分问题,转由现有或将要设立的准司法机构或私人机构处理,而不再由司法系统的法院处理的新提案的思想基础"。

③ 参见法语语言宝库(Trésor de la langue française),"Dé-"作为前缀,来源于拉丁语"dis-",可与许多词语组成复合词,尤其是作为动词的前缀,意指通过远离、剥夺、停止、否定、破坏等表明与该动词表明的动作或状态中的相反情况。https://www.cnrtl.fr/definition/d%C3%A9-。

④ 参见:L. Cadiet et T. Clay, *Les modes alternatifs de règlement des conflits*, Paris, Dalloz, 3ème édition 2019.

⑤ 例如,2019年3月23日第2019-222号法律(第6条至第14条)中涉及对被扣押不动产的协商变卖的灵活处理(《民事执行程序法典》第L 322-1条);移交至公证人制作公证文书(《民法典》第317条);收集辅助医疗生育同意(《民法典》第311-20条)等。

"契约化"(contractualisation)进行混同。在没有去司法化的情形下也可以实现契约化。[1] 当契约化与去司法化相结合时,契约化只是去司法化的一个支柱。去司法化还可以产生其他的社会调整形式,例如行政机关或独立公共机关的行为,行业组织的自我调整,或损害赔偿的集体基金或损害方式的担保基金。

但是去司法化的新闻宣传不尽如人意,人们对它经常批评而不是赞扬。实际上,去司法化是对令人困惑的问题所做出的回应。当然,在新自由主义流派的启发下,司法经济的还原论无疑得到了解决,但真正的解决方法是对纠纷解决方式进行民主化。20 世纪 70 年代北美也有人想到这一点[2],魁北克更是在《政府行为词典》中将其定义为"旨在减少求助于司法服务的社会措施,鼓励在集体的资源和理解中寻求社会问题的解决"。[3] 因此,这是一个在个人自主权和社会责任(赋权)双重关注的情况下将控制权交还给公民的问题。这是完全可以接受的[4],甚至是有益的,因为至少弱势当事人的利益不会因为他们在经济、社会、心理、文化等方面的不平等而受到损害。

无论如何,去司法化在现在的法国可视为具有多种表现形式的真正公共政策的目标[5],而最近的司法改革更是通过两项既定目

---

[1] 例如,根据 2019 年 3 月 23 日第 2019-222 号法律(第 22 第至第 23 条)实施的依据律师文书同意离婚的契约化(《民法典》第 233 条),法官只受理离婚的后果。参与程序协议向法院受理案件的审理前准备的扩展可参见:《民法典》第 2062 条及以下(2016 年 11 月 18 日法律修正案,由 2019 年 12 月 11 日第 2019-1333 号法令补充:第 1543 条、第 1545 条、第 1546-1 条等)。

[2] 参见:H. Ietswaart, V° *Déjudiciarisation*, in A.-J. Arnaud et alii, *Dictionnaire encyclopédique de théorie et de sociologie du droit*, Librairie générale de droit et de jurisprudence, 2ème édition 1993, n° 2.

[3] http://www.thesaurus.gouv.qc.ca.

[4] 参见:Loïc Cadiet, *Le défi du nombre et de la complexité - La justice face aux défis du nombre et de la complexité*, Les Cahiers de la justice, n° 1, 2010, pp. 13-33.

[5] 在这种情况下,司法和解员进入《司法组织法典》(第 R 131-12 条),具有不可忽视的意义。

标,即"促进替代性纠纷解决方式"①和"发展替代性纠纷解决的文化"②,赋予了去司法化极大的空间。

在近年来的法律中,仲裁、和解、调解、参与程序、和解合同均得到拓展和灵活运用,甚至在一定的条件下被设立为法官受理案件的强制性前置程序。③ 这项"优惠协定"应用非常广泛,但是当其应用于解决个人纠纷④和集体纠纷⑤的财产问题⑥,甚至应用在传统商业法律以外的领域中时,则将有很长的路要走。去司法化在

---

① 2016 年 11 月 18 日第 2016-1547 号《关于 21 世纪司法现代化的法律》,第二编。

② 2019 年 3 月 23 日第 2019-222 号《关于 2018-2022 规划和司法改革的法律》,第二编第一章第一节。

③ 总体概括,参见:Y. Strickler et L. Weiller, *Développer la culture du règlement alternatif des différends*, *Procédures* 2019, Etude 10. 特别是 2016 年 11 月 18 日第 2016-1547 号法律第 4 条(由 2019 年 3 月 23 日第 2019-222 号法律修订):"当请求给付的金额不超过一定额度(2019 年 11 月 11 日第 2019-1333 号法令确定为 5000 欧元,例如《民事诉讼法典》有关初审法院的新第 750-1 条)或邻里纠纷(由依据 2019 年 11 月 11 日第 2019-1333 号法令第 4 条而设立的《民事诉讼法典》第 750-1 条进行定义),在大审法院受理的案件中,当事人应当选择由一名司法和解员促进和解,或依据 1995 年 2 月 8 日第 95-125 号《有关司法组织以及民事、刑事和行政诉讼程序的法律》第 21 条进行调解,或进行参与程序,否则法官依职权宣告不予受理。但下列情形除外:(1)如果至少一方当事人请求确认和解协议;(2)依据法律强制规定,请求裁判的当事人应事先进行救济;(3)对没有求助于第一款中协商纠纷解决手段的行为证明具有正当事由,特别是司法和解员不能在合理期限内完成;(4)法官或行政机关适用特殊规定先行和解。国务院法令确定本条的适用方式,特别是在邻里纠纷和争议金额低于第一款所述义务的金额的案件中。但是,此义务不适用于《消费法典》第 L 314-26 条中提及的纠纷。"

④ 执行程序也加入这种参与性浪潮,因为设立了参与性执行程序:《民事执行程序法典》第 L 111-3 条,由 2016 年 2 月 10 日的第 2016-131 号条例进行修改。

⑤ 例如,破产程序中增加的去司法化现象(2016 年 11 月 18 日法律,第 58 条),调解在集体诉讼中的扩展适用(2016 年 11 月 18 日法律第 73 条和第 77 条,《行政司法法典》中第 L 77-10-14 条和第 L 77-10-17 条中有关确认的规定)。

⑥ 对于当事人具有自由处分的权利,其标准参见:L. Cadiet, *Chapitre 5. La qualification juridique des accords processuels*, in A. do Passo Cabral, P. H. Nogueira (coord.), *Negócios processuais*, Salvador, Editora Jus Podim, 2015, p. 93 et suivantes.

行政案件①和刑事案件②中的应用也非常普遍,与在民事案件中一样,并蔓延至对弱势群体的法律保护。对此,正如一位学者所言:"从无先例。"③还有家事方面④也呈现去司法化。在这方面典型的是共同合意离婚的去司法化,以及在此过程中涉及的分居和改变夫妻财产制度方面,甚至包括未成年人的出席参加诉讼方面。⑤ 这些方面的去司法化走得过远⑥,因为公证员毕竟不是一名法官。

当案件没有被去司法化时,它会被去形式化。

三、去形式化

诉讼程序经常因为其形式主义而受到谴责。此谴责已经存在数个世纪,有大量的文献进行过记载。⑦ 传统上人们一直认为,诉讼只是文书和期间;更糟糕的是,形式上的欠缺会导致一方当事人

---

① 尤其是 2016 年 11 月 18 日法律(第 5 条)对行政调解的确立,无论是由当事人或法官提出,包括在所有裁判程序之外(《行政司法法典》第 L 114-1 条,第 L 213-1 条至第 L 213-10 条)。

② 刑事和解(la transaction pénale)(《刑事诉讼法典》第 1 条、第 6 条和第 41-1-1 条),刑事协商(la composition pénale)(《刑事诉讼法典》第 41-2 条),刑事调解(la médiation pénale)(《刑事诉讼法典》第 41-1 条)和公众利益的司法协议(《刑事诉讼法典》第 41-1-2 条和第 R 15-33-60-1 条及以下,由 2017 年 4 月 27 日第 2017-660 号法令起草)。

③ 参见:N. Peterka, *La déjudiciarisation du droit des personnes protégées par la loi du 23 mars 2019. Progrès ou recul de la protection?*, JCP (*Semaine juridique*) édition générale, 2019, 437, 在废除被保护人的结婚许可或同居互助协议(PACS),家庭授权的扩张和未来保护指令高于其他任何保护手段之外,特别强调管理账户的控制权和与被保护人有关的某些行为的去司法化。V. Egéa, *L'apport de loi de programmation 2018-2022 et de réforme pour la justice au droit des personnes. Une protection juridique des majeurs à la croisée des chemins*, *Procédures* 2019, Etude 15.

④ Voir V. Egéa, *La matière familiale à l'épreuve de la loi de programmation 2018-2022 et de réforme pour la justice*, *Procédures* 2019, Etude 14.

⑤ 除非他们要求法官聆听,否则这是完全虚幻的。

⑥ J.-J. Lemouland et D. Vigneau, *Droit des couples*, *Recueil Dalloz* 2019, p. 910 et suivantes, spécialement n° 4.

⑦ 实际上,自罗马法以来,原告因为起诉状中一个字的错误而败诉的著名案例[引用君士坦丁二世(342)宪法中的 C、2、57、1 中对违反形式主义的惩罚]。参见:S. Soleil, *Les législateurs européens du XIXe siècle à l'assaut de la longueur du procès civil*, in L. Cadiet, S. Dauchy, J.-L. Halpérin, *Itinéraires d'histoire de la procédure civile*, Paris, IRJS Editions, 2014, p. 74 et suivantes.

败诉,即使他的权利在案件实体方面是不可争议的。这种谴责是有道理的,但目前已越来越少。首先,诉讼程序必须是形式主义的,因为依据《民事诉讼法典》第 2 条,诉讼是基于当事人"按照要求的形式和时间"完成一系列程序性的行为。① 原则上,形式主义是对当事人权利的保护;这种约束也是正义实现的保障。缺乏形式主义通常为当事人设立一个开放的陷阱②:"宣誓与恣意为敌,形式是自由的孪生姐妹。"③此外,获得公平诉讼的权利并不排除程序形式主义。如果一个良好的司法管理体系能够保障不加限制地求助于法官,那么求助法官的权利在实质上便能获得保护,公平诉讼就能得以实现。欧洲人权法院亦在不断地重申此原则。④ 总之,法

---

① 根据程序功能主义的研究方法,受信息科学的启发,采用一种编程语言描述随着时间流逝而展开的一系列活动。参见: H. Croze, *Principes d'une réalisation méthodique des procédures*, La Semaine Juridique, n° 36, 2016, pp. 1599-1606. 在签订智能合约后,我们可能很快就会看到智能诉讼。

② 例如: A. Perdriau, *La* duperie *que constituent les facilités données pour accéder à la Cour de cassation*: JCP (*Semaine jurique*) édition générale, 1997, I, 4063. 无疑,依据当事人有无法律职业人士辅助而有所区别: H. Croze, *Les procédures civiles gérées par les professionnels du droit*, in *Mél. P. Julien*, Dalloz, 2003, 123; *Les procédures civiles avec ou sans professionnels: une nouvelle dimension de la conception française du procès civil?*, in L. Cadiet et G. Canivet (sous la direction de), 1806-1976-2006: *De la commémoration d'un code à l'autre*, 200 ans de procédure civile en France, Paris, LexisNexis, 2006, spécialement p. 111 et suivantes.

③ R. von Ihering, *L'esprit du droit romain*, trad. O. de Meulenaere, Maresq, Paris, t. III, 3ᵉ édition, 1887, p. 164.

④ 例如, Cour européenne des droits de l'homme 26 juill. 2007, n° 35783/03. - Cour européenne des droits de l'homme, 13 oct. 2009, n° 39590/05, *Ferré Gisbert* c/ *Espagne*: Revue des huissiers (Droit et procédures) 2010, *Droit des procédures internationales*, p. 12, n° 14, observations Fricero. - Cour européenne des droits de l'homme, 5 nov. 2015, n° 21444/11, *Henrioud* c/France: *Procédures* 2016, n° 15, observations Fricero; JCP (*Semaine juridique*) édition générale, 2016, 414, n° 5, observations Amrani-Mekki; Recueil Dalloz 2016, 1245, note Bolard, 在强制代理的程序中向最高司法法院提起上诉强调形式主义(《民事诉讼法典》第 979 条)。但是,在这种情况下,也许有人会怀疑斯特拉斯堡法院惩罚的形式主义是否确实"过分"。参见: Cour européenne des droits de l'homme, 5 nov. 2015, n° 21444/11, *Henrioud* c/ France: Recueil Dalloz 2016, 1245, note Bolard.

律毫不犹豫地简化程序,有时甚至是倒转过来。① 程序立法的当代发展揭示了明显的去形式化趋势。②

2019 年 3 月 23 日的法律从诸多方面体现了去形式化。

有时,法律会强行规定去形式化。例如,在诉讼离婚中取消当事人在提起离婚诉讼前先行举行和解会谈的规定。③ 但和解会谈其实经常向当事人提议④,甚至以更理性的方式,即基于当事人的合意而进行。在这个方面,最具典型的如《司法组织法典》新增加的第 L212-5-1 条规定⑤,在初审法院的所有案件中,程序可基于当事人的明确合意进行,甚至免除庭审,在此情形下,程序须完全是书面的。当然,此条规定不是绝对的。例外情形下,如果法院认为无法就书面材料做出判断,或者一方当事人提出请求(考虑到当事人之前已就免除庭审达成过共识,故而这个阶段的请求令人惊讶),则可以决定举行庭审。另一条类似的规定,是适用于对不超过国务院法令确定额度的初始请求,以及对在初审法院前提出的不超过此金额的支付请求所做出的支付令所提出的异议。但是,在特殊情形下,法院如结合案件的情形,认为从程序公平的角度而言庭审并非必要时,有权通过特别说明的裁判驳回当事人提出的开庭请求。⑥

当前去司法化的现象也被认为是对程序形式主义的回应。这种认知其实是有待商榷的:一方面,去形式化没有必然引起纠纷解

---

① 因此,立法者认为在执行法院有必要重新引入传唤:《民事执行法典》第 R 121-11 条(由 1992 年 7 月 31 日第 92-755 号法令第 15 条至第 21 条设立,后由 1996 年 12 月 18 日第 96-1130 号法令修改)。

② 参见:L. Cadiet, *Case management judiciaire et déformalisation de la procédure*, Revue française d'administration publique 2008, p. 134 et suivantes.

③ 《民法典》第 251-256 条,由 2019 年 3 月 23 日第 2019-222 号法律修改。

④ 法律规定当事人可以采用任何方式或不受形式限制完成一项程序行为。参见 2019 年 11 月 11 日第 2019-1333 号法令第 82-1 条,第 751 条,第 825 条,第 833 条,第 849-4 条、第 849-6 条、第 849-14 条、第 849-17 条,第 850 条。

⑤ 由 2019 年 11 月 11 日第 2019-1333 号法令补充的新法条:第 752 条,第 759 条,第 757 条,第 764 条,第 778 条,第 799 条,第 828 条,第 829 条。

⑥ 不能独立于实体判决而对拒绝举行庭审的决定提出异议(参见《司法组织法典》第 L 212-5-2 条,由 2019 年 3 月 23 日第 2019-222 号法律修改)。

决的去司法化;另一方面,去司法化绝不意味着没有形式的存在。裁判的形式会被其他形式——行政方式或契约形式替代。同时,新的信息和通信技术的发展很大程度上改造了民事司法领域中的形式主义。电子通信的发展无疑赋予诉讼文书通知中原采用的极度形式主义更多的灵活性,但是这种电子通信是基于计算机协议的,其形式主义远没有被排除。① 同样,程序的去物质化并不意味着民事诉讼中必然的去形式化;相反,让我们用数据或数字的新形式主义代替传统形式主义,这种新的形式超越了书面和口头之间的传统区别②,故而使我得出了第四个发展方向——去物质化。

四、去物质化

去物质化(也即电子化——译者注)是正在进行的司法改革发展中的强劲主线。起点是 2005 年 12 月 28 日第 2005-1678 号法令,即在《民事诉讼法典》中③,如同在《刑事诉讼法典》中一样④,引入有关诉讼文书通过电子方式进行交换的规定。自此,立法条文

① 需要了解有关电子交换的诸多决议,参见:2009 年 4 月第 7 号《关于在大审法院采用电子交换的决议》;2010 年 5 月 5 日《关于在上诉法院无强制代理的程序采用电子交换的决议》;2013 年 6 月 21 日《关于在商事法院的适用程序中律师之间以及律师和法院之间采用电子交换的决议》;2010 年 12 月 23 日、2011 年 3 月 30 日和 2012 年 12 月 20 日《关于在上诉法院强制代理的程序采用电子交换的决议》;2010 年 5 月 5 日《关于在上诉法院无强制代理的程序采用电子交换的决议》。

② 参见: S. Amrani-Mekki, *El impacto de las nuevas tecnologías sobre la forma del proceso civil*, in F. Carpi et, M. Ortells Ramos (eds), *Oralidad y escritura en un proceso civil eficiente*, Valencia, Universidad de Valencia, International Association of Procedural Law, 2008, spécialement pp. 93-133.-L. Cadiet, *Le procès civil à l'épreuve des nouvelles technologies*, *Procédures* 2010, Dossier, art. 8.-E. Jeuland, *L'avenir des rapports procéduraux*, in L. Flise et E. Jeuland, *Du lien d'instance aux liens procesuels*, 1975~2015, Paris, IRJS éd., 2016 et in *Théorie relationniste du droit*, Librairie générale de droit et de jurisprudence, 2016, p. 438 et suivantes (关于不同于传统的口头和书面程序的数字程序的假设)。

③ 第 748-1 至第 748-6 条,随后经过几番修改和补充。参见现在的第 748-1 条至第 748-9 条,由 2018 年 12 月 24 日第 2018-1219 号法令最后修改。

④ 《刑事诉讼法典》第 803-1 条,由 2015 年 2 月 16 日第 2015-177 号法律设立。

不断修改,最近的修改是 2019 年 5 月 3 日。① 从第一审程序直至最高司法法院的程序逐渐得以全面适用,判例也随后逐渐解决了所引发的问题。这毕竟是一个新的领域,它从最初的请求或在线起诉,直至制作以电子形式为载体的判决,为包括刑事诉讼在内的程序②的本地化和完全数字化打开了大门。③ 在这一领域已经采取了一些公共和私人的举措,但也遇到了一些新问题,因此需要建立一个法律框架,确保在尊重司法保障的情况下有效地部署电子诉讼。

正是基于此需求,"贝卢贝特改革"以创新的方式提供了相应的解决方案。④

其中最重要的创新无疑是涉及处理支付令的程序。这类案件数量很多,仅 2017 年便有 438279 件支付令宣告,基本等于大审法院裁判总量的一半,或等于商事法院、劳动法院和社会保障法院裁判数量的总和。因此,这一领域的改革非常必要。新法律为支付令的请求创建了一个完全电子化且适用于全国的程序,该程序将由初审法院适用(《司法组织法典》第 L211-17 条和第 L211-18 条,自 2021 年 1 月 1 日生效)。然而,目前该程序的适用范围还在三个方面受到限制,从而引起了热烈讨论。该程序计划通过建立法院网上统一受理案件系统而扩展至其余部分,从而为电子化程序

---

① 2019 年 5 月 3 日第 2019-402 号《关于民事案件中电子交换的方式和向外国传送文书的法令》。

② 《刑事诉讼法典》第 15-3-1 条,由 2019 年 3 月 23 日第 2019-222 号法律设立,以及第 D 8-2-1 条及以下(网上起诉);《刑事诉讼法典》第 D 589 条及以下,由 2019 年 5 月 24 日第 2019-507 号法令设立;适用《刑事诉讼法典》第 801-1 条,由 2019 年 3 月 23 日第 2019-222 号法律设立,2019 年 9 月 6 日确立《刑事诉讼法典》第 D 589 条及以下关于刑事数据程序的适用方式的决议进行补充。参见:J.-B. Thierry, *JCP* (*Semaine juridique*) édition générale, 2019, 943.

③ 参见仲裁裁决:2016 年 11 月 18 日法律第 4-2 条,由 2019 年 3 月 23 日第 2019-222 号法律修改。

④ 参见:J.-B. Thierry, *La loi n° 2019-222 du 23 mars 2019*, *loi de réforme pour la justice numérique*, JCP (*Semaine juridique*) édition générale, 2019, 524.

的一般应用铺平道路，进而打破现有限制。① 但是，当前这三方面的限制还是客观存在的。第一，如果此程序拓展至欧盟支付令程序，它目前还不能包括商事法院的支付令程序（《司法组织法典》第 L 211-17 条 1°）。第二，除欧盟支付令请求和非专业人士自然人自行抗辩提出的支付令请求外，其他支付令请求目前还需采用书面形式提交（《司法组织法典》第 L 211-18 条第 1 款）。第三，如果对支付令提起的异议需要被提交到具有国家管辖权的初审法院处理，那么这些异议将由具有相应地域管辖权的初审法院处理（《司法组织法典》第 L 211-18 条第 3 款）。目前也是如此，但原则上它们将在不经庭审的诉讼程序中使用（《司法组织法典》第 L 212-5-2 条），我在前述程序的去形式化中有所提及。

去形式化和去物质化两者不能混同，但它们互相关联。

新法律首先对所谓的法律科技（legaltech）的活动进行了规定，即自然人或法人以有偿或无偿方式提供在线和解、调解和仲裁服务，或为法院提供受理案件的在线服务②，还指定了使用新技术提供电子化法律服务的公司。③ 这些提供商要承担共同的义务，例如与保护个人数据有关的义务和保密义务。④ 他们还必须尊重为当事人保留的聘请律师提供辅助或代理、法律咨询和起草私人文件

---

① 参见 2019 年 11 月 11 日第 2019-1333 号《关于民事诉讼程序改革的法令》，把初审法院和商事法院的受理方式统一于传唤和申请书，在诉讼请求价值低于 5000 欧元时可能采用口头程序。

② 2016 年 11 月 18 日第 2016-1547 号法律第 4-4 条，由 2019 年 3 月 23 日第 2019-222 号法律设立。参见：Cour de cassation, 2ème chambre civile, 20 mars 2014, n° 13-15. 755, *JCP* (*Semaine juridique*) édition générale, 2014, 578, note Bléry et Teboul, et 597. -Cour de cassation, chambre criminelle, 21 mars 2017, n° 16-82.437, *JCP* (*Semaine juridique*) édition générale, 2017, p. 592; *Dalloz actualité* 23 mars 2017, observations Mucchielli. -Paris, 6 nov. 2018, pôle 2, chambre 1, n° 17/04957, *JCP* (*Semaine juridique*) édition générale, 2019, 10, note Slim.

③ 2016 年 11 月 18 日第 2016-1547 号法律第 4-1 条至第 4-7 条，由 2019 年 3 月 23 日第 2019-222 号法律设立。

④ 2016 年 11 月 18 日第 2016-1547 号法律第 4-1 条、第 4-2 条、第 4-4 条，由 2019 年 3 月 23 日第 2019-222 号法律设立。

的权利的法律规定。①

　　为了防止出现完全机器人化的司法风险,提供在线和解、调解和仲裁服务的提供商还应遵守其他规则,以更严格地确定其活动范围。除了在线调解、调解和仲裁服务不能仅仅以个人数据的算法或自动化处理为基础之外,这些服务提供商还必须承担与所使用的技术和提供的服务相关的责任。② 一方面,提供在线争议解决服务的提供商必须在尊重职业秘密的同时,做到公正、独立、有能力和勤奋地履行其使命(《刑法典》第 226-13 条)。另一方面,当部分使用算法或自动处理个人数据提供服务时,提供商必须通过明确的说明告知当事人,并且当事人应当明确表示同意。根据当事人的要求,各方应能够就定义自动处理规则及其实现的主要特征进行交流。另外,负责处理的人员还应当确保对此处理及其发展的相关控制,以便能够以可理解的方式向提出要求的一方当事人详细解释如何实现此操作。此举从本质上并非旨在阻碍机器学习软件的适用,而是更注重深度学习③,此与宪法委员会所定义的要求相符④。 这

<hr>

　　① 2016 年 11 月 18 日第 2016-1547 号法律第 4-5 条,由 2019 年 3 月 23 日第 2019-222 号法律设立,参考 1971 年 12 月 31 日第 71-1130 号《关于改革部分法律职业和司法职业的法律》第 4 条和第 54 条中确定的条件。

　　② 遵守这些义务可以使提供和解、调解或仲裁服务的提供商要求获得认可机构的认证(2016 年 11 月 18 日第 2016-1547 号法律第 4-7 条,由 2019 年 3 月 23 日第 2019-222 号法律设立)。但是,此证书会自动授予司法和解员和《消费法典》第 L 615-1 条中从事消费调解活动的登记在册的调解员,以及在上诉法院辖区内登记于 1995 年 2 月 8 日第 95-125 号法律第 22-1 A 中的调解员名单中的成员。

　　③ 机器学习(machine learning)可以定义为一种人工智能方法,它是一种允许软件能够执行未明确编程的特定操作。该技术基于对数据集的算法处理,在数据集上进行软件训练。如果这种学习不是在人工干预下进行的,而是通过实施深度人工神经网络获得的,则为我们所说的深度学习(deep learning):Mission d'étude et de préfiguration sur l'ouverture au public des décisions de justice, Glossaire, in L. Cadiet, Rapport sur l'open data des décisions de justice, Ministère de la justice, novembre 2017, spécialement p. 15.

　　④ 有关单个管理决策,参见:Conseil constitutionnel décision n° 2018-765 DC du 12 juin 2018, Dalloz.actualité 15 juin 2018, observations Januel, spécialement considérant n° 71. 2018 年 6 月 20 日第 2018-493 号《关于个人数据保护的法律》评论,"最后,数据控制器必须确保掌握算法处理及其开发方法,以便能够以可理解的方式向数据主体详细解释处理的实现方式。在没有控制器的控制和确认的情况下,不能使用能够自行修改所应用规则的算法作为单个管理决策的唯一基础",此对应于宪法委员会所述的"自学"算法。

种审慎的方法论应当允许在合理的限度内包容数字司法工具,以帮助律师工作和审判行为,正如让·卡波尼尔(Jean Carbonnier)院长所言,"决策需谨慎"①。因为裁决是需要谨慎的,所以不能将其归结为纯粹的算法过程,也不能将司法工作归结为纯粹的算术操作。② 纵然法律工作者的希望是最大程度地减少不确定性,但是在此探索中,他们必须注意不要省略掉辅助他们工作的工具。

所谓的预测性司法是指借助于司法裁判数据库的开放而获得可预测性。③ 数字化的输入数据越多,算法提供的关于纠纷解决可能结果的预测就越精确。但是,这也将涉及对隐私的尊重,个人数据的保护,甚至案件秘密的保护,更严重者甚至危及法官职权的独立性乃至法官的安全,尤其是在刑事案件中。

这就是为什么 2016 年 10 月 7 日第 2016-1321 号《有关数字化共和国的法律》的一项法律条文在实施后,由 2019 年 3 月 23 日第 2019-222 号法律进行了修改。2019 年该项法律在确认司法裁判可以免费采用电子形式向社会公众开放的同时,针对数据引用规定了两项保留。第一,法律要求裁判中提及的自然人姓名(当他们是当事人或第三人时)在向公众公开之前必须隐藏起来;而且,当姓名的披露本质上危及当事人、第三人、法官和书记室成员的隐私和安全,以及他们周围人员的隐私和安全时,这种假名的处理方式也扩展到与他们可能以此被识别的任何元素。第二,为了防止使用特征分析软件,法律禁止将法官和书记室成员的身份数据纳入可检索的对象,这类检索是指能够借此或以此为目的评估、分析、

① "诉讼,即是谨慎做出裁判的制度",参见:J. Carbonnier, *Sociologie juridique*, Paris, Presses universitaire de France, 1994, p. 321.

② 参见:L. Cadiet, *Retour sur l'open data des décisions de justice A propos d'un signal faible des relations entre la justice et les mathématiques*, in *Mélanges Marie-Laure Mathieu*, Bruxelles, Larcier, 2019, p. 107 et suivantes.

③ 参见:L. Cadiet, *Rapport sur l'open data des décisions de justice*, précité, ainsi que *Open et Big data, procès virtuel, justice prédictive …: entre justesse et justice*, in N. Blanc et M. Mekki (sous la direction de), *Le juge et le numérique: un défi pour la justice du XXIe siècle*, Paris, Dalloz, 2019, p. 193 et suivantes.

外国民事诉讼法译丛 法国民事诉讼法典

26

比较或预测法官和书记室成员的实际或可推测的职业行为[1]，违反者将受到刑事处罚[2]，并且不妨碍其他措施和行政处罚的适用[3]。

显然，这是一个新的世界，我们可以大胆地猜测，数字化变革大背景下的技术应用将使人类实现又一次变革[4]，比起印刷术的发明和创造，这次变革更接近于人类从狩猎到农耕的演变。新技术正在颠覆传统意义上的法律。这种变革不仅限于司法自身的改革中，而且越来越广泛地涉及金融家、管理者、数学家、工程师和其他法律技术数据科学家，这些新的参与者势必对法律的传统运行者——法官、律师和法律编辑形成"竞争"。面对信息学家的程序代码时，法学家的法典还会有自己的位置吗？这是一个现实的问题，即使抛开新技术的发展不谈，这也是一个立法者远离立法初衷时应该思考的问题。在司法改革方法的领域中，去法典化也是当代立法改革的另一种重要趋势。

五、去法典化

法国法典编撰的历史源远流长，可追溯至远早于《拿破仑法典》的 17 世纪，其时，路易十四统治时期的首相科尔伯特主持了首次法典化工作。[5] 今日，在这个甚至可被称为"法典故乡"的国家中，却存在一种对去法典化发展的担忧，这很令人惊讶。然而，对

---

[1]　《司法组织法典》第 L 111-13 条第 3 款，由 2019 年 3 月 23 日第 2019-222 号法律设立；《行政司法法典》第 L 10 条第 4 款，由 2019 年 3 月 23 日第 2019-222 号法律设立。

[2]　《刑法典》第 226-18 条、第 226-24 条和第 226-31 条规定的刑罚。

[3]　1978 年 1 月 6 日第 78-17 号《关于信息技术、文件和自由的法律规定》。

[4]　A. Garapon et J. Lassègue, *Justice digitale-Révolution graphique et rupture anthropologique*, Presses universitaires de France, 2018. -L. Cadiet, *Retour sur l'open data des décisions de justice -A propos d'un signal faible des relations entre la justice et les mathématiques*, *in Mélanges Marie-Laure Mathieu*, Larcier, 2019, p. 107 et suivantes, spécialement n° 2.

[5]　参见：X. Godin, *Ordonnance civile de* 1667, in J. Hautebert et S. Soleil (sous la direction de), *La procédure et la construction de l'État en Europe (XVIe-XVIIe siècle)*, Rennes, Presses universitaires de Rennes, 2011, p. 47 et suivantes.

去法典化的担忧并非没有道理,这种担忧虽不限于程序法[①],但程序法中存在的现象尤为严重。二十年来,对《民事诉讼法典》的碎片式连续修改[②],已经使其成为一部"不稳定的法典"[③],《民事诉讼法典》甚至被称为"一个永远的开凿之地"[④],此类担忧由来已久。近年来这种现象发生了更加令人不安的转折。

2008 年 6 月 2 日第 2008-522 号法令和 2006 年 6 月 8 日条例对《司法组织法典》进行了改革[⑤],这是第一个例证。实际上,该法典中因为大量的条款已被纳入实体法(《商法典》《劳动法典》《农业和海洋渔业法典》)和其他法典中,故而得以大幅缩减,剩余部分使得此法典成为一部"跟随者"法典,而非"引领者"法典。[⑥] 程序跟随法律,方式跟随内容,这是欧洲立法的发展趋势。[⑦] 有关小审法院以外的专门法院的组织机构、管辖、组织和运作,涉及商事法院的,规定在《商法典》中;涉及因公共使用目的征用案件的法官介入,规定在《公用征收法典》中;涉及农村租约对等法庭的,规定在《农业和海洋渔业法典》中;涉及劳动法院的,规定在《劳动法典》中;涉及

---

① 参见: B. Oppetit, *La décodification du droit commercial français*, in *Études offertes à René Rodière*, Dalloz, 1981, p. 197 et suivantes.

② 参见: J. Héron, *Réflexions sur le décret n° 98-1231 du 28 décembre 1998 modifiant le code de l'organisation judiciaire et le nouveau code de procédure civile*, *Revue générale de droit processuel* 1999, n° 1, p. 65 et s, spécialement p. 69-74.

③ J. Foyer, *Préface*, J. Foyer, C. Puigelier (sous la direction de), *Le nouveau Code de procédure civile* (1975-2005), Paris, Economica, 2006, préface, p. XVIII.

④ 参见: G. Wiederkehr, *Le nouveau Code de procédure civile: la réforme permanente*, in *Mélanges Jacques Béguin*, Paris, Litec, 2005, p. 787 et suivantes. - *Adde* L. Cadiet, *La légalité procédurale en matière civile*, conférence à la Cour de cassation, 6 février 2006, *Bulletin d'information de la Cour de cassation*, n° 636, 15 mars 2006, p. 3 et suivantes, n° 7-8.

⑤ 2006 年 6 月 8 日第 2006-673 号修改《司法组织法典》《商法典》《农业和海洋渔业法典》《刑事诉讼法典》的条例,并由 2008 年 6 月 2 日第 2008-522 号法令补充。

⑥ 参见: Rapport au Président de la République relatif à l'ordonnance n° 2006-673 du 8 juin 2006 précité, p. 8708.

⑦ 参见: L. Cadiet, *L'autonomie procédurale dans la jurisprudence de la Cour de justice de l'Union européenne - Réflexions naïves d'un Huron au Palais du Kirchberg*, in *50th Anniversary of EU Procedural Law*, Luxembourg, 27 Sept. 2018.

刑罚执行法院的,规定在《刑事诉讼法典》中(《司法组织法典》第L 261-1条)。本质上说,上述做法强化了程序法附属性的传统法律精神。① 在形式上,上述做法则导致了规则的分散,并不利于法律的易读性和可理解性;同时,也加剧了以下事实,即有关不同司法职业的身份②和诉诸司法的方式③的规定分散在各种法律和法令中。政府也考虑到了这种情况④,但没有对上议院提出的把这些条文合并在一部法典中的提议进行跟进。⑤

随着"陶比拉法律"和"贝卢贝特法律"的施行,这种现象显著地影响了《民事诉讼法典》本身。⑥ 除了《民事诉讼法典》自身在某种层面上变为一部"跟随者"法典⑦之外,2016 年 11 月 18 日的法律还清除了其大部分条文,保留了有关协商解决纠纷前置程序的条文(第 4 条),有关法院受理案件的在线协助服务以及在线和解、

① 参见:L. Cadiet et E. Jeuland, *Droit judiciaire privé*, Paris, LexisNexis, 10ᵉᵐᵉ édition 2017, n° 8-9. 由于这一重要的细微差别,司法法律规则失去了传统的技术中立性;它们致力于实现特定的政治目的,例如,保护不对称合同关系中的弱势一方或保护事故受害者,参见:L. Cadiet, *L'autonomie procédurale dans la jurisprudence de la Cour de justice de l'Union européenne -Réflexions naïves d'un Huron au Palais du Kirchberg*, in *50th Anniversary of EU Procedural Law*, Luxembourg, 27 Sept. 2018.

② 1958 年 12 月 22 日第 58-1270 号《关于法官地位的组织法的条例》或 1971 年 12 月 31 日第 71-1130 号《关于改革部分法律职业和司法职业的法律》中确定律师的地位。

③ 1991 年 7 月 10 日第 91-647 号《关于法律援助的法律》。

④ 参见:Ministère de la justice, *Mission de réflexion et de propositions en vue de l'élaboration d'un code des professions judiciaires et juridiques*, Paris, La documentation française, 1998.

⑤ 上议院在第一次审议关于经济增长、活动和机会平等的法律提案(称之为"马克龙法律")中提出设立一部"诉诸法律和法律实施的法典":Projet de loi pour la croissance, l'activité et l'égalité des chances économiques, Sénat, n° 99, 12 mai 2015, art. 12 A.

⑥ 《民事诉讼法典》的某些规定已经呈现为"跟随者"法典,例如在劳动案件中,参见《民事诉讼法典》第 879 条。在社会保障诉讼方面也有相同体现,但此异常已得到纠正,参见《民事诉讼法典》第 1441-4 条(由 2019 年 9 月 18 日第 2019-966 号法令设立)。

⑦ 因此,与集体诉讼有关的规定已被引入与案件相对应的实体法典中,例如《消费法典》《公共卫生法典》《环境法典》《劳动法典》。但是,2016 年 9 月 26 日第 2016-1249 号法令(由 2017 年 5 月 6 日第 2017-888 号法令取代,后又由 2019 年 12 月 11 日第 2019-133 号法令修改,第 4 条)在《民事诉讼法典》中引入新的第 848 条至第 849-21 条,并由 2016 年 11 月 18 日第 2016-1547 号法律第 60 条至第 83 条补充。

调解和仲裁网上服务的规定(第 4-1 条至第 4-7 条),在司法法官面前进行集体诉讼适用共同规定的雏形(第 60 条至第 83 条)。同时,"贝卢贝特法律"允许这些分散的立法条文在删减后的法律文本中继续有效,或有所增加,所涉及的条文还有:调解(1995 年 2 月 8 日第 95-125 号《有关司法组织以及民事、刑事和行政诉讼程序的法律》第 21 条至第 25 条),在大审法院辅助和代理当事人(2007 年 12 月 20 日第 2007-1787 号《有关简化法律的法律》第 2 条),民事案件中辩论和判决的公开(1972 年 7 月 5 日第 72-626 号《设立执行法官和有关民事诉讼程序改革的法律》第 11-1 条至第 11-4 条)。

这些措施无法协商一致,这是对《民事诉讼法典》和《司法组织法典》统一的新打击。宪法规则和法制原则都不禁止对这一问题进行纠正①,参议院在某些方面已经开始思考这个问题。② 设计一部具有统一编码的法典,编码包含立法性质的条款(编码为 L.)和法规性质的条款(编码为 R. 或 D.)的交替索引,并没有障碍。③ 去法典化与司法改革的主要方面——简化,显得格格不入④,因为将规则置于分散的法律中并没有提高法律的易读性,因此也不利于法律的稳定性。法国的去法典化与其他一些国家或地区的趋势形成了鲜明的对比,一些原本没有法典传统的国家正在颁布自己的民事诉讼法典⑤,欧盟民事诉讼法典的前景也日趋光明,虽然这只是一部范本式法典。⑥

综上,试问这个掷骰子般的游戏将把法国司法和程序引向何

---

① 参见:L. Cadiet, *Sur la fragmentation et la dispersion des règles de procédure*, *Procédures* 2019, Repère 11.

② 例如,《司法组织法典》第 L 212-5-1 条和第 L 212-5-2 条中有关不经庭审的程序的规定;《司法组织法典》第 L 111-11-1 条和第 L 111-11-4 条中有关公开辩论和司法判决的规定。

③ 最新的法典之一《公众与政府间关系法典》就是这种情况。

④ 2019 年 3 月 23 日第 2019-222 号法律,第 22 条至第 28 条,即"为更好的判决进行简化";第 29 条至第 32 条,即"为更好的保护进行简化"。

⑤ 例如,在沃尔夫(Woolf)报告发布后,英格兰和威尔士。参见规则第 1.1 条第(1)项规定:"这些规则是一部新的民事诉讼法典……"

⑥ 参见欧洲法学会(European Law Institute)和国际统一私法协会(UNIDROIT)主持拟定的《欧洲民事诉讼规则》草案。

方？立法者的蓝图即便是超越管理者们的短期性简单现实主义，但是，此蓝图恐怕会在骰子抛掷的随机分布中而最终落空，无法实现。也许是时候考虑一部新的民事诉讼法典了，至少要重新考虑民事诉讼规则的重组。①

（作者系法国巴黎第一大学法学教授、法兰西大学研究院名誉院士、国际诉讼法协会名誉会长）

---

① 参见：L. Cadiet, *La réforme Belloubet ou le jeu de dés*, *Procédures* 2019, Repère 6; L. Cadiet, *D'un code à l'autre: de fondations en refondation*, in L. Cadiet et G. Canivet (sous la direction de), 1806-1976-2006, *de la commémoration d'un code à l'autre: 200 ans de procédure civile en France*, Paris, LexisNexis, 2006, p. 3 et suivantes.

译者序言

周建华

十六年前,我怀揣着研学大陆法系重要源头——法国法律的初衷来到亚欧大陆的西岸,在位于深邃悠久的地中海沿岸的欧洲最古老法学院之一的蒙彼利埃第一大学法学院攻读博士学位,期望有一天可为中法在法律领域的交流贡献微薄之力。在法国自由、平等和博爱的文化氛围中,通过四年多不懈的努力我终于取得了法学博士学位。归国后,我荣幸地在北京理工大学法学院任教至今,践行着一名法律学者的职业理念。

要深入了解一个国家或地区法律的体系、经验、历史,最好的方式是从它的法典或法律典籍入手。在我国依法治国的大政下,借鉴吸收他人的经验,不忘前车之鉴,是为明智之举。我的主要研究方向包括民事诉讼法、比较法学及非诉讼纠纷解决机制(ADR)。2016 年,恰蒙厦门大学出版社之邀负责《法国民事诉讼法典》的翻译工作,实感荣幸。法典翻译是一项庞大且复杂的工程,对译者的身心意志、学识品格都是严苛的考验。今日这部浩瀚如海的法典翻译落笔之时,未感喜庆欢愉,只余如履薄冰。

为能使读者更好地了解《法国民事诉讼法典》的前世今生和宏观背景,特别是最新的发展,我非常荣幸地邀请到了法国著名民事诉讼法学家、巴黎第一大学法学院教授、法兰西大学研究院名誉院士、国际诉讼法协会名誉会长洛伊克·卡迪耶先生为本部法典的中文版撰写序言。卡迪耶先生对法国民事诉讼法学以及国际民事诉讼法学的发展做出了非常卓越的贡献。他也热衷于为中法民事诉讼法学交流做出贡献。其著作《法国民事司法法》(Droit Judiciaire Privé)第三版早在 2010 年被翻译成中文在国内出版。2016 年,他曾接受中国民事诉讼法学研究会的约稿,亲自撰文《法国民事诉讼的法典化》,并发表于研究会辑刊《民事程序法研究》第十五辑上。卡迪耶先生非常重视法国《民事诉讼法典》中文版的出版,在我 2020 年 1 月发出邀请后便欣然接受，并且于 3 月发来一篇长达数十页的序言，其对法国《民事诉讼法典》的历史进程提出了详细、精辟及深邃的见解。在此，向他表示由衷的感谢！

法兰西第一帝国的奠基者拿破仑在晚年曾言："我真正的光荣，并非打了 40 次胜仗，因为滑铁卢一战便抹去了关于这一切美好的记忆。但有一样东西是不会被人忘却的，它将永垂不朽，那就是我的《民法典》。"这就是我们经常所说的《拿破仑法典》。其实，拿破仑建立的法兰西第一帝国，除 1804 年《民法典》外，随后出台了另外四部重要的法典，即 1806 年的《民事诉讼法典》，1807 年的《商法典》，1808 年的《刑事重罪审理法典》，1810 年的《刑法典》。1806 年的《民事诉讼法典》可谓人类历史上第一部具有现代意义的民事诉讼法典，它在欧洲民事诉讼法现代化发展中具有非常重要的启发意义，正如卡迪耶先生所言，它"成为 19 世纪欧洲改革运动的出发点"①。法国的邻居德国于 1877 年以 1806 年法国《民事诉讼法典》为原型颁布了其第一部民事诉讼法典。

囿于其时民事诉讼法学理论的欠缺，1806 年《民事诉讼法典》不可避免地存在着历史局限：没有关于各级法院适用程序的"一般规定"，没有诉讼基本原则的陈述，各章节直接就是对各级法院具体适用的程序规则的规定。该法典从程序规则的制定到适用，再到评论，是"一部彻头彻尾的实践者的法律"②。19 世纪初，民事诉讼法开始成为法国法学院讲授的必修课程。从 19 世纪末到 20 世纪初，民事诉讼法学的理论发展进入成熟阶段。20 世纪中期开启对法典的修改，最终于 1975 年由第 75-1123 号法令设立了新《民事诉讼法典》。新法典于 1976 年 1 月 1 日适用于法国领土的大部分领域，1977 年 1 月 1 日适用于法国的全部领土。这部新法典吸引了诸多诉讼法学者参与制定，因此被认为是"一部法学教授的法律"③。1975 年法典的首要突破是在第一卷第一编第一章（总共 24 条）中

---

① L. Cadiet, *Ouverture*, *D'un code à l'autre : de fondations en refondation*, in L. Cadiet, G. Canivet, 1806-1976-2006, *De la commémoration d'un code à l'autre : 200 ans de procédure civile en France*, Litec, 2006, pp. 3-17, spéc. p. 9.

② B. Beignier, *Le Nouveau Code de procédure civile : un droit des professeurs*? in L. Cadiet, G. Canivet, 1806-1976-2006, *De la commémoration d'un code à l'autre : 200 ans de procédure civile en France*, Litec, 2006, pp. 35-45, spéc. p. 35.

③ B. Beignier, *Le Nouveau Code de procédure civile : un droit des professeurs*?, in L. Cadiet, G. Canivet, 1806-1976-2006, *De la commémoration d'un code à l'autre : 200 ans de procédure civile en France*, Litec, 2006, pp. 35-45.

规定了诉讼的基本原则,此举奠定了整部法典的灵魂和核心部分。新法典的结构也更趋合理,提炼出第一卷"各法院适用的通则"。①

1975年《民事诉讼法典》的适用至今已有45年,在此期间,法典的结构和内容也不断修改和调整,正如卡迪耶教授在序言中所言,呈现出五个发展方向:去碎片化、去司法化、去形式化、去物质化、去法典化。这些发展方向不乏与法国民事司法和民事诉讼程序自身紧密相联。法国民事司法特别是第一审法院由于历史原因曾经呈现为一种支离破碎的状态,繁杂的法院组织使得即使是法律职业人士有时也无从知晓该向哪个法院起诉。因此,整合第一审法院的思路,即去碎片化,早在2001年便明确提出,终于在2019年的法律中发生了重大修改——整合大审法院和小审法院,代之以统一的初审法院。纷繁复杂不仅体现于法国的民事司法组织,也体现于其民事诉讼程序以及民事法官的职能内容。2008年法国司法部的《和谐司法的合理规划》司法改革报告中提出法国的司法应是让人易懂和亲近民众的司法、促进社会发展的司法、保障法官介入的司法,进而明确司法改革的两个中心任务:一是重新将法官置于裁判职能的中心,二是将当事人置于司法体系的中心。② 为此,去司法化和去形式化成为重要的改革方向:削减法官的若干非裁判职能,使之集中于裁判案件;引入非诉讼纠纷解决手段,拓展纠纷解决的当事人协商处理范围;提高当事人诉诸司法的便利性和可能性,保障公平诉讼的实现。去物质化,也即电子化,是将互联网技术运用于诉讼系统中。早在2009年,法典中便引入对诉讼程序中运用电子方式的专项法条。去法典化则呈现为:法国民事诉讼程序中的部分事项在与实体法相重复时,不再规定于《民事诉讼法典》中,而是转移至其他法典中,使得《民事诉讼法典》的独立性体系受到一些拆解和分流。

法国《民事诉讼法典》已经成为法国诉讼历史发展中的珍藏宝库。"它没有被时间沉淀为过去的殿堂,反而因为改革中所展现的能量(包括

———————————

① 关于1976年《民事诉讼法典》的结构和内容以及发展进程,卡迪耶先生的序言中已有详细介绍,在此不再赘述。也可参见周建华:《从程序法定主义到程序人文主义——法国民事诉讼法典的发展述评》,《四川大学学报(哲学社会科学版)》,2013年第3期,第138~150页。

② 参见周建华:《法国民事司法改革论纲》,《北京理工大学学报(社会科学版)》,2013年第6期,第120~128页。

技术方面)向现代世界予以开放。"①在二百余年的历史发展中,法国《民事诉讼法典》的思想和理念传播深远,其中也包括我国。目前我国民事诉讼法正日趋完善和丰富,已经成文的专项法律有《民事诉讼法》《仲裁法》《人民调解法》;在法律之外,最高人民法院关于民事诉讼程序的司法解释也颇多;还有已经列入议事日程正在讨论起草的《强制执行法》,以及学术界开始呼吁讨论起草的《家事诉讼法》《非讼程序法》《民事证据法》等。这些汇总起来,也绝对不亚于法国《民事诉讼法典》的复杂程度。2020年5月,我国第一部法典——《民法典》已经面世。对于我国民诉学界而言,《民事诉讼法典》的讨论起草也将迎来新的馥郁芬芳。这必然是一个充满挑战并且非常艰巨的工程。因此,期望法国《民事诉讼法典》本次中文版的出版能为我国民事诉讼法学术界提供一些参考,为我国民事诉讼法的发展贡献一份绵薄之力。

在法典的翻译过程中,我深刻体会到翻译确实是一门艺术,尤其法语特有的逻辑严密性以及多层代指的长段陈述等语法细节,对我的挑战不亚于法律专业本身。在翻译中,特别是对法语语法的领会方面,留法前辈罗结珍老师翻译出版的《法国新民事诉讼法典》中文版让我受益良多,在此向罗教授表示感谢。② 特别感谢厦门大学出版社的支持、信任与体谅,留予我充足的时间来稳妥细致地完成本书,尤其是在此过程中我还在哥伦比亚大学访学一年,对翻译工作的进展有着不可忽视的影响。最后,感谢我的家人一直以来对我工作的全力支持,特别是我的丈夫白云鹏先生对本部法典的翻译工作亦提出了诸多宝贵意见。

囿于个人能力,本书不免有疏漏或考虑不周全之处,敬请批评和指正。希望在以后的修订版中能把问题和瑕疵予以纠正,使之更加完善。

2020 年 4 月于北京

(北京理工大学法学院副教授、法国蒙彼利埃第一大学法学博士、美国哥伦比亚大学法学院访问学者)

---

① 洛伊克·卡迪耶:《法国民事诉讼的法典化》,周建华译,《民事程序法研究》第 15 辑,厦门大学出版社 2016 年版,第 1~25 页。

② 罗结珍译:《法国新民事诉讼法典》(上、下),法律出版社 2008 年版。

凡　例

Livre 卷

Titre 编

Sous-titre 副编

Chapitre 章

Section 节

Sous-section 目

【保留】　法典在修改中为尽可能少动未修改条文,以及保持法典原有体系,修改中如涉及这些条文,暂时保留,等日后有新的条文即可加入。

目 录

外国民事诉讼法译丛

法国民事诉讼法典

外国民事诉讼法译丛

法国民事诉讼法典

外国民事诉讼法译丛·法国民事诉讼法典

目录

外国民事诉讼法译丛

法国民事诉讼法典

外
国
民
事
诉
讼
法
译
丛
·
法
国
民
事
诉
讼
法
典

目
录

外国民事诉讼法译丛

法国民事诉讼法典

外国民事诉讼法译丛·**法国民事诉讼法典**

● **目录** ●

013

第一卷　各法院适用的通则

第一编　序则

第一章　诉讼的基本原则

第一节　诉讼程序

第 1 条

除法律另有规定外,仅当事人能启动诉讼程序。在因为裁判效力或法律规定而终结诉讼程序前,当事人有终结此诉讼程序的自由。

第 2 条

当事人负责推动诉讼程序的进行。当事人应当按照要求的形式和期限完成各项诉讼行为。

第 3 条

法官监督诉讼的正常进行。法官有权指定期间和命令采取必要措施。

第二节　诉讼标的

第 4 条

诉讼标的由各方当事人的诉讼请求决定。

诉讼请求由启动诉讼程序的诉讼文书和提出抗辩的诉讼意见书确定。但是,当附带诉讼请求能证明与初始诉讼请求具有充分联系时,可以变更诉讼标的。

第 5 条

法官应当对所有诉讼请求,也仅能对这些诉讼请求进行裁判。

第三节　事实

第 6 条

当事人为支持自己主张的诉讼请求,有责任援引作为依据的事实。

第 7 条

法官不能依据辩论范围之外的事实做出裁判。

在辩论中提到的事实,虽然当事人没有特别援引支持诉讼请求的成立,但是法官仍可以将之作为裁判的依据。

第 8 条

当法官认为对解决纠纷有必要时,可以要求当事人对事实提供说明。

第四节　证据

第 9 条

为支持诉讼请求的成立,各方当事人有责任根据法律对必要的事实提供证据证明。

第 10 条

法官有权命令采取法律准许的各项调查取证措施。

第 11 条

当事人有义务协助调查取证。但是,当事人不予协助或拒绝协助的后果,应当由法官裁判。

法官有权依据一方当事人的申请,命令持有证据的另一方当事人提供此证据;必要时,法官可以采取强制措施。法官有权依据一方当事人的申请,要求或命令当事人以外的人员在不存在法定阻碍事由的情形下提供其持有的文件;必要时,法官可以采取强制措施。

第五节　法律

第 12 条

法官依据适用于纠纷的法律规定做出裁判。

法官应当对纠纷中的事实和行为,做出或重新做出准确的法律定性,不受当事人已提出的法律名称的限制。

但是,当事人在自由处分的权利范围内,以限制辩论为目的,明确约定纠纷的法律定性或适用的法律依据,对此法官不能变更。

纠纷产生后,当事人可以依据相同事由和相同条件,授权法官对纠纷进行衡平裁判;此时,保留当事人上诉的权利,但当事人明确声明放弃的除外。

第 13 条

当法官认为对解决纠纷有必要时,有权要求当事人提供法律解释。

第六节 对审

第 14 条

对任何当事人,在没有对其进行听取或传唤的情形下,均不得做出裁判。

第 15 条

当事人必须及时将其诉讼请求所依据的事实、提供的证据和援引的法律依据告知其他当事人,以便各方当事人均能组织抗辩。

第 16 条

在任何情形下,法官应当督促对审原则得到遵守;并且,法官自己也应当遵守对审原则。

当事人援引或提供的理由、解释和文件,在没有经过对审辩论的情形下,均不能成为法官裁判的依据。

法官依职权援引的法律依据,必须经过当事人的对审辩论后,才能成为裁判的依据。

第 17 条

依据法律规定或在必要情形下命令采取措施时,如一方当事人不知情,必须为该当事人对涉及其利益的裁判保留合适的救济程序。

第七节 抗辩

第 18 条

当事人可以自行抗辩,但法律规定强制代理的除外。

第 19 条

当事人依据法律的准许或命令,自由选择其他人员代理或辅助自己参加诉讼。

第 20 条

法官始终能听取当事人自己的抗辩。

第八节　和解

第 21 条

法官具有促使当事人对纠纷进行和解的使命。

第九节　辩论

第 22 条

辩论应当公开,但法律要求或准许在评议室进行的除外。

第 23 条

当法官熟悉当事人使用的语言时,可不必要求翻译人员参与。

第 23-1 条

当一方当事人耳聋时,法官通过做出不准许救济的裁定,指定通晓符号语言或手语的翻译人员,或掌握与聋人沟通的语言能力或其他方法的人员,辅助该当事人参加诉讼。法官也可以借助各种技术手段与该当事人进行交流。

如该当事人在出庭时已经自行委托他人辅助参加诉讼,不适用于上款条文。

第十节　尊重义务

第 24 条

当事人应当对司法给予充分的尊重。

法官可以依据不尊重行为的严重程度,依据申请或依职权宣布各种命令,删除书面材料,宣布其具有诽谤性,命令印刷和张贴裁判文书。

第二章　非讼程序的特殊规则

第 25 条

虽然案件中不存在纠纷,但是依据案件性质或申请人资格,法律规定应当由法官审理时,法官对该案件适用非讼程序做出裁判。

第 26 条

法官依据与案件相关的所有事实做出裁判,也包括当事人没有援引的事实。

外国民事诉讼法译丛　法国民事诉讼法典

第 27 条

法官有权依据申请或依职权采取各种有用的调查手段。

法官不受任何形式的限制,自行听取任何人提供的有助于查明事实的陈述,也包括可能受裁判影响的利害关系人的陈述。

第 28 条

法官有权未经辩论进行宣判。

第 29 条

第三人如证明有合法利益,经法官准许,可以查询案卷和请求提供案卷副本。

第二编 诉权

第 30 条

对于提出诉讼请求的当事人而言,诉权是指由法官听取诉讼请求的根据,并裁判根据是否正当的权利。

对于对方当事人而言,诉权是指对诉讼请求是否正当进行争辩的权利。

第 31 条

与诉讼请求的支持或驳回具有合法利益的人均享有起诉权。同时,法律也授予有资格提出和攻击诉讼请求或保护特定利益的人以起诉权。

第 32 条

由没有起诉权的人提出的诉讼请求,或对没有起诉权的人提出的诉讼请求,法院均不予受理。

第 32-1 条

任何人以拖延或滥用方式提起诉讼,将被处以不超过 10000 欧元的民事罚款,损害赔偿请求另行计算。

第三编　管辖

第一章　权限管辖

第 33 条

法院对案件的管辖权由与司法组织有关的规则和具体规定确定。

第 34 条

法院管辖权的诉讼请求限额和不准许提起上诉的第一审诉讼请求限额,由适用于各法院的规定和下列条款确定。

第 35 条

在同一诉讼程序中,同一原告对同一被告提出的数项诉讼请求,如基于不同事实且互不关联,法院的案件管辖权和审级管辖权的限额依据各项诉讼请求的性质和价值单独确定。

如上述诉讼请求基于相同事实或互相关联,法院的案件管辖权和审级管辖权的限额依据各项诉讼请求的总价值确定。

第 36 条

在同一诉讼程序中,数名原告根据共同理由提出数项诉讼请求,或根据共同理由对数名被告提出数项诉讼请求,法院对全部诉讼请求的案件管辖权和审级管辖权的限额,依据数项诉讼请求中的最高金额确定。

第 37 条

当管辖权依据诉讼请求的数额确定时,法院对各自不超过管辖权限额的参加之诉、反诉和抵消之诉均具有管辖权。即使它们与原告诉讼请求的总额超出管辖权限额,法院仍然享有管辖权。

第 38 条

当附带诉讼请求的数额超出法院的管辖权限额时,如一方当事人提出无管辖权抗辩,法院只能审理本诉请求;或者,法院把案件全部移送其他有管辖权的法院,由受移送法院合并审理附带诉讼请求。但是,当损害赔偿的反诉请求以本诉请求为唯一依据时,则不受反诉请求数额的限制,法院对反诉请求也享有管辖权。

第 39 条

在适用第 35 条规定的情况下,当各项附带请求的数额均低于不准许上诉的第一审诉讼请求限额时,不准许对裁判提起上诉。

如一项附带请求高于不准许上诉的第一审诉讼请求限额,法院对所有请求做出的裁判均为第一审裁判,对此准许上诉。但是,当此项附带请求是以本诉请求为唯一依据的损害赔偿反诉请求时,法院做出的裁判则为终审裁判。

第 40 条

对价值不确定的诉讼请求做出的裁判,除法律有相反规定外,均准许提起上诉。

第 41 条

在纠纷产生后,当事人始终可以约定管辖法院,即使该法院依据诉讼请求限额对纠纷本无法定管辖权。

在相同的保留条件下,当事人可以对自由处分的权利明确约定在裁判后不准许提起上诉;即使诉讼请求数额超出第一审不准许上诉的限额,也不准许上诉。

第二章　地域管辖

第 42 条

除法律另有规定外,被告所在地的法院享有地域管辖权。

如有多名被告,原告可以选择向其中一名被告所在地的法院起诉。

如被告既无住所又无已知居所,原告可以向自己所在地的法院起诉;原告居住在外国时,则可以向其选择的法院起诉。

第 43 条

被告所在地是指:

(1)如被告为自然人,则为住所地;否则,为居住地。

(2)如被告为法人,则为设立地。

第 44 条

不动产物权诉讼,由不动产所在地的法院专属管辖。

第 45 条

继承诉讼中的下列纠纷,由继承开始直至遗产分割所在地的法院管辖:

(1)继承人之间产生的纠纷;

(2)死者债权人提起的诉讼;

（3）因死亡处分财产引起的纠纷。

第 46 条

除被告所在地的法院外,原告可以选择向下列法院提起诉讼:

（1）合同诉讼中,标的物实际交付地或服务行为履行地的法院;

（2）侵权诉讼中,侵权行为地或损害结果地的法院;

（3）混合诉讼中,不动产所在地的法院;

（4）扶养费或分担婚姻费用诉讼中,债权人所在地的法院。

第 47 条

当法官或司法助理人员可能成为其履行职责的法院管辖纠纷的当事人时,原告可以向邻近辖区的法院提起诉讼。

被告或上诉案件的当事人也可以请求按照上述条件把案件移送选择的法院。当事人在知晓事由后应当及时提出申请,否则不予受理。案件移送依据第 82 条进行。

第 48 条

任何直接或间接违反地域管辖规则的条款,均视为无效。但是,该条款由均具有商人身份的当事人签订,且对受此条款约束的当事人已做出特别明显强调的除外。

第三章　共同规定

第 49 条

法院受理关于其管辖权的诉讼请求时,可以受理各种抗辩理由;即使此种理由要求对合同做出解释,也可以受理。但是,涉及其他法院专属管辖权的抗辩理由除外。

当纠纷解决取决于行政法院管辖权限内的重要事项裁判时,应当依据《行政司法法典》第三卷第一编的规定移送有管辖权的行政法院。在行政法院对先决问题做出裁判前,中止对案件的审理。

第 50 条

诉讼程序中的附带事件,由正在进行与该事件相关联诉讼的法院做出裁判。

第 51 条

初审法院对不属于其他法院专属管辖的所有附带请求,均具有管辖权。

除另有规定外,其他法院只能受理在权限管辖范围内的附带请求。

第 52 条

有关司法助理人员、公务助理人员在诉讼中所支出的费用、薪酬及垫付款的诉讼请求,应当向受理该诉讼的法院提出。

当司法助理人员、公务助理人员所支出的费用、薪酬及垫付款不属于法院受理诉讼的支出时,则向司法助理人员、公务助理人员履行职务的初审法院提出诉讼请求。

外国民事诉讼法法译丛

法国民事诉讼法典

第四编 起诉

第一章 本诉

第一节 争讼案件的起诉

第 53 条

本诉请求是指原告通过向法官提出诉讼主张而主动提起诉讼的请求。

本诉请求引起诉讼程序的开始。

第 54 条

本诉请求通过传唤书提出,或向法院书记室递交和寄送起诉书提出。当事人也可以共同提出起诉书。

通过电子方式提出本诉请求时,应当写明原告在同意采取电子方式时提交的电子邮箱和手机号码,或原告律师的电子邮箱和手机号码;否则,本诉请求无效。本诉请求还可以写明被告的电子邮箱和手机号码。

本诉请求应当写明下列事项,否则无效:

(1)指明本诉请求提交的法院。

(2)诉讼标的。

(3)对于自然人,写明各原告的姓名、职业、住所、国籍、出生日期和地点;对于法人,写明法律形式、名称、总部所在地和法定代表机构。

(4)必要时,如果需要进行不动产登记册公告,还包括指定不动产的说明事项。

(5)当纠纷应当先行通过和解、调解或参与程序时,写明为协商解决纠纷做出的努力或提交免除此先行义务的证明。

(6)指明在法院出庭的方式,并具体说明如被告不出庭,法院将仅依据原告提交的材料对其做出判决。

第 55 条

传唤书,是指由执达员应原告请求制作的传唤对方当事人至法院应诉的执达员文书。

第 56 条

在传唤书中,除执达员文书的应载事项和第 54 条的规定事项外,还应当记载下列事项,否则无效:

(1)审理案件的庭审地点、日期和时间;

(2)事实理由和法律理由的陈述;

(3)作为诉讼请求基础的书证目录,罗列在附件的清单中。

必要时,传唤书还应当写明指定的法庭。

传唤书等同于诉讼意见书。

第 57 条

在原告单方提交起诉书时,在没有事先告知对方当事人的情形下,案件诉诸法院请求受理。当事人共同递交或寄送起诉书时,需向法院提交各自的诉讼请求、争议要点和各自理由。

在起诉书中,除第 54 条的规定事项外,还应当记载下列事项,否则无效:

(1)当起诉书由一方当事人提出,指明对方当事人的姓名和住所;如对方当事人为法人,指明其名称和总部所在地;

(2)在所有情形下,指明诉讼请求依据的书证。

当事人应当在起诉书上签名和写明日期。

第 58 条

在纠纷产生后,如当事人没有行使第 12 条赋予的权利,则可以在共同起诉书中授权法官对纠纷进行衡平裁判,或以限制辩论范围为由通过约定的法律定性或法律争点限制法官的权限。

第 59 条

被告应当在答辩书中告知下列事项,否则不予受理,法官甚至可以依职权裁定不予受理:

(1)被告为自然人时,其姓名、职业、住所、国籍、出生日期和地点;

(2)被告为法人时,其法律形式、名称、总部所在地和法定代表机构。

第二节　非讼案件的起诉

第 60 条

在非讼案件中,通过申请书提出诉讼请求。

第 61 条

法官依据向法院书记室递交的申请书受理案件。

第 62 条　【保留】

第二章　附带之诉

第 63 条

附带之诉,是指反诉、追加之诉和参加之诉。

第 64 条

反诉,是指本诉被告为取得诉讼优势而提出的诉讼请求,而非对本诉原告的诉讼主张采取的简单反驳。

第 65 条

追加之诉,是指一方当事人为变更已经提出的诉讼请求而追加的诉讼请求。

第 66 条

参加之诉,是指第三人为参加到正在进行的本诉中而提出的诉讼请求。

当上述诉讼请求由第三人提出时,为自愿参加之诉;当第三人是由一方当事人牵连进诉讼时,为强制参加之诉。

第 67 条

提出附带之诉的当事人,应当说明其诉讼主张和理由,并指明进行证明的书证。

第 68 条

附带之诉,按照提出抗辩理由的相同形式,向本诉当事人提出。

对不具有出庭义务的当事人或第三人提出附带之诉时,按照提起诉讼的方式进行。在上诉程序中,通过传唤书提出。

第 69 条

提出附带之诉的诉讼文书等同于诉讼意见书,应当通知其他当事人。

第 70 条

只有当反诉或追加之诉与本诉请求有充分联系时,法院才会受理。

抵消之诉即使无上述联系,法院也会受理;但是,抵消之诉可能导致案件整体迟延审理时,则分开审理。

外国民事诉讼法译丛·法国民事诉讼法典　●　第一卷　各法院适用的通则　●

第五编(一)　抗辩理由

第一章　实体抗辩

第 71 条

实体抗辩,是指针对对方当事人的诉讼请求而提出的各种理由,旨在使其在经过法律实体的审查后由于缺乏依据而被驳回。

第 72 条

实体抗辩可以在诉讼程序的任何阶段提出。

第二章　程序抗辩

第 73 条

程序抗辩,是指为使法院宣告程序违法、程序终结或程序中止而提出的各种理由。

第 74 条

程序抗辩的提出,应当在实体抗辩或不予受理抗辩提出前,或与之同时提出,否则不予受理。即使程序抗辩的适用法律具有公共秩序性质,也不予受理。

关于书证交换的请求,不构成程序抗辩不予受理的理由。

本条第 1 款的规定不排除第 103 条、第 111 条、第 112 条和第 118 条的适用。

第一节　无管辖权抗辩

第一目　管辖权裁判

第 75 条

当事人对受理案件的第一审法院或上诉法院提出无管辖权抗辩时,应当说明理由;并且,在任何情形下应当指明应提交诉讼请求的法院,否则抗辩不予受理。

外国民事诉讼法译丛

法国民事诉讼法典

第 76 条

除第 82-1 条的适用情形外,法院如发现受理的案件违反权限管辖规则,并且该规则具有公共秩序性质,或被告没有出庭,可以依职权裁定无管辖权。法院的行为仅限于上述情形。

只有当案件属于刑事法院或行政法院的管辖范围或不属于法国法院的管辖范围时,上诉法院和最高司法法院才可以依职权裁定无管辖权。

第 77 条

在非讼案件中,法官可以依职权裁定无地域管辖权。在争讼案件中,法官只能在涉及身份关系的纠纷中,或法律规定由其他法院专属管辖,或被告未出庭时,可以依职权裁定无地域管辖权。

第 78 条

法官可以在同一裁判中,但应当采用不同的主文,对管辖权异议和案件的实体事项做出裁判;必要时,可以事先要求当事人对案件的实体事项提交诉讼意见书。

第 79 条

当法官不对案件的实体事项,但对由实体事项产生的管辖权异议做出裁判时,其应当在判决主文中对实体事项和管辖权异议一并处理。

法官的裁判对此实体事项产生既判力。

第 80 条

如法官裁定具有管辖权,将不对案件的实体事项进行裁判,中止诉讼程序直至上诉期间届满;如有人提出上诉,则直至上诉法院做出裁判。

第 81 条

当法官认为案件属于刑事法院、行政法院、仲裁机构或外国法院的管辖范围时,把案件发回当事人自行救济。

在其他情形下,法官在裁定无管辖权时指定其认为具有管辖权的法院。该指定对当事人和被指定法院均具有约束力。

第 82 条

如在法定期限内没有提起上诉,法院书记室将案件移送被指定法院,同时转交案卷和指定移送裁定副本。

被指定法院收到案卷后,其书记室采取任何方式提请当事人继续诉讼;如有必要,当事人在收到通知后一个月内委托律师。

被指定法院要求强制代理时,如当事人在本条第 2 款规定的期限内没有委托律师,法院依职权撤销案件。

第 82-1 条

作为本目规定的例外,对于同一个初审法院内的管辖权争议,法官可以依据一方当事人的申请或依职权在第一次庭审前解决,并记载于案卷中。

管辖权争议解决后,应当通过任何方式立即告知当事人或其律师。

书记室立即把案卷转交被指定法官。

上述法官或当事人可以在三个月内对案件转交后的管辖权提出异议。

如提出异议,法官依职权或依据一方当事人的申请简要记载于案卷中,将案件移送初审法院院长。初审法院院长按照相同方式将案件转交其指定的法官。对院长的决定,不准许救济。

当事人可以向法官提出管辖权异议。如对管辖权裁判不服,可以按照本节第二目规定的条件提起上诉。

第二目 对管辖权裁判提起上诉

（一）对单独的管辖权裁判提起上诉

第 83 条

对法官做出的管辖权裁定,如没有涉及案件的实体事项,准许根据下列条件提出上诉。

对法官做出的裁判,同时包括裁定管辖权和命令采取调查措施或临时性措施,只能对其中的管辖权裁定准许提出上诉。

第 84 条

上诉期间为裁定送达后十五日内。书记室通过有回执的挂号信把裁定寄送各方当事人。在强制代理的案件中,书记室同时把裁定送至当事人的律师。

如提起上诉,上诉人应当在上诉期间内向上诉法院第一院长提出,并视情形被许可传唤至固定日期或提前确定此日期,否则上诉无效。

第 85 条

在上诉书中,除第 901 条或第 933 条规定的事项外,应指明被提起上诉的管辖权裁定,并且在上诉书或另附的诉讼意见书中说明理由,否则上诉不予受理。

尽管有相反的规定,如适用于上诉法院的法律规定强制律师代理,或者相反情形下如第 948 条的规定,上诉案件的审理和裁判依据固定日期程序进行。

第 86 条

上诉法院将案件移送其认为具有管辖权的法院。此裁定对当事人和受移送的法院均具有约束力。

当案件移送最初受理的法院,由法官推动诉讼程序的继续进行。

第 87 条

上诉法院的书记官应当立即通过有回执的挂号信将判决寄送当事人。

对上诉法院的判决,不准许提出异议。

向最高司法法院上诉的期间,自判决通知之日起计算。

第 88 条

当上诉法院正是其认为有管辖权的一审法院的上诉法院时,该上诉法院在必要时命令采取调查措施后,如认为由它自己对案件做出最终解决更加符合正义原则时,则可以提审案件。

第 89 条

上诉法院决定提审案件时,如上诉程序的法律规定强制代理,法院应当要求当事人在确定的期间内委托律师,必要时通过有回执的挂号信发出此要求。

如当事人均没有委托律师,上诉法院将做出不准许救济且具有说明理由的裁判撤销本案。裁判副本通过平信寄送各方当事人的住所或居所。

(二)对同时解决管辖权异议和案件实体事项的裁判提起上诉

第 90 条

当法官宣布具有管辖权,并且在同一初审判决中对案件实体事项做出裁判时,准许对裁判的全部主文提起上诉。

当上诉法院撤销管辖权基础时,如其正是它认为具有管辖权的法院的上诉法院,可以对案件的实体事项直接裁判。

如上诉法院并非管辖法院的上诉法院,在撤销第一审裁判中管辖权基础后,应把案件移送管辖法院的上诉法院。此裁定对当事人和受移送的上诉法院均具有约束力。

第 91 条

当法官宣布具有管辖权,并且在同一终审判决中对案件实体事项做出裁判时,只准许对管辖权争议提起上诉。如就案件的实体处理结果向最高司法法院上诉,前述上诉则不予受理。

在提起上诉的情形下,当上诉法院撤销原审裁判的管辖权基础时,把案件移送其认为有管辖权的法院,案卷应当在向最高司法法院上诉的期间届满后移送;必要时,该上诉法院对案件做出裁判。移送案件的裁定对当事人和受移送的上诉法院均具有约束力。

第 92 条至第 99 条　【保留】

第二节　诉讼系属抗辩与诉讼关联抗辩

第 100 条

当事人向同一级别的两个法院起诉同一纠纷时,一方当事人可以要求后受理的法院放弃管辖,案件由先受理的法院审理。如当事人没有提出要求,后受理的法院应当依职权放弃管辖。

第 101 条

如两个法院的不同案件存在联系,当对案件的合并审理与判决有益于实现公正司法时,当事人可以要求其中一个法院放弃管辖,将案件按其所处状态移送另一法院。

第 102 条

受理案件的不同法院属于不同级别时,诉讼系属或诉讼关联的抗辩只能在低级别法院提出。

第 103 条

诉讼关联的抗辩可以在诉讼程序的任何阶段提出,但有意图拖延诉讼而故意延迟提出此抗辩的除外。

第 104 条

第一审法院对诉讼系属或诉讼关联的抗辩做出裁判后,当事人不服提起救济时,救济的提出和审理按照无管辖权抗辩的救济程序进行。

如向多个上诉法院提起救济,最先受理的上诉法院具有管辖权;如上诉法院认为提出的抗辩成立,依据案件情况把案件移送最适合审理本案的法院。

第 105 条

法院对诉讼系属或诉讼关联的抗辩做出的第一审裁判,或不服提出救济后做出的第二审裁判,对受移送法院和裁定放弃管辖权的法院均具有约束力。

第 106 条

两个法院均放弃管辖时,自此日期后做出的裁判均视为从未生效。

第 107 条

同一法院内的不同审判庭因诉讼关联产生问题时,该法院的院长不需任何手续就可直接进行处理。法院院长的决定属于司法行政措施。

第三节　延期抗辩

第 108 条

当提出请求的当事人依据法律享有制作财产清单和商议之期限,或要求债权人首先向主债务人追偿债务或分别追偿的权利,或依据法律享有其他任何宽限期时,法官应当中止诉讼。

第 109 条

法官给予被告提供担保人的期限。

担保人出庭期限届满后,诉讼程序继续进行;但是,在规定期限内没有提供担保人时,应当就设定担保的请求单独做出裁判。

第 110 条

如一方当事人已经对裁判提起第三人异议、申请再审或向最高司法法院上诉,法官可以中止诉讼。

第 111 条

享有制作财产清单和商议之期限利益的人,只能在此期限届满后提出其他抗辩。

第四节　无效抗辩

第一目　诉讼文书因形式瑕疵而无效

第 112 条

对诉讼文书的无效抗辩,在文书完成后可以随时提出;但是,援引诉讼文书无效者,在文书完成后提出实体抗辩或不予受理抗辩之时,如没有提出文书无效事由,文书无效不得再追究。

第 113 条

对诉讼文书的全部无效抗辩事由,应当同时提出,否则不予受理。

第 114 条

任何诉讼文书的形式瑕疵,只有属于法律明确规定的无效情形时,才能宣告无效;但是,没有遵守实质性或公共秩序性的手续除外。

只有当提出诉讼文书无效的一方当事人,证明其利益因无效文书受到损害时,法院才能宣告诉讼文书无效;即使涉及实质性或公共秩序性的手续,也应遵循相同规定。

第 115 条

如尚未发生任何丧失权利的情形,并且对文书形式无效的补正不会造成任何损害,诉讼文书的无效事由可以经事后补正而不予追究。

第 116 条

对因为没有遵守法庭辩论前诉讼手续的要求而进行处罚,适用本目规定。

第二目　诉讼文书因实质瑕疵而无效

第 117 条

导致诉讼文书无效的实质瑕疵事由包括:

(1)诉讼权利能力的欠缺;

(2)一方当事人诉讼行为能力的欠缺,或作为法人代表、无行为能力人的代理人诉讼能力的欠缺;

(3)诉讼代理人能力或资格的欠缺。

第 118 条

因为违反实体法而产生的诉讼文书无效抗辩事由,可以在诉讼程序的任何阶段提出;但是,法官对意图拖延诉讼而故意延迟提出抗辩的当事人,可以判处承担损害赔偿责任。

第 119 条

因为违反实体法而对诉讼文书提起的无效抗辩,法院应当受理;无须抗辩方证明利益受到损害,违反事由也无须由法律明确规定。

第 120 条

当因为违反实体法而产生的诉讼文书无效抗辩事由具有公共秩序性质时,法官应当依职权宣告诉讼文书无效。

法官可以依职权宣告因为诉讼权利能力欠缺而造成的诉讼文书无效。

第 121 条

在无效事由可以补正的情形下,如法官审理时无效事由已消失,则不再宣告诉讼文书无效。

外国民事诉讼法译丛

法国民事诉讼法典

第三章　不予受理抗辩

第 122 条

不予受理抗辩,是指请求法院无须对案件进行实体审查,因为无起诉权利、无诉讼资格、无诉讼利益、诉讼时效或预定期限已过、属于既判力等事由而直接拒绝受理对方当事人诉讼请求的理由。

第 123 条

不予受理抗辩可以在诉讼程序的任何阶段提出,但另有规定的除外;同时,法官对意图拖延诉讼而故意延迟提出抗辩的当事人,可以判处承担损害赔偿责任。

第 124 条

任何不予受理抗辩均应当接受,无须抗辩方证明利益受到损害,也无须法律明确规定。

第 125 条

当不予受理的抗辩理由具有公共秩序性质,特别是没有遵守救济期限或缺乏救济途径时,法官应当依职权援引此抗辩。

当不予受理的抗辩理由涉及诉讼利益和诉讼资格的欠缺或既判力事由时,法官应当依职权援引此抗辩。

第 126 条

在不予受理抗辩事由可以补正的情形下,如法官审理时该事由已消失,法官不再宣告不予受理。

在诉讼时效届满前,有诉讼资格的人成为诉讼当事人时,法官也不再宣告不予受理。

第五编（二） 合宪性先决问题

第一章　法官向最高司法法院报送合宪性先决问题

第 126-1 条

向最高司法法院报送合宪性先决问题,适用 1958 年 11 月 7 日第 58-1067 号《关于宪法委员会组织性法律的条例》第 23-1 条至第 23-3 条和本章规定。

第 126-2 条

当事人主张一项法律条文侵害宪法规定的权利和自由时,应当通过清晰且说明理由的书面形式提出,否则不予接受;即使是在对全部或部分纠纷做出的裁判提起上诉,同时此裁判中拒绝报送合宪性先决问题,也应当遵循上述形式要件。

如不是以清晰且说明理由的书面形式提出,法官应当依职权宣告不予接受。

当事人对合宪性先决问题的其他意见以书面提出时,也应当以清晰且说明理由的书面形式提出。否则,这些意见不能和裁判一并报送最高司法法院。

第 126-3 条

法院对受理案件中提出的报送合宪性先决问题做出裁定,但下列规定除外。

第一审法院和上诉法院的审前准备法官,均有权对向他们提出的合宪性先决问题报送做出裁定。如合宪性先决问题得到证明,上述法官可以把案件移送审判法庭;必要时,在审前准备程序结束前移送;之后由审判法庭对报送做出裁定。移送审判法庭的决定是司法行政措施。

农村租约分担法庭、适用《司法组织法典》第 L211-16 条特别指定的初审法院和第 L311 条特别指定的上诉法院、工伤事故中的保险费率和无劳动能力的国家法院的审判庭庭长,对合宪性先决问题的报送做出裁定。

第 126-4 条

法官应当立即依据适用的程序法律对合宪性先决问题的报送做出裁

定,并告知检察院和通知或传唤当事人。

同时,通过任何方式告知上述人员做出裁定的日期。必要时,还应当通知各方当事人必须遵守第 126-9 条的规定。

第 126-5 条

如最高司法法院或宪法法院已经受理与此项法律条文有关的合宪性争议,法官则不得以相同理由报送合宪性先决问题。在此情形下,法官应当中止对案件实体事项的审理,直至知晓最高司法法院的裁判,或必要时直至知晓宪法委员会的裁判。

第 126-6 条

如法院拒绝报送合宪性先决问题,则失去对此问题的管辖权。

但是,如拒绝报送的理由是引起合宪性争议的法律条文不适用于正在审理的案件或正在进行的程序中,法院在之后的案件审理中又认为应当适用此法律条文时,则可以撤销拒绝报送裁定,向最高司法法院报送合宪性先决问题。

第 126-7 条

法院对合宪性先决问题是否报送最高司法法院而做出的裁定,由书记员采取任何方式立即告知当事人和检察院。

裁定准予报送时,应当告知当事人不准许对裁定提起救济;如当事人想在最高司法法院提交自己的意见,应当遵守第 126-9 条和第 126-11 条第 1 款的规定。对当事人的通知书中应当重述上述规定。对没有出庭的当事人,通过有回执的挂号信寄送上述裁定。

裁定拒绝报送时,应当告知当事人如不服该裁定,只能在对解决案件全部或部分的裁判不服而提起救济时一并提出。

第二章　最高司法法院将合宪性先决问题
报送宪法委员会

第 126-8 条

最高司法法院把合宪性先决问题报送宪法委员会,适用 1958 年 11 月 7 日第 58-1067 号条例第 23-4 条至第 23-7 条和本章规定。

第 126-9 条

当事人自收到报送裁定后一个月内,提交对合宪性先决问题的意见。在最高司法法院要求强制代理的案件中,上述意见由当事人委托的一名最高行政法院和最高司法法院的律师提交。

第 126-10 条

当在向最高司法法院上诉时提出合宪性先决问题，依据 1958 年 11 月 7 日第 58-1067 号条例第 23-5 条在上诉书中应当明确记载"合宪性先决问题"。

其他当事人在一个月内对合宪性先决问题提交答辩书。答辩书按照向最高司法法院上诉的规定进行撰写、提交和告知对方当事人。

第 126-11 条

分配审理案件的审判庭庭长或其委托的法官，可以依据一方当事人的申请或依职权，在紧急情况下缩短第 126-9 条和第 126-10 条规定的期限。

上述庭长或法官确定审理合宪性先决问题的庭审日期。

同时，通知总检察长向上述庭长或法官提交意见。

第 126-12 条

当宪法委员会已经受理此项法律条文，最高司法法院不能基于相同理由把合宪性先决问题报送宪法委员会。在此情形下，最高司法法院中止对案件的审理，直至宪法委员会做出裁判。

第 126-13 条

法院书记室依据第 126-11 条第 1 款规定把审判庭庭长或其委托的法官做出的裁定和开庭日期告知当事人。

第五编(三)　处理行政法院先决问题的程序

第 126-14 条

当法院收到行政法院移送的先决问题,书记室应当至少提前一个月通过有回执的挂号信传唤在行政法院参加诉讼的当事人参加庭审,必要时告知他们在此期间内委托律师。

传唤通知书中说明如当事人缺席,法院将做出缺席判决。

第 126-15 条

法院应当迅速做出裁判。此裁判为一审终审。对裁判不服,可以在收到裁判后十五日内向最高司法法院上诉。

第六编　和解和调解

第 127 条

在提起诉讼并且符合第 56 条的规定时,如当事人不能证明已经努力对纠纷进行协商解决,法官可以向他们建议和解或调解。

第一章　和解

第一节　一般规定

第 128 条

在诉讼程序的进行中,当事人可以自行和解或在法官的促进下进行和解。

第 129 条

法官可以在其认为合适的地点和时间,依据其确定的方式促进和解,但另有规定的除外。

在先行强制和解的程序中,法官可以依据 1995 年 2 月 8 日第 95-125 号法律第 22-1 条规定的条件命令当事人与一名司法和解员见面,由司法和解员告知当事人和解的目的和过程。

第 129-1 条

当事人始终有权请求法官确认所达成的和解协议。

第二节　委托司法和解员促进和解

第 129-2 条

当法官根据法律的特别规定指定一名司法和解员促进和解时,应当确定和解期限,同时指明案件返回法院的日期。和解期限首次不得超过三个月。经司法和解员的申请,和解期限可以按相同期限延长一次。

第 129-3 条

为促进和解,司法和解员在有需要时可以召集当事人在确定的日期和时间前往某地点。

在和解进行过程中,当事人可以由在委托和解的法院面前有资格代理诉讼的人员陪同参与和解。

第 129-4 条

经各方当事人同意,司法和解员可以前往某地点调查;必要时,还可以向其认为有利于促进和解的人员,经同意后听取他们的意见。

司法和解员的认知和收取的陈述,未经当事人同意,不能在后面的诉讼阶段或其他诉讼程序中提交和援引。

第 129-5 条

司法和解员应向法官告知在促进和解中遇到的困难和调解的结果。

在任何时候,法官可以依据一方当事人的请求或司法和解员的申请终结和解程序。当和解的顺利进行受到损害时,法官也可以依职权终结和解程序。法院书记员把上述结果通知司法和解员和当事人。

第 129-6 条

法官在委托和解中做出的决定均为司法行政措施。

第三节 和解书

第 130 条

和解全部或部分成功而达成的协议,视情形,由当事人和法官在记载和解协议内容的诉讼笔录中共同签名,或由当事人和司法和解员在和解协议中共同签名。

第 131 条

法官出具的诉讼笔录节选本可以发给当事人。此节选本等同于执行依据。

在任何时候,各方当事人或最先行动的一方当事人可以请求法官确认由司法和解员出具的和解协议。法官可以在无须辩论的情形下做出裁定,但其认为有必要在庭审中听取当事人意见的除外。法官对和解协议的确认适用非讼程序。

第二章 调解

第 131-1 条

受理案件的法官经各方当事人同意后,指定第三方人员听取当事人的意见,促进相互间的观点交流,帮助寻求纠纷解决结果。

紧急审理法官在诉讼程序中也具有上述权力。

第 131-2 条

对纠纷的全部或部分,均可以进行调解。

在任何情况下,调解都不会减轻法官的职责,法官可以随时采取其认为必要的相应措施。

第 131-3 条

调解期限首次不得超过三个月。依据调解员的申请,调解期限可以按相同期限延长一次。

第 131-4 条

调解可以委托给自然人或法人进行。

如指定的调解员是法人,其法定代表人向法官提交具体完成调解任务的一个或多个自然人的姓名。

第 131-5 条

负责调解的自然人应当满足下列条件:

(1)没有涉及犯罪记录第二号登记表上记载的有罪判决、无能力处分或丧失权利情形;

(2)没有因为违反良好声誉、廉洁规则与善良风俗而受到撤职、除名、撤销许可或认可的纪律或行政处分;

(3)因为正在进行或曾从事的活动而取得与纠纷性质要求相适应的纠纷解决资格;

(4)视具体情况,证明具备适合于调解实践的培训或经验;

(5)具有从事调解工作要求的独立性。

第 131-6 条

委托调解决定中应当写明当事人同意调解、指定调解员、首次调解期限和指明案件返回法院的日期。

上述决定应当确定调解员费用报酬的预交数额,尽可能接近预计给予的报酬数额,并且指定一方当事人或所有当事人预交的期间;如指定多名当事人预交,还应当指明当事人各自预交的份额。

如当事人不预交上述数额,委托调解决定无效,诉讼程序继续进行。

第 131-7 条

指定调解员的决定宣布后,法院书记室通过平信告知当事人和调解员。

调解员应当立即向法官告知是否接受调解。

书记室把已预交调解费的事项告知调解员后,调解员应当召集当事人。

第 131-8 条

调解员不具有调查取证的权力。但是,经当事人同意且为调解所需时,经第三人同意后,调解员可以听取第三人的意见。

在同一诉讼程序中,调解员不能接受委派去实施本案的调查取证行为。

第 131-9 条

实施调解的自然人向法官告知在调解进行中遇到的困难。

第 131-10 条

法官可以随时依据一方当事人的请求或调解员的提出而终结调解程序。

当和解的顺利进行受到损害时,法官可以依职权终结调解程序。

在所有情形下均应当事先开庭;法院书记室通过有回执的挂号信传唤各方当事人到庭。

在庭审中,法官终止调解员的工作后,诉讼程序继续,此决定应当告知调解员。

第 131-11 条

调解期限届满时,调解员以书面形式向法官告知当事人是否达成调解协议。

案件应在确定的日期返回法官。

第 131-12 条

在任何时候,各方当事人或最先行动的一方当事人可以请求法官确认由调解员出具的调解协议。法官可以在无须辩论的情形下做出裁定,但其认为有必要在庭审中听取当事人意见的除外。

法官对调解协议的确认适用非讼程序。

前两款规定也适用于诉讼程序进行中当事人达成的诉外调解协议。

第 131-13 条

调解任务结束时,法官确定调解员的报酬。

根据 1995 年 2 月 8 日第 92-125 号《关于法院组织、民事诉讼、刑事诉讼和行政诉讼的法律》第 22-2 条的规定,分配调解费用。

法官授权调解员在正当竞争范围内收到存入法院登记处的调解费用预交款项。

如有必要,法官命令当事人支付补充款项,同时指明由哪方当事人承担,或法官命令退还预交的多余款项。

法官依据调解员的请求,向其发放请求支付调解费用的执行依据。

第 131-14 条

调解员的认知和收取的陈述,未经当事人同意,不能在后面的诉讼阶段或在其他诉讼程序中提交和援引。

第 131-15 条

对委托调解、延长调解期间、终结调解所做出的裁判,均不准许上诉。

第七编　证据的司法管理

第一副编　书证

第一章　当事人之间的书证交换

第 132 条

在诉讼程序中,各方当事人应当互相交换各自援引的书证。

书证交换应当自发进行。

第 133 条

如书证交换没有自发进行,当事人可以通过任何方式申请法院命令交换书证。

第 134 条

法官确定书证交换的期限,必要时还要确定书证交换的方式;违反者将被判处承担逾期罚款。

第 135 条

法官可以在辩论中排除未在确定期限内交换的书证。

第 136 条

对未归还交换书证的当事人,可以采取强制措施,并处以逾期罚款。

第 137 条

逾期罚款由宣告罚款的法官负责结清。

第二章　取得第三人持有的书证

第 138 条

在诉讼程序中,如一方当事人想援引本人非参与人的公文书或私文书,以及第三人持有的书证,可以申请受理案件的法官命令持有者提交此文书和书证或它们的副本。

第 139 条

当事人的申请可以任何形式提出。

外国民事诉讼法译丛·法国民事诉讼法典　●　第一卷　各法院适用的通则

如法官认为申请成立,命令按照其确定的条件和保证视情况提交文书或书证的原件、副本或节选本,必要时可以判处逾期罚款。

第 140 条

法官的决定具有预先执行的效力;如有必要,依据决定的原本执行。

第 141 条

在存在困难或提出正当理由的任何阻碍情形时,命令提交或提供书证的法官可以依据任何形式的申请撤销或改变做出的决定。第三人可以自新决定的宣告后十五日内提起上诉。

第三章 强制一方当事人提供持有的书证

第 142 条

请求当事人提供持有的证据材料,以及证据材料的提交,依据第 138 条和第 139 条进行。

第二副编 调查取证

第一章 一般规定

第一节 命令调查取证的决定

第 143 条

法官依据当事人的申请或依职权,对解决纠纷的依据事实,采取法律准许的任何调查取证措施。

第 144 条

法官没有充分的证据进行裁判时,可以在任何阶段命令采取调查取证措施。

第 145 条

在诉讼程序开始前,如果有法定理由需要保全或固定对纠纷解决有决定作用的事实证据时,法官依据任何利害关系人的申请,也包括单方申请和紧急申请,命令采取法律准许的调查取证措施。

第 146 条

法院只可在当事人对援引的事实没有充分材料证明时,才能命令采取调查取证措施。

在任何情形下,法院命令采取调查取证措施的目的,不能是为弥补当事人在证明责任中逃避责任的过失。

第 147 条

法官应当选择仅限于足够解决纠纷的调查取证措施,同时尽可能采取最简便和成本最低的措施。

第 148 条

法官可以合并采取多项调查取证措施。法官可以随时在命令采取的调查取证措施之外增加其他必要措施,即使在执行程序中也可增加。

第 149 条

法官可以随时扩大或限制已经命令采取的调查取证措施的范围。

第 150 条

命令或变更调查取证措施的决定,不准许以当事人缺席为由提出异议。对上述决定,只有在法律特别规定时,才能独立于实体判决向上诉法院或最高司法法院提起上诉。

前款规定也适用于拒绝命令或变更调查取证措施的决定。

第 151 条

当不准许独立于实体判决对上述决定提起救济时,可以在案卷或庭审记录中简单记载。

第 152 条

在诉讼程序中,对命令或变更调查取证措施的决定不进行通知;对拒绝命令或变更调查取证措施的决定,也不进行通知。

法院书记员通过平信把上述决定的副本,寄送决定宣告时无到场义务或有义务到场但缺席的当事人。

第 153 条

法官不会因为命令调查取证措施的决定而停止对案件的管辖。

命令调查取证措施的决定应指明案件返回下一次审查的日期。

第 154 条

调查取证措施是在法官或一方当事人的请求下,适用各类案件的特定规则,根据判决书的节选本或经核证的副本进行。

第二节　调查取证措施的执行

第 155 条

当命令调查取证的法官不亲自执行时,应当监督调查取证的执行。

当合议庭命令调查取证时,由负责调查取证的法官监督执行。否则,如果合议庭的庭长没有委托合议庭其他成员监督执行,由庭长监督执行。

对调查取证的监督执行,也可以由依据第 155-1 条指定的法官进行。

第 155-1 条

法院院长基于司法行政的适当性利益,可以指定一名法官专门监督依据第 232 条的规定交由技术人员执行的调查取证措施的具体实施。

第 156 条

法官可以在辖区范围外进行调查取证,或监督调查取证措施的执行。

第 157 条

如当事人、应当协助调查取证的人员相距遥远,或调查取证的地点距离遥远,致使法官外地办案非常艰难或成本过高时,法官可以委托同级别或低级别的其他法院实施命令采取的部分或全部调查取证措施。

委托法院的书记室把决定和相关文件全部转交受托法院。受托法院自收到后立即主动实施决定中指明的调查取证措施,或由该法院院长指定的法官实施。

受托法院可以直接传唤或通知当事人和应当协助调查取证的人员。此时,当事人无须委托律师代理。

调查取证措施完成后,受托法院的书记室把笔录连同附交或存交的书证和物证移交委托法院。

第 158 条

如果命令采取多项调查取证措施,应当在尽可能的情形下同时执行。

第 159 条

已经命令的调查取证措施,可以当场执行。

第 160 条

当事人以及应当协助调查取证的第三人,视情况由法院书记员或委托的技术人员进行传唤。传唤通知书通过有回执的挂号信寄送。对当事人的传唤,也可以通过向当事人的代理人递交简易通知单进行。

在确定调查取证措施执行之日当事人和第三人出席时,可以口头传唤。

外国民事诉讼法译丛

法国民事诉讼法典

如对当事人的代理人没有口头通知或递交简易通知单,可以寄送平信告知。

对无到庭义务的当事人,通过平信告知。

第 161 条

调查取证措施执行时,当事人可以由他人协助。

如调查取证措施不要求听取当事人本人的说明,当事人无须到场。

第 162 条

在执行调查取证措施的任何地点,有资格在命令调查取证的法院代理或辅助当事人的人员,均可以随同到场了解措施的执行情况,并且提出意见和与调查取证有关的请求;当事人不在场时,也同样进行。

第 163 条

在调查取证措施的执行中,检察官均可以到场参加,即使其不是主当事人。

第 164 条

在法院执行的调查取证措施,按照实体辩论适用的规则在公开庭审或评议室进行。

第 165 条

法官可以无须在书记员的协助下,自行前往外地执行调查取证措施或协助调查取证措施的执行。

第 166 条

负责执行调查取证措施或监督执行的法官,可以命令采取有利于已确定措施执行的其他措施。

第 167 条

对调查取证措施的执行中遇到的困难,依据各方当事人或受委派的技术人员提出的请求进行处理,或者由进行调查取证的法官或负责监督执行的法官依职权处理。

第 168 条

法官在执行调查取证措施或协助执行的过程中遇到困难时,应当立即做出宣告。

其他情形,受理案件的法官可以通过任何形式确定书记员传唤当事人的日期,必要时还包括传唤受委派的技术人员。

第 169 条

在第三人参加诉讼的情形下,法院书记员应当立即通知负责调查取证措施执行的法官或技术人员。

诉讼参加人对已经执行的调查取证活动提出意见。

第 170 条

对有关调查取证措施执行的裁判,不准许以缺席为理由提出异议;只有在与实体判决提起上诉的同时,才能向上诉法院或最高司法法院提起上诉。

上述裁判简单记载于案卷或庭审笔录中;必要时,可以制作成裁定书或判决书。

第 171 条

受托法官或负责监督的法官做出的裁判,对本诉讼不具有既判力。

第 171-1 条

负责执行调查取证措施的法官或监督执行的法官,有权确认当事人的部分或全部和解协议。

第 172 条

执行调查取证措施后,诉讼程序由法官负责继续进行。

法官可以在其权限内立即听取当事人的说明或代理意见,包括当场听取;随后,立即对他们的诉讼请求做出裁判。

第 173 条

在执行调查取证时或之后制作的笔录、通知或报告,根据情况由负责制作的法院书记员或技术人向各方当事人寄送或转交副本一本。在原件上,应当记明已寄送或转交的事项。

第 174 条

法官可以对执行调查取证的全部或部分进行录音、录像或录制视听资料。

视听资料由法院书记室保存。各方当事人可以请求在付费后获得视听资料的备份、副本或转录本。

第三节　无效

第 175 条

调查取证措施的裁判与执行文书的无效,适用诉讼文书无效的规定。

第 176 条

只能对不符合规定的调查取证活动主张无效。

第 177 条

如调查取证行为的瑕疵可以排除,可以对行为纠正后符合规定或重新做出,甚至可以当场纠正。

第 178 条

如果能通过任何方式证明法定事项已实际得到遵守,虽然记载调查取证的文本有遗漏或不准确,不会引起调查取证行为的无效。

第四节　跨境调查取证措施的特殊规定

第 178-1 条

根据 2001 年 5 月 28 日欧盟理事会第 2001-1206 号《关于欧盟成员国法院在收集民商事证据方面展开合作的条例》,法国法院命令在外国执行调查取证措施,对向外国法院提交申请表格产生的翻译费用命令先行提存相应款项,数额依据《刑事诉讼法典》第 R122 条规定的收费标准确定。法官指定一方当事人或各方当事人应当依据本法典第 270 条和第 271 条的方式在确定期限内把款项提存至法院书记室。

书记室在收到翻译件后,向翻译人员支付报酬。

第 178-2 条

依据第 178-1 条命令在外国执行调查取证措施时,收到请求的外国法院在具体执行中产生的翻译费用,法官依据本法典第 269 条、第 270 条和第 271 条规定的方式确定应当提存的预付款。

提出调查取证请求的法院收到支付翻译费用的请求后,书记室按照寄存款项的数额进行结算。

第二章　法官自行查核

第 179 条

法官可以在各方当事人到场或传唤其到场的情况下,对案件事实的各方面自行查核。

如有必要,法官可以亲自到场采取其认为有必要的查验、评定、判断或复原。

第 180 条

如果法官不立即进行查核,应确定查核的地点、日期和时间;必要时,指定审判庭的一名法官进行查核。

第 181 条

在查核的过程中,法官可以在庭审或其他场所,由一名技术人员协助听取各方当事人以及任何有利于查明案件事实的人员的意见说明。

第 182 条

对查验、评估、判断、复原或陈述,应当制作笔录。

如果对案件立即做出终审判决,上述行为可以简单记载于判决中以替代上述笔录的制作。

第 183 条

执行其他调查取证措施的法官,即使不是审判庭成员,也可以为有利于调查取证的执行而亲自查核。

第三章　当事人亲自到场

第 184 条

法官可以在任何案件中要求各方当事人或一方当事人亲自到场。

第 185 条

只能由审判庭或该庭中负责调查取证的法官命令当事人亲自到场。

第 186 条

当合议庭命令当事人亲自到场时,可以决定当事人只需出现在该庭的一名法官面前。

负责审前准备程序的法官命令当事人亲自到场时,可以要求当事人出现在他面前或审判庭前。

第 187 条

除当即到场的情形外,法官在做出命令时确定当事人亲自到场的地点、日期和时间。

第 188 条

当事人亲自到场时,始终可以在评议室中进行。

第 189 条

除案件要求应当分别询问当事人之外,询问一方当事人时其他当事人应当在场。如一方当事人提出请求,各方当事人之间应当进行对质。

仅命令一方当事人到场时,询问该当事人时其他当事人应当在场;但是,案件要求该当事人立即到场或应当在其他当事人不在场时询问的除外;未到场的当事人保留立即了解已到场当事人陈述的权利。

一方当事人的缺席,不妨碍听取其他当事人的陈述。

第 190 条

询问当事人时,可以有技术人员在场;当事人可以与证人进行对质。

第 191 条

当事人应当亲自回答提出的问题,不得宣读事先准备的书稿。

第 192 条

当事人亲自到场时,诉讼代理人应当在场,或应当通知诉讼代理人在场。

第 193 条

法官认为必要时,可以提出询问一方当事人后其他当事人提交的问题。

第 194 条

对当事人的陈述、缺席或拒绝回答,应当制作笔录。

但是,如对案件立即做出终审判决,上述事项可以简单记载于判决中以替代笔录的制作。

第 195 条

被询问的当事人在阅读笔录后签名,或在笔录上记载当事人认同笔录与陈述相符。如当事人拒绝签名或表示不认同,应当在笔录上记明。

笔录应当写明日期并由法官签名,必要时还应当由书记员签名。

第 196 条

如一方当事人不能到场,做出命令的法官或审判庭委托的法官可以自行前往未到场当事人所在地审理案件;必要时,应当事先传唤对方当事人。

第 197 条

法官可以要求未成年人和受保护的成年人,及其法定代理人或辅助人到场,但应当遵守关于人的能力和证据管理的规则。

法官可以要求法人的具有资格的法人代表亲自到场,也包括公共行政部门和公共机构。

法官也可以要求法人的任何成员或工作人员到场,对其个人所涉的事实以及因为其身份而了解的事实进行询问。

第 198 条

法官可以将各方当事人的陈述以及一方当事人的缺席或拒绝回答,等同于书面证明的开始,对此做出法律上的判断。

第四章　证人证言

第 199 条

在准许采纳证人证言时,法官接受证人对知晓的案件事实提供的有利于查明案件事实的证言。证人证言按照书面或口头的方式,以书面证言提交或通过调查询问收集。

第一节　书面证言

第 200 条

书面证言由当事人提供或应法官要求提供。

法官把直接提交的书面证言交由各方当事人阅知。

第 201 条

书面证言应当由具备作为证人条件的人出具。

第 202 条

书面证言包含证人对参与事实或亲自见证事实的陈述。

书面证言应当写明证人的姓名、出生日期和出生地点、住所和职业;必要时,还应当写明证人和当事人是否具有血亲或姻亲关系、隶属关系、合作关系或共同利益关系。

书面证言还应当指出:此书面证言是为提交法院作为证据使用,并且证人知道出具虚假证言将承担刑事责任。

书面证言由证人撰写并亲笔签名和写明日期。证人在出具书面证言时,应当附带提交有其签名并能证明身份的正式文件的原件或复印件。

第 203 条

法官始终可以通过调查询问听取出具书面证言的证人的口头证言。

第二节　调查询问

第一目　一般规定

第 204 条

在命令调查询问时,无须做出新的决定,证人便可以提供相反证据。

第 205 条

任何人可以作为证人被听取证言,但无能力出庭作证的人除外。

外国民事诉讼法译丛

法国民事诉讼法典

但是,不能作证的人可以在相同条件下被听取陈述而不用宣誓。任何情形下,对配偶为支持自己的离婚或分居请求时援引的伤害事实,均不能听取其子女的证言。

第 206 条

任何人依据法律要求作证时,均有作证义务。只有证明具有合法理由的人,才能免除作证义务。一方当事人的直系血亲、姻亲或配偶,即使已经离婚,也可以拒绝作证。

第 207 条

对没有出庭作证的证人,如果很有必要听取证言,可以传唤其到庭作证,费用由证人自行承担。

对没有出庭作证的证人以及无合法理由拒绝作证或拒绝宣誓的证人,可以判处不超过 10000 欧元的民事罚款。

如果证人能证明自己在确定日期不能出庭作证,可以免除罚款和传唤费用。

第 208 条

法官按照自己确定的顺序分别听取证人证言。

听取证人证言时,各方当事人应当在场或应当传唤他们到场。

情势需要时,法官可以要求一方当事人退场,但该当事人保留立即知晓证人在自己退场后提供证言的权利。

如果证据有可能灭失,法官可以立即听取证人证言;如有可能,经召集当事人后立即听取。

第 209 条

调查进行时,各方当事人的诉讼代理人在场或传唤他们到场。

第 210 条

证人应当告知自己的姓名、出生日期和出生地点、住所和职业;必要时,还应当告知自己和当事人是否具有血亲或姻亲关系、隶属关系、合作关系或共同利益关系。

第 211 条

以证人资格作证的人应当宣誓如实作证。法官向他们重申做伪证者将被判处罚款或监禁刑。

对不经宣誓作证的人员也应当告知如实作证的义务。

第 212 条

证人不得宣读事先准备好的书稿。

第 213 条

对法律准许提出证据的所有事实,包括那些在调查决定中没有指明的事实,法官均可以听取证人证言或询问证人。

第 214 条

当事人不能打断、责问或试图影响证人作证,也不能直接向证人发问,否则被驱逐出法庭。

法官认为必要时,在询问证人后可以向证人提出当事人提交的问题。

第 215 条

法官可以再次听取证人证言,命令证人相互对质或与当事人对质;必要时,法官在技术人员的协助下听取证人证言。

第 216 条

除非被准许或命令退场,证人在作证后应当留在现场听取法官安排,直至调查或辩论结束。至结束时,证人可以补充或变更提供的证言。

第 217 条

当证人证明其无法在指定日期到庭作证时,法官可以另行指定日期或自行前往听取证言。

第 218 条

负责调查的法官可以依职权或依据当事人的申请,对为有利于查明案件事实而提供证言的任何人进行传唤或听取他们的证言。

第 219 条

证人证言应当记入笔录。

当证人证言在辩论过程中被收集,案件应当立即做出终审判决时,可以只在判决中写明证人的姓名和证言产生的结果。

第 220 条

笔录应当写明各方当事人出庭或缺席的情形,已被听取证言的证人的姓名、出生日期和出生地点、住所和职业;必要时,还应当写明证人的宣誓,证人和当事人之间是否有血亲或姻亲关系、隶属关系、合作关系或共同利益关系的声明。

被听取证言的证人在阅读证言笔录后签名,或在笔录中记载其对笔录与证言相符的认可。如证人拒绝签名或认可,应当在笔录中记载。

法官在笔录中可以写明其对证人在作证时行为表现的见证。

当事人的意见应当写入笔录中;如为书面意见,则附于笔录中。

调查中提交的文件也附于笔录中。

外国民事诉讼法译丛

法国民事诉讼法典

笔录应当写明日期并由法官签名,必要时也由法院书记员签名。

第 221 条

法官应证人的请求,批准向证人支付主张的补偿金。

第二目　普通调查询问

(一)确定待证事实

第 222 条

当事人申请调查询问时,应当详细说明希望收集证据证明的事实。
命令调查询问的法官确定待证事实。

(二)指定证人

第 223 条

请求调查询问的当事人有义务指明希望听取证言的证人的姓名和住所。
如果对方当事人也要求对主张的事实听取证人证言,承担相同义务。
命令调查询问的决定,应当写明将被听取证言的证人的姓名和住所。

第 224 条

如果当事人无法立即指明要听取证言的人,法官可以准许当事人无
需其他手续,同希望听取证言的证人在调查询问时一起到场;或在法官确
定的期限内,把希望听取证言的证人姓名与住所告知法院书记室。当法
官依职权命令调查询问时,如果法官不能在决定中指明应当听取证言的
证人的姓名,可以责成当事人按照前款规定处理。

(三)确定调查询问的方式和日程

第 225 条

命令调查询问的决定,应当具体说明调查询问在审判庭或审判庭的
一名成员面前进行;必要时,可以在法院的其他任何一名法官面前进行。

第 226 条

当调查询问在做出命令的法官或审判庭的一名成员面前进行,命令
调查询问的决定应当写明调查询问的日期、时间和地点。

第 227 条

如果法院内指派的法官不属于审判庭,命令调查询问的决定只需指
明应当调查询问的期限。

在委托另一法院进行调查询问时,命令调查询问的决定应当规定调查询问期限。此期限可以由受托法院的院长决定延长,并将延长事宜通知命令调查询问的法官。

受托法官确定调查询问的日期、时间和地点。

(四)传唤证人

第 228 条

法院书记员应当至少在调查询问日期的八日前传唤证人。

第 229 条

传唤通知书应当写明各方当事人的姓名,并且抄录第 207 条第 1 款和第 2 款的规定。

第 230 条

通过口头或平信把调查询问日期通知各方当事人。

第三目　当场调查询问

第 231 条

法官可以在庭审、办公室、执行调查取证措施的任何地点,当场听取其认为有利于查明事实的人提供的证言。

第五章　由技术人员执行的调查取证措施

第一节　共同规定

第 232 条

对需要技术人员协助查明的事实,法官可以选择委托任何人通过查验、咨询或鉴定查明。

第 233 条

享有法官按照其资格授予权力的技术人员,应当亲自完成受托任务。

如果被指定的技术人员是法人,法定代表人应当向法官提交在法人内部以法人名义具体执行调查取证措施的一个或数个自然人的姓名,并取得法官的许可。

第 234 条

对技术人员的申请回避,按照申请法官回避的相同理由进行。如技术人员是法人,申请回避的对象既可以是法人,也可以是经法官许可的自然人。

当事人向委托法官或负责监督的法官提出对技术人员的回避申请,应当在调查取证措施开始前或在发现申请回避原因时立即提出。

如果技术人员认为存在自行回避事由,应当立即告知委托法官或负责监督的法官。

第 235 条

当回避申请被接受,或技术人员拒绝委托,或存在法定阻碍事由时,委托法官或负责监督的法官替换技术人员。

技术人员存在违反职责行为时,法官可以依据当事人的申请或依职权要求其做出解释后并进行替换。

第 236 条

委托法官或负责监督的法官可以扩大或限制委托技术人员的任务范围。

第 237 条

接受委托的技术人员应当认真、客观、不持偏见地完成任务。

第 238 条

技术人员应当对接受委托进行审查的所有问题提出意见。

没有当事人的书面同意,技术人员无权回答其他问题。

技术人员在任何时候均不能做出法律性质的判断。

第 239 条

技术人员应当遵守规定的期间。

第 240 条

法官不能委托技术人员促进当事人纠纷的和解。

第 241 条

负责监督的法官有权在技术人员工作时到场。

负责监督的法官可以主动要求技术人员做出解释并规定期间。

第 242 条

技术人员可以收集任何人口头或书面提供的信息;但是,应当详细写明他们的姓名、居住地和职业,必要时还应当写明与当事人是否有血亲或姻亲关系、隶属关系、合作关系或共同利益关系。

当技术人员或当事人要求法官听取这些人的意见时,如果法官认为有用将听取他们的意见。

第 243 条

技术人员可以要求各方当事人和第三人提供全部文件,有困难时申请法官命令进行。

第 244 条

技术人员应当在提出的意见中,写明有利于澄清审查问题的全部信息。

技术人员不得透露在执行任务时可能了解的其他信息。

技术人员只能引用合法收集的信息。

第 245 条

法官始终有权要求技术人员通过书面或在庭审中补充、详细说明或解释他的认定或结论。

技术人员可以随时要求法官听取自己的意见。

如果法官没有事先听取接受委托的技术人员的意见,不能扩大该技术人员的任务范围,也不能把补充任务委托给其他技术人员。

第 246 条

法官不受技术人员的认定或结论的约束。

第 247 条

披露技术人员意见可能侵害他人隐私或其他合法利益时,未经法官许可或有利害关系的当事人同意,不能运用于本案诉讼程序之外。

第 248 条

如果没有法官的决定,禁止技术人员向一方当事人通过任何方式直接收取报酬,包括以偿还垫付款名义给付的报酬。

第二节　查验

第 249 条

法官可以派遣委托的人进行查验。

查验人员不得对由此可能产生的事实或法律后果发表任何意见。

第 250 条

查验可以在任何时候进行,包括和解或评议的过程。评议过程中的查验,应当通知当事人。

除法官决定可以口头报告外,查验应当做书面记录。

第 251 条

命令查验的法官确定提交查验笔录的期间或口头报告查验结果的庭

审日期。法官指定一方当事人或各方当事人按照确定的数额向查验人员支付预付款项。

第 252 条

法院书记员把任务通知查验人员。

第 253 条

向法院书记室递交查验笔录。对口头报告的查验结果,应当制作诉讼笔录。如果对案件立即做出终审判决,可以把口头报告的查验结果记载于判决中,替代诉讼笔录的制作。

支持查验结果的文件附于案卷中。

第 254 条

在评议过程中命令查验,如果一方当事人提出要求或法官认为有必要,法官可以命令在查验执行后重新辩论。

第 255 条

法官依据查验人员提交的完成任务证明确定应当给予的报酬。法官可以向查验人员签发执行依据。

第三节　咨询

第 256 条

当纯粹的技术问题不需要复杂的调查时,法官可以指派委托的人员提供简单的咨询。

第 257 条

咨询可以在任何时候进行,包括和解或评议的过程中。在评议过程中的咨询,应当通知当事人。

咨询口头进行,除非法官确定应当书面提交。

第 258 条

命令咨询的法官确定口头咨询的庭审日期或提交书面咨询意见的期间。

法官指定一方当事人或各方当事人按其确定的数额向咨询人员预先支付报酬。

第 259 条

法院书记员把委托任务通知咨询人员,如有必要,法官会召见咨询人员。

第 260 条

如果咨询口头进行,应当制作诉讼笔录。如果对案件立即做出终审判决,在判决中记载口头咨询,不用制作诉讼笔录。如果书面提供咨询,咨询意见递交法院书记室。用于支持咨询意见的文件附于案卷中。

第 261 条

当咨询在评议中进行时,咨询结束后,法官可以依据一方当事人的申请或认为必要时重新辩论。

第 262 条

法官依据咨询人员提交的完成任务证明确定应当给予的报酬。法官可以向咨询人员签发执行依据。

第四节　鉴定

第 263 条

只有在查验或咨询不能足够查明案件事实的情况下,才有必要命令鉴定。

第一目　命令鉴定的决定

第 264 条

除法官认为有必要任命数名鉴定人外,仅指定一人为鉴定人。

第 265 条

命令鉴定的决定应当写明下列事项:

(1)说明需要鉴定的理由,必要时还要写明指定数名鉴定人鉴定的理由,或指定按照 1971 年 6 月 29 日第 71-498 号《关于司法鉴定的法律》第 2 条确定的鉴定人名单之外的其他人鉴定的理由;

(2)任命一名或数名鉴定人;

(3)简述鉴定人的主要任务;

(4)指定鉴定人应当提交鉴定意见的期间。

第 266 条

命令鉴定的决定也可以确定鉴定人和各方当事人共同出现在做出决定的法官或负责监督的法官面前的日期,明确鉴定人的任务,必要时包括鉴定实施的日程。

对进行鉴定有用的所有文件,在见面时交给鉴定人。

第 267 条

任命鉴定人的决定宣布后,法院书记员立即通过任何方式通知鉴定人。

外国民事诉讼法译丛

法国民事诉讼法典

鉴定人应当立即告知法官是否接受任命。鉴定人在收到各方当事人已寄存应当交付的预付款项或已交付第一期应当寄存款额的通知后,应当立即进行鉴定;但法官命令鉴定人立即进行鉴定的除外。

第 268 条

当事人的诉讼材料或鉴定需要的材料,暂时保存于法院书记室,但法官准许提交文件的当事人取出部分材料或准许提交复印本的除外。鉴定人在决定接受任命前,可以查阅上述材料。鉴定人接受任命后,可以向法院书记室通过签名或出具收据要求提取或寄送上述材料。

第 269 条

命令鉴定的法官或负责监督的法官,在任命鉴定人或需要任命鉴定人时,确定给予鉴定人报酬时应当预付的款项,尽可能接近鉴定人的最终报酬数额。法官指定一方当事人或各方当事人在确定期限内把款项寄存法院书记室;如指定多名当事人时,法官还应当确定各自寄存的数额。如有必要,法官可以安排寄存预付款项的最后日期。

第 270 条

法院书记员向当事人重申第 271 条的规定,要求按照指定的期间和方式寄存款项。

书记员把寄存事项告知鉴定人。

第 271 条

如果没有按照指定的期间和方式寄存款项,鉴定人的任命归于无效;但是,一方当事人提出申请并具有合法理由时,法官可以决定延长期间或撤销前述失效事由。诉讼程序继续进行,但没有或拒绝寄存款项的人应当承担引发的后果。

第 272 条

如果证明具备重大法定事由,经上诉法院第一院长批准,准许对命令鉴定的决定独立于实体判决而提起上诉。

当事人向上诉法院第一院长提出上诉请求时,院长依据实体审理加速程序做出裁判。传唤书应当在命令鉴定的决定做出后一个月内发出。

第一院长认为上诉请求成立时,应当确定上诉法院审理案件的日期。上诉法院按照固定日期程序受理上诉并裁判,或按照第 948 条规定受理上诉并裁判。

如果命令鉴定的判决同时对管辖权争议做出宣告,上诉的提出、审理和裁判适用第 83 条至第 89 条的规定。

第 273 条

鉴定人应当向法官报告鉴定活动的进展情况和其进行的各种活动。

第 274 条

法官在鉴定时到场,可以在诉讼笔录中记载法官的见证、鉴定人的解释说明、各方当事人与第三人的声明;法官在笔录上签名。

第 275 条

为完成鉴定任务所必需的全部文件,鉴定人可以要求当事人立即提交。

如果当事人不提交,鉴定人告知法官,由法官命令当事人强制提交,并可能判处逾期罚款;必要时,法官准许鉴定人忽略当事人的不提交行为或按照现有状况提交报告。法院可以根据当事人拒绝提交行为,做出任何法律性质的判断结论。

第 276 条

鉴定人应当考虑各方当事人的意见与要求。如果当事人提出请求,应当把提出的书面意见与要求附于鉴定意见后。

鉴定人对各方当事人确定提交意见与要求的期限,期限届满后再提交的不予考虑;除非当事人能证明存在重要法定理由,鉴定人向法官报告。

如果当事人书面提出最后意见和要求,应当简单重申之前的意见和要求,否则视为放弃。

鉴定人应当在鉴定意见中写明对当事人意见和要求的回复。

第 277 条

如果检察院在鉴定中派员到场,依据其要求,对检察院提出的意见和鉴定人可能给予的回复,均记载于鉴定意见中。

第 278 条

鉴定人可以提议听取另一名技术人员的意见,但应以与其专业不同的技术人员为限。

第 278-1 条

鉴定人在完成任务过程中,可以在控制和责任承担的范围内,选择合适人员提供协助。

第 279 条

鉴定人遇到妨碍鉴定的困难或有必要扩大鉴定范围时,向法官报告。法官做出决定,延长鉴定人提交鉴定意见的期间。

第 280 条

鉴定人可以应案件复杂需要,在证明鉴定活动的进展状态后,经准许从寄存款项中提取部分款项。

当寄存的预付款项明显不足时,鉴于已经或即将进行的活动,鉴定人应当立即向法官报告;必要时,法官命令指定的一方当事人追加寄存的预付款项。如果没有按照法官确定的期限和方式追加款项,并且不存在期间延长的例外情形,鉴定人可以按照现有状况提交报告。

第 281 条

如果各方当事人实现和解,鉴定人应当确认鉴定任务的标的不再存在,并向法官报告。

各方当事人可以请求法官对和解协议授予执行效力。

第三目 鉴定意见

第 282 条

在不要求提交书面鉴定意见的情形下,法官准许鉴定人在庭审中口头说明;对口头说明的鉴定意见,应当制作诉讼笔录。如对案件立即做出终审判决,可以在判决中记载,替代诉讼笔录。

其他情形下,鉴定人应当向法院书记室提交书面鉴定报告。即使有数名鉴定人参与,也只出具一份鉴定报告;如果存在分歧,记明每名鉴定人的观点。

如果鉴定人听取了另一名不同专业的技术人员的意见,此意见视情况附于鉴定报告、庭审笔录或案卷中。

当鉴定人按照第 278-1 条在任务完成中请求他人协助时,鉴定报告中应当写明协助人员的姓名和资格。

在提交鉴定报告时,附上鉴定人报酬的请求;同时,鉴定人通过任何有收据的方式把报酬请求通知当事人。当事人自收到报酬请求后十五日内,向鉴定人和法院提交书面意见;必要时,向监督调查取证措施的法官提交书面意见。

第 283 条

如果法官根据鉴定报告仍不能查明事实,可以听取鉴定人的口头说明,各方当事人应当到场或传唤当事人到场。

第 284 条

按照第 282 条指定当事人提交意见的期限届满后,法官按照鉴定人完成的工作量、遵守规定期限与提交报告的质量确定鉴定人的报酬。

法官准许鉴定人按照应得数额从寄存法院书记室的款项中提取报酬。相应情况下,法官命令补充支付应当给予鉴定人的款项,并指明由哪个或哪些当事人承担,或命令返还原寄存的剩余款项。

当法官考虑给予鉴定人的报酬低于请求数额时,应当事先提请鉴定人提出意见。

法官向鉴定人签发执行依据。

第 284-1 条

鉴定人提出请求时,法院书记员把采纳鉴定意见做出的判决书副本递交或寄送鉴定人。

第三副编　对书面证据的异议

第 285 条

有关审核私文书的附带请求审查,由受理本诉的法官管辖。有关审核私文书的本诉请求,由初审法院管辖。

第 286 条

有关公文书的伪造异议,通过向初审法院或上诉法院提出的附带请求而提出时,由受理本诉的法官管辖。其他情形下,由初审法院管辖。

第一章　对私文书的异议

第一节　核对字迹

第一目　核对字迹的附带请求

第 287 条

如果一方当事人否认字迹为自己所写或声称不认识是谁的字迹,法官应当对产生争议的字迹进行核查,但不用考虑这些字迹即可做出裁判的除外。如果产生争议的字迹只与诉讼请求的部分争点有关,法官可以对其他争点做出裁判。

如果对电子签名否认或拒绝认可,法官审查是否符合《民法典》第1366条和第1367条规定的书面文件或电子签名的有效条件。

第288条

法官依据掌握的材料,必要时责令各方当事人提交所有可供对比的文件,以及在法官领读下当事人当场书写文字样本后,进行字迹核对。

在确定用作对比的材料时,法官可以留置一方当事人提交的全部有用文件,无论这些文件是否与争议文件同时产生。

第288-1条

当电子签名推定为可靠时,法官应当说明掌握的各项材料能否证明有理由推翻此推定。

第289条

如果法官当场不做出裁定,应当保留要检查的字迹和对比的文件,或命令存放于法院书记室。

第290条

在需要把有争议的字迹与第三人持有的文件对比时,法官命令把文件的原件或复制件提交法院书记室;法官甚至可以依职权命令并判处罚款。

法官可以命令采取一切必要措施,尤其是关于保存、查阅、复制、归还或修复文件的措施。

第291条

紧急情况下,法官命令各方当事人亲自到场,必要时有一名咨询人在场,或命令采取其他调查取证措施。

法官可以听取可能书写有争议的字迹的人的说明。

第292条

如果寻求技术人员的协助,法官批准技术人员经签名后,提取有争议的字迹材料以及用作对比的文件和字迹材料,或由书记员向技术人员送交上述材料。

第293条

见证争议文字材料书写或签名的人,以及能提供有利于查明事实的说明的人,可以作为证人作证。

第294条

法官解决核对字迹中出现的困难,尤其是在确定对比材料时出现的困难。

法官的决定只需记载于案卷或庭审笔录中,必要时以裁定书或判决书做出。

第 295 条

经判定,书证确由做出否认的人书写或签名,将被判处不超过 10000 欧元的民事罚款,并且不影响可能要求的损害赔偿。

第二目　核对字迹的本诉请求

第 296 条

通过本诉请求提出核对字迹时,被告受到传唤后没有出庭,法官认定被告承认该字迹。

第 297 条

如果被告承认是他本人字迹,法官支持原告的请求。

第 298 条

如果被告否认是本人字迹或不认识是谁的字迹,按照第 287 条至第 295 条规定处理。

被告没有受到传唤而没有出庭,也适用上述规定。

第二节　伪造文书

第一目　伪造文书的附带请求

第 299 条

如果在诉讼过程中提出的私文书被指控属伪造文书,按照第 287 条至第 295 条规定对争议文书核查。

第二目　伪造文书的本诉请求

第 300 条

如果通过本诉请求提出私文书属伪造文书,传唤书应当写明指控该文书属伪造文书的理由,并催促被告声明其是否打算援用被指控的文书。

第 301 条

如果被告声明不打算援用被指控的文书,法官支持原告的请求。

第 302 条

如果被告没有出庭或声明打算援用被指控的文书,按照第 287 条至第 295 条的规定处理。

第二章 提出公文书属伪造的异议

第 303 条

提出公文书属伪造的异议,应当报送检察院。

第 304 条

法官有权命令听取被指控属伪造的公文书的制作人的情况说明。

第 305 条

如果提出公文书属伪造的申请人败诉,将被判处不超过 10000 欧元的民事罚款,并且不影响可能要求的损害赔偿。

第一节 公文书属伪造的附带请求

第一目 在初审法院或上诉法院提出的附带请求

第 306 条

有关公文书属伪造的请求,由当事人或特别授权的代理人向法院书记室递交申请书提出。

申请书一式两份,应当具体写明当事人援用的证明公文书属伪造的理由,否则法院不予受理。

申请书的一份立即归入案卷,另一份经书记员签名和写明日期后交还提出的当事人,由其把公文书属伪造的请求通知对方当事人。

上述通知,应当在提出请求后一个月内,通过律师间通知或执达员送达的方式告知对方当事人。

第 307 条

法官应当对公文书属伪造的请求进行裁判,但不考虑这些公文书即可裁判的除外。

如被指控属伪造的公文书只与诉讼请求的部分争点有关,法官可以对其他争点做出裁判。

第 308 条

法官根据掌握的材料决定是否接受存在争议的公文书。

如有必要,法官为审理公文书属伪造的请求,可以命令采取所有必要的调查取证措施,按照核对字迹的规定办理。

第 309 条

法官根据各方当事人援引的理由或依职权查明的理由做出裁判。

第 310 条

宣告公文书属伪造的判决,应当在被认定属伪造的公文书的备注栏内载明。

判决中还应当写明,公文书原件是送归原存档处重新制作,还是保存于法院书记室。

在判决产生既判力或当事人承认伪造前,上述规定暂缓执行。

第 311 条

在放弃提出公文书属伪造的请求,或对此请求达成和解时,检察院有权要求采取保留提起刑事追诉的任何措施。

第 312 条

如果对伪造公文书的主犯或从犯提起刑事追诉,直至刑事判决做出前应当中止民事诉讼程序;但是,不用考虑此公文书即可对本诉裁判,或已放弃公文书属伪造的请求,或对此请求达成和解的除外。

第二目 在其他法院提出的附带请求

第 313 条

当向初审法院或上诉法院以外的其他法院提出公文书属伪造的附带请求,应当延期审理直至对此附带请求做出判决。但是,在不考虑此公文书便可对本诉请求判决,把公文书排除于辩论时,则不用延期审理。

提出公文书属伪造的请求,依据第 314 条至第 316 条进行。提出公文书属伪造的申请书,应当在延期审理决定做出后一个月内递交初审法院书记室,否则不予受理,有争议的公文书取得在当事人之间得到承认的效力。

第二节 公文书属伪造的本诉请求

第 314 条

通过本诉请求提出公文书属伪造时,按照第 306 条的规定进行。

提出公文书属伪造的申请书副本,附于向被告发出的传唤书中;传唤书中还包括催促被告表明是否打算援用被指控属伪造的公文书。

传唤书应当在提出公文书属伪造的请求后一个月内发出,否则传唤书无效。

第 315 条

如果被告表示不打算援用被指控的公文书,法官支持原告的请求。

第 316 条

如果被告没有出庭或表示打算援用被指控的公文书,按照第 287 条至第 294 条和第 309 条至第 312 条处理。

第四副编　司法宣誓

第 317 条

进行宣誓的当事人应当说明宣誓的事实。

法官在准许宣誓时命令进行宣誓,并确定需待宣誓的事实。

第 318 条

当法官依职权命令宣誓,应当确定需待宣誓的事实。

第 319 条

命令宣誓的判决应当确定宣誓的日期、时间和地点。法官提出需待宣誓的问题,并且指明做虚假宣誓将承受刑事处罚。

只有一方当事人宣誓时,判决还应当明确被要求宣誓的当事人如拒绝或放弃宣誓将承担败诉后果。

任何情形下,命令宣誓的判决应当通知被要求宣誓的当事人,必要时还应当通知其代理人。

第 320 条

对决定性宣誓做出命令或拒绝的判决,准许独立于实体判决而提起救济。

第 321 条

宣誓由当事人本人在法庭上进行。

如果当事人能证明无法前往法庭宣誓,可以在专门委派的法官面前进行宣誓。该法官可以在书记员协助下前往当事人的居所听取宣誓,或当事人前往居住地的法院进行宣誓。

任何情形下,宣誓做出时,对方当事人应当在场或传唤其到场。

第 322 条

经委托授权代理诉讼的人,如不能证明取得特别授权时,不得宣誓,也不得申请宣誓。

第八编　多数当事人

第 323 条

当诉讼请求由多名具有共同利益关系的人提出,或针对多名具有共同利益关系的人提出时,各方当事人对与自己有关的事由行使当事人在诉讼程序中的权利和义务。

第 324 条

由共同利益关系人中的一人或针对共同利益关系人中一人完成的诉讼行为,既不有利于也不损害于其他共同利益关系人,但第 475 条、第529 条、第 552 条、第 553 条和第 615 条另有规定的除外。

外国民事诉讼法译丛
法国民事诉讼法典

第九编（一）　参加之诉

第 325 条

参加之诉，只在与本诉当事人的诉讼请求有充分联系时，法院才会受理。

第 326 条

当对参加之诉的合并审理可能过分拖延案件整体裁判时，法官首先对本诉进行裁判，但应当随后对参加之诉进行裁判。

第 327 条

在第一审或第二审提出的参加之诉，可以为自愿参加或强制参加。

在最高司法法院，只能是附带提出的自愿参加之诉。

第一章　自愿参加之诉

第 328 条

自愿参加之诉，分为主参加之诉和从参加之诉。

第 329 条

在参加之诉中，第三人为自己利益提出诉讼请求时，为主参加之诉。

只有第三人对诉讼请求具有起诉权时，法院才会受理。

第 330 条

在参加之诉中，第三人支持一方当事人的诉讼请求时，为从参加之诉。

只有第三人与支持一方当事人为保护自己的权利具有利益时，法院才会受理。

第三人可以单方面撤回从参加之诉。

第二章　强制参加之诉

第一节　共同规定

第 331 条

任何当事人有权通过本诉请求起诉第三人时，均可以要求第三人参加诉讼,使其接受判决。

对第三人参加诉讼具有利益的当事人,也可以要求第三人参加诉讼,共同接受判决。

通知第三人参加诉讼应当在有效期限内进行,以使其准备抗辩。

第 332 条

法官认为解决纠纷有必要让利害关系人参加诉讼时,可以提请当事人要求利害关系人参加诉讼。

在非讼案件中,对于权利或义务可能受到将要做出裁判影响的人,法官可以命令其参加诉讼。

第 333 条

强制参加诉讼的第三人应当在受理本诉的法院进行诉讼,无权对地域管辖权提出异议;即使通过援引协议管辖条款,也无权提出异议。

第二节 要求提供担保的特殊规定

第 334 条

申请人按照要求提供担保时,依据本人是作为义务人或仅作为财产持有人参加诉讼,要求提供的担保为单纯担保或形式担保。

第 335 条

单纯担保的申请人为本诉当事人。

第 336 条

形式担保的申请人被排除在本案之外时,始终有权要求保证人取代其成为本诉当事人。

但是,尽管被保证人不能作为本诉当事人进入本案中,但仍在诉讼中保留自己的权利。本诉原告也可以为保护自己的权利,要求被保证人参加到诉讼中。

第 337 条

对形式担保做出的判决,可以在任何情况下通知被保证人后立即执行。

第 338 条

只有当形式担保的保证人无支付能力并且被保证人仍参加诉讼时,包括被保证人是作为从当事人参加诉讼,才能对被保证人收取诉讼费用。

外国民事诉讼法译丛

法国民事诉讼法典

第九编(二) 在法庭上听取未成年人证言

第 338-1 条

具有识别能力的未成年人,由行使亲权的人或监护人履行告知义务;必要时,由在与该未成年人有关的诉讼程序中授权行使被听取权利和律师协助权利的人或服务机构履行告知义务。

在依据起诉书或申请书启动的诉讼程序中,传唤到庭通知书应当附上《民法典》第 388-1 条和本条第 1 款规定的说明。

在依据执达员文书启动的诉讼程序中,前款说明应当附于执达员文书中。

根据第 1143 条和第 1561 条及以下条文请求家事法官批准的协议,应当写明具有识别能力的未成年人已被告知其有在律师辅助下作证的权利,必要时还应当写明未成年人不愿行使此权利的事实。

第 338-2 条

要求出庭作证的申请,由未成年人自己或由当事人通过任何方式向法官提出。申请可以在诉讼程序的任何阶段提出,甚至可以在上诉程序中首次提出。

第 338-3 条

命令出庭作证的决定,可以在案卷或庭审笔录中以简单说明方式做出。

第 338-4 条

当出庭作证申请由未成年人提出时,只能因为未成年人无识别能力或其与本案无关,驳回出庭作证申请。

当出庭作证申请由当事人提出时,法官认为要求未成年人提供证言并非纠纷解决必需或要求未成年人作证可能侵害其利益,驳回出庭作证申请。

驳回出庭作证申请的决定通过任何方式告知未成年人和当事人。任何情形下,驳回的理由记载于实体判决中。

第 338-5 条

对未成年人提出的出庭作证申请做出的决定,不准许任何救济。

对当事人提出的出庭作证申请做出的决定,适用第 150 条和第 152 条的规定。

第 338-6 条

法院书记室,或必要时法官指定的听取未成年人证言的人,通过平信向未成年人发出作证传唤。

传唤通知书告知未成年人有在一名律师或选择人员的陪同下作证的权利。

同日,也把告知作证方式的通知发送当事人的代理人或当事人自己。

第 338-7 条

如果未成年人要求在律师陪同下作证但未委托律师,法官可以通过任何方式要求律师协会指定一名律师参与。

第 338-8 条

当合议庭命令听取未成年人证言时,合议庭可以直接听取,也可以指定其中一名成员听取后汇报。

第 338-9 条

当法官认为未成年人利益保护需要时,指定一名既与未成年人也与当事人无关联的人参与听取未成年人证言。

参与人员应当正在从事或曾经从事社会、心理、医学心理领域的工作。

参与人员由法院书记室通过任何方式立即告知其任务。

第 338-10 条

如果负责听取未成年人证言的人遇到困难时,立即请示法官紧急裁定。

第 338-11 条

听取证言方式确定后,如发生与之抵触的重大事由,可以修改。

第 338-12 条

在尊重未成年人利益的情形下,对提供证言的过程制作笔录。笔录应当提交对审辩论。

第十编　自行回避、申请回避、移送案件和追究法官责任

第一章　自行回避

第 339 条

法官认为本人存在回避理由或内心认定应当自行回避，由所属法院的院长另行指定其他法官替换。

第 340 条

因多名法官自行回避而妨碍受理案件的法院审理时，依照因合理怀疑移送案件的规定办理。

第二章　申请回避和因合理怀疑移送案件

第一节　一般规定

第 341 条

当具备《司法组织法典》第 L111-6 条规定的事由时，可以对法官申请回避，但另有规定的除外。

第 342 条

如果当事人申请法官回避或要求因合理怀疑移送案件至同一性质的其他法院，应当在知道事由后立即申请，否则不予受理。

任何情形下，上述申请不得在辩论终结后提出。

第 343 条

除向最高司法法院提起的诉讼外，回避申请或因合理怀疑移送案件的申请，可以由当事人自己或委托代理人提出。

委托代理人应当取得特别授权。

在只准许委托律师代理的法院，由律师提出申请。

第 344 条

回避申请或因合理怀疑移送案件的申请，应当向上诉法院第一院长提交。通过向上诉法院书记室递交申请书提出申请。

外国民事诉讼法译丛·法国民事诉讼法典　●　第一卷　各法院适用的通则　●

在庭审中发现申请事由时，提出的申请可以直接由书记员记载于诉讼笔录中，随后立即向上诉法院第一院长提交。另保存一份复印本于案卷中。

申请应当说明申请回避和因合理怀疑移送案件的理由，并附上证明文件，否则不予受理。

对提交的申请，应当出具收据。

第 345 条

因合理怀疑被申请移送案件的原法院院长，被申请回避的法官以及所属法院的院长，由受理申请的上诉法院第一院长通过任何方式通知。根据情况，提请被申请回避的法官以及所属法院的院长提供意见。

被申请回避的法官自行回避时，上诉法院第一院长立即告知所属法院的院长。

向上诉法院第一院长提交的申请，不会导致被申请回避的法官或被申请放弃管辖权的法院失去管辖权。但是，上诉法院第一院长在征询总检察长的意见后，可以命令上述法官或法院推迟对案件的法律裁判，直至对回避申请或因合理怀疑移送案件的申请做出裁定。

第 346 条

上诉法院第一院长在受理后一个月内，征询总检察长的意见后，不经辩论即可裁定。对《司法组织法典》第 L213-8 条的案件进行裁判的自由与羁押法官提出申请回避时，上诉法院第一院长应当立即裁定。

书记员通过任何方法立即把上述裁定告知当事人、被申请回避的法官和所属法院的院长，以及被申请放弃管辖权的法院。

对驳回回避申请或因合理怀疑移送案件申请的裁定，可以在收到书记室通知后十五日内向最高司法法院上诉。

第 347 条

如果准许回避申请，将替换法官。

如果准许因合理怀疑移送案件的申请，向受理法院的其他审判组织或同一性质的其他法院移送案件。裁定对当事人和受移送的法院均产生约束力。当案件移送其他法院时，按照第 82 条进行。

在知晓准许回避申请和因合理怀疑移送案件申请的裁定前，法官或法院完成的诉讼文书的效力不会受到影响。但是，法官或法院为解决本诉的全部或部分做出的裁判，或虽没有解决本诉纠纷但具有预先执行效力的裁判，不论何时做出，均视为无效。

第 348 条

当回避申请或因合理怀疑移送案件的申请被驳回,申请人可能被判处不超过 10000 欧元的民事罚款,并且不影响可能请求的损害赔偿。

第二节　特殊规定

第 349 条

申请数名法官回避时,应当在同一申请书中提出,否则不予受理;但申请回避事由在之后发生的除外。

申请的提出、审理和裁判,依据第 314 条至第 348 条进行。

第 350 条

申请上诉法院第一院长回避和因合理怀疑申请上诉法院整体移送案件时,应当向最高司法法院第一院长提出;最高司法法院第一院长在听取驻最高司法法院的检察长意见后,不经辩论即可裁定。适用第 341 条、第 342 条,第 344 条至第 348 条的规定。

第三章　因公共安全移送案件

第 351 条

因公共安全事由移送案件,依据驻最高司法法院的检察长的要求,由最高司法法院宣告。

第 352 条

如果公共安全事由得到证明,向受理法院的其他审判组织或同一性质的其他法院移送案件。

此裁定对当事人和受移送的法院均产生约束力。对此裁定,不准许救济。

第 353 条

对法院提出放弃管辖权的上述申请,不会造成诉讼程序的中止。

但是,最高司法法院第一院长可以命令中止诉讼程序,直至对移送申请做出裁定。

第 354 条

移送案件适用第 82 条的规定。

第 355 条至第 366 条　【保留】

第四章　追究法官责任

第一节　一般规定

第366-1条

请求启动追究法官责任程序的申请,向法官所在辖区的上诉法院第一院长提出。

第366-2条

追究法官责任的申请由一名律师提出。申请应当包含追究法官责任的事实说明并附上证明材料,否则不予受理。

第366-3条

上诉法院第一院长在听取驻本法院的检察长意见后,审查申请是否符合法律规定的追究法官责任事由。

第366-4条

上诉法院第一院长在准许启动追究法官责任程序的决定中,确定由本法院的两个法庭联合审理的日期。书记室通过任何方式把决定通知被指控的法官和所属法院的院长。

第366-5条

驳回追究法官责任的决定,可以在宣告后十五日内向最高司法法院提起救济。救济的提出、审理和裁判,按照无强制代理的程序进行。

第366-6条

在收到准许启动追究法官责任程序的决定后,被指控的法官应当自行回避,直至对该程序做出裁判。

第366-7条

申请人传唤被指控的法官在确定日期出庭。传唤时应当附有申请书副本、上诉法院第一院长准许启动追究责任程序的决定和证明材料,否则申请不予受理。传唤书副本由执达员通过有回执的挂号信寄送检察院。

第366-8条

在庭审中,当事人的委托代理和辅助依据第931条规定的条件进行。上诉法院在听取检察官意见后做出裁判。

第二节　因拒绝裁判追究法官责任的特殊规定

第 366-9 条

为使第 366-1 条规定的申请得到受理,援引拒绝裁判事由的申请人应当经执达员向法院书记室发出两份催促裁判的传票。书记员签注传票原件后转交法官。传票应当在八日后重新发出。

第十一编 诉讼附带事件

第一章 诉的合并和分立

第 367 条

当正在进行的数个诉之间存在关联,合并审理或裁判更有利于实现司法效益时,法官可以依据当事人的申请或依职权进行诉的合并。

同样,法官也可以命令进行诉的分立。

第 368 条

诉的合并或分立的决定是司法行政措施。

第二章 诉讼程序的中断

第 369 条

下列情形下中断诉讼程序:

(1)一方当事人成年;

(2)在强制代理的情形下,律师终止代理;

(3)在涉及债务人协助或资产剥离的情况下,宣告保障措施,司法重整或司法清算的判决生效;

(4)在撤诉的情形下,签订以审前准备为目的的参与程序契约。

第 370 条

下列情形下,向对方当事人发出通知之日起中断诉讼程序:

(1)在诉权能承继的情形下,一方当事人死亡;

(2)未成年人的法定监护人和对成年人进行法律保护的人终止职能;

(3)一方当事人恢复或丧失进行诉讼的能力。

第 371 条

如果中断事由在法庭辩论开始后产生或通知,任何情形下不得中断诉讼程序。

第 372 条

诉讼程序中断后完成的诉讼文书和判决,即使已具有既判力,均视为从未做出;但是,因为诉讼程序中断而受益的一方当事人,可以通过明示或默示承认上述诉讼文书和判决的效力。

第 373 条

对中断的诉讼程序,可以通过提出抗辩理由的方式自行恢复。

在没有自行恢复的情形下,通过法庭传票的方式恢复诉讼程序。

第 374 条

诉讼程序按照中断时的状况进行恢复。

第 375 条

如果收到法庭传票告知恢复诉讼程序的当事人没有出庭,按照第471 条及以下条文的规定处理。

第 376 条

诉讼程序的中断不妨碍法官对案件的管辖权行使。

法官可以要求各方当事人报告为恢复诉讼程序采取的积极行为;如果当事人在规定期限内没有完成上述行为,法官可以注销案件。

法官可以要求检察院收集为恢复诉讼程序必需的情况。

第三章　诉讼程序的中止

第 377 条

除法律规定的情形外,诉讼程序也因延期审理、注销案件或裁定合意撤诉而中止。

第一节　延期审理

第 378 条

在确定期间内或直至法院确定事件的产生,延期审理决定中止诉讼程序。

第 379 条

延期审理不会停止法官的管辖权。延期审理期限届满后,诉讼程序应在当事人的提议或在法官的推动下继续进行;但需要时,可以再次命令延期审理。

法官可以视情况撤销延期审理决定或缩短延期审理期间。

第 380 条

如果证明具有重要的正当理由,经上诉法院第一院长准许,对延期审理决定准许提起上诉。

当事人应当向上诉法院第一院长提出请求,第一院长按照实体审理加速程序做出裁判。传唤书应当在裁判做出后一个月内发出。

上诉法院第一院长认为请求成立,通过不准许向最高司法法院上诉的决定,确定上诉法院审理案件的日期。上诉法院按照固定日期程序受理申请和裁判,或按照第 948 条的规定处理。

第 380-1 条

对做出的延期审理终审决定,只能以违反法律为由向最高司法法院上诉。

第二节　注销案件和合意撤诉

第 381 条

注销案件是按照法律规定的条件,对当事人怠于行使自己义务的行为做出的处罚。

注销案件,是指把案件从正在审理的案件排期中撤除。

注销案件,通过平信通知当事人和他们的代理人。通知中应当具体说明当事人怠于行使自己义务的情形。

第 382 条

各方当事人共同提出说明理由的书面申请时,法院准许合意撤诉。

第 383 条

注销案件和合意撤诉都是司法行政措施。

被注销案件的当事人如能证明已完成造成注销案件的缺失行为,或合意撤诉的一方当事人提出申请,法院对案件重新受理;但超过诉讼时效的除外。

第四章　诉讼程序的终结

第 384 条

诉讼程序可以因判决效力导致诉权消灭而终结,也可以因和解、自认、放弃诉权,或诉权不可以转移时一方当事人的死亡,导致诉权消灭而终结。

法院做出终止管辖的决定,确认诉讼程序终结。

当事人达成和解协议时,无论法官是否在场,法官均有权对和解协议授予执行效力。

第 385 条

诉讼程序因诉讼时效消灭、撤回诉讼或传票无效而终结。

在此情形下,确认诉讼程序终结与法院终止管辖,不妨碍在诉权没有消灭的情况下重新提起诉讼。

第一节 诉讼时效消灭

第 386 条

如果在两年内没有当事人提起诉讼,诉讼时效消灭。

第 387 条

任何当事人可以请求宣告诉讼时效消灭。

对一方当事人在诉讼时效届满后完成的行为,对方当事人可以提出诉讼时效消灭的抗辩理由。

第 388 条

诉讼时效消灭,应当先于其他抗辩理由提出或反驳,否则不予受理。诉讼时效消灭属于法定事实。

法官可以在要求各方当事人提出意见后,依职权确认诉讼时效消灭。

第 389 条

诉讼时效消灭不会消灭诉权;它只能造成诉讼程序的终结,以及不得提出超过诉讼时效的程序中的任何诉讼文书或主张援用这些文书。

第 390 条

在提起上诉或对缺席判决提出异议时,诉讼时效消灭使判决取得既判力;即使该判决没有进行通知,也取得既判力。

第 391 条

诉讼时效消灭的期间,对任何自然人或法人,即使是未成年人或受保护的成年人,均按照规定计算,但针对法定监护人或取得法律保护手段的人提起的诉讼除外。

第 392 条

诉讼程序的中断造成诉讼时效的中断。

诉讼程序的中止不影响诉讼时效的计算。但是,诉讼程序的中止仅在确定期限内发生或至确定事件的发生,将影响诉讼时效的计算。在上述确定期限届满或确定事件发生时,开始计算新的期间。

撤销以审前准备为目的的参与程序契约后,开始计算新的期间。

第 393 条

因诉讼时效消灭而终结诉讼程序产生的诉讼费用,由提起诉讼的当事人承担。

第二节 撤诉

第一目 第一审程序中的撤回起诉

第 394 条

在所有案件中,原告均可以撤回起诉,结束诉讼程序。

第 395 条

原告撤回起诉,只有经被告同意后才能发生效力。

但是,在原告撤回起诉时,如果被告没有提出实体抗辩或不予受理抗辩,被告的同意则不是原告撤回起诉的必须条件。

第 396 条

当被告的拒绝同意没有合法理由时,法官准许原告撤回起诉。

第 397 条

撤回起诉包括明示或默示;对撤回起诉的同意,也包括明示或默示。

第 398 条

撤回起诉不会引起放弃诉权,只是终结诉讼程序。

第 399 条

撤回起诉即为同意支付终结诉讼程序产生的诉讼费用,但有相反协议的除外。

第二目 撤回上诉或撤回缺席判决异议

第 400 条

在所有案件中,均可以撤回上诉或撤回缺席判决异议,但有相反规定的除外。

第 401 条

撤回上诉,只有在存在保留或对方当事人已提出附带上诉或附带请求时,应当取得对方当事人的同意后才能生效。

第 402 条

撤回缺席判决异议,只有在本诉原告已提出追加之诉时,应当取得对方当事人的同意后才能生效。

第 403 条

撤回上诉即为认可原审判决。但之后其他当事人依据合法程序提起上诉,撤回上诉视为不曾提出。

第 404 条

撤回缺席判决异议,即是毫无保留认可原审判决。

第 405 条

第 396 条、第 397 条和第 399 条适用于撤回上诉和撤回缺席判决异议。

第三节　传票无效

第 406 条

传票根据法律确定的情形和条件而归于无效。

第 407 条

如果确认传票无效的决定存在错误,由做出决定的法官撤销。

第四节　承认

第 408 条

承认对方当事人的诉讼请求,即为承认诉讼请求有充分依据和放弃自己的诉权。

承认只能适用于当事人可以自由处分的权利。

第 409 条

承认判决,即为接受判决理由和放弃救济途径,但事后其他当事人提起救济的除外。

始终准许承认判决,但有相反规定的除外。

第 410 条

承认包括明示和默示。

完全执行尚未产生执行力的判决,即为承认判决,但不准许承认的情形除外。

第十二编　诉讼代理与诉讼辅助

第 411 条

委托诉讼代理即授予诉讼代理人以委托人的名义完成各项诉讼行为的权限和义务。

第 412 条

诉讼辅助的任务是为当事人提供咨询和进行非强制性抗辩的权限和义务。

第 413 条

诉讼代理包含诉讼辅助的任务,但有相反协议的除外。

第 414 条

一方当事人只能委托一名法律授予资格的自然人或法人进行诉讼代理。

第 415 条

诉讼代理人的姓名和资格应当报送法院书记员,由书记员告知法官。

第 416 条

代理或辅助当事人进行诉讼的任何人,应当证明已取得代理权限或辅助权限。但是,律师免除提供此类证明的义务。

执达员在有资格代理或辅助当事人时,也免除提供此类证明的义务。

第 417 条

对一方当事人的委托诉讼代理人,法官和对方当事人视为其取得专门授权,包括提出或接受撤诉,承认,提出、接受或给予承诺,自认或同意。

第 418 条

当事人撤换诉讼代理人时,应当立即选任他人代替,或立即告知法官和对方当事人在法律准许的情形下自行参加诉讼。否则,对方当事人有理由只承认被撤换的诉讼代理人,并继续进行诉讼直至判决。

第 419 条

如诉讼代理人决定终止代理,只有在告知委托人、法官和对方当事人后,才能解除委托代理权限。

在强制代理的情形中,律师只有在当事人新委托的诉讼代理人替代之日,才能解除委托代理权限;如果当事人没有委托新诉讼代理人,则在律师协会会长或纪律审理庭庭长指定的新诉讼代理人替代之日,才能解除委托代理权限。

第 420 条

如果判决在产生既判力后一年内执行,律师可以不经新的委托授权继续诉讼代理,直至判决执行完毕。

此项规定不妨碍向律师直接支付应有款项。

第十三编　检察院

第 421 条

检察院,作为主当事人提起诉讼或作为从当事人参加诉讼。在法律规定的情形下,检察院代表社会。

第一章　检察院作为主当事人

第 422 条

在法律特别规定的情形下,检察院依职权提起诉讼。

第 423 条

在法律特别规定的情形外,当存在妨害公共秩序的事实时,检察院为维护公共秩序提起诉讼。

第二章　检察院作为从当事人

第 424 条

检察院对通报案件的法律适用问题提出意见,作为从当事人参加诉讼。

检察院参加诉讼时,法院书记室立即告知各方当事人。

第 425 条

下列案件应当通报检察院:

(1)关于亲子关系、未成年人监护安排的案件,或依据关于儿童非法国际转移的国际条约或欧盟条约提起的诉讼;

(2)关于挽救企业、司法重整或司法清算、追究公司负责人罚金责任的案件,个人破产程序,《商法典》第 L635-8 条规定的禁止情形。

对法律规定检察院应当提供意见的所有案件,均应当通报检察院。

第 426 条

检察院可以要求通报其认为应当参加诉讼的其他案件。

第 427 条

法官可以依职权决定向检察院通报案件。

外国民事诉讼法译丛
法国民事诉讼法典

第 428 条

除有特别规定外,由法官通报检察院。

通报应当及时进行,避免拖延裁判。

第 429 条

在已经通报检察院的案件中,应当把庭审日期告知检察院。

第十四编 判决

第一章 一般规定

第一节 辩论、评议和判决

第一目 辩论

（一）一般规定

第 430 条

审判庭按照司法组织的规则组成,否则无效。

对审判庭组成的异议,应当在辩论开始时提出;当异议事由产生于辩论开始后,应当在发现事由时提出,否则不予受理。如果没有及时提出异议,事后不得再以此为理由宣告审判庭组成无效,即使法院依职权提起也不能宣告无效。

审判庭的组成人员中缺乏作为审判庭成员的职业或职能资格时,不适用前款规定。

第 431 条

检察官只有在作为主当事人的案件,或代表社会的案件,或法律规定必须出席的案件中,才有义务出席庭审。

在其他情形下,检察官通过寄送书面诉讼意见书或在庭审上口头说明,向审判庭告知意见;当事人有权查阅上述诉讼意见书。

第 432 条

按照各法院的特有规则,在确定日期进行辩论;或在庭审进展允许时,在确定时间内进行辩论。辩论也可以在下一次庭审中继续进行。

辩论开始后,如果审判庭的组成发生变更,应当重新辩论。

第 433 条

辩论应当公开,但法律规定在评议室辩论的除外。

第一审程序规定的事项,应当在第二审程序中也得到遵守,但另有规定的除外。

第 434 条

在非讼案件中,诉讼请求的审理在评议室进行。

第 435 条

如公开辩论侵犯个人隐私,或各方当事人共同要求,或可能扰乱法庭正常秩序,法官可以决定在评议室辩论。

第 436 条

在评议室辩论时,不准许公众在场。

第 437 条

如果案件表明或主张辩论应当在评议室进行,但已经公开辩论,或相反情形,审判长应当场宣告对附带事件不予受理。

如果按照规定的形式继续开庭,以此前庭审为依据的任何无效均不得宣告,法院也不得依职权宣告无效。

第 438 条

审判长应当注意保障庭审秩序。为保障庭审秩序而命令采取的措施,应当立即执行。

法官在履行职务的场所享有相同权力。

第 439 条

所有列席庭审的人员,应当保持端庄的态度和对司法的应有尊重。禁止他们不经提请即发言,做出赞同或不赞同的示意,以及引起任何性质的混乱。

审判长可以将不遵守指令的人驱逐出法庭,同时追究刑事责任或纪律处分。

第 440 条

审判长指挥法庭辩论。在对案件应当提交审前准备报告的情形下,先准许报告法官发言。

然后,原告和被告先后对各自的诉讼请求进行陈述。

当审判庭认为案件事实已经查清时,审判长命令各方当事人停止辩论或停止为抗辩而做出的说明。

第 441 条

有诉讼代理人辅助的当事人可以自行做口头说明,也适用于强制代理情形。

如果当事人情绪冲动或没有经验,不能以适宜的态度或必要的清晰条理说明理由时,审判庭有权取消其发言。

第 442 条

审判长和法官们认为必要时,可以要求当事人提交法律说明和事实说明,或对仍不清楚的问题进行说明。

第 443 条

作为从当事人的检察官进行最后发言。

如果检察官认为不能当场发言,可以要求推迟至下一次开庭时进行。

第 444 条

审判长可以命令重新辩论。当各方当事人对提出的法律问题或事实问题没有在遵守对审原则的前提下做出说明时,审判长应当命令重新辩论。

审判庭的组成发生变更时,也应当重新辩论。

第 445 条

辩论结束后,各方当事人不得再提出任何说明用于支持已做出的陈述;但是,对检察官意见的回复,或应审判长依据第 442 条和第 444 条规定要求而做出的回复除外。

第 446 条

应当遵守第 432 条第 2 款、第 433 条、第 434 条、第 435 条和第 444 条第 2 款的规定,否则无效。

如果在辩论结束前没有提出上述无效事由,此后不得再提出。上述无效事由,也不能由法院依职权提出。

(二)口头程序的特别规定

第 446-1 条

当事人在庭审中口头提交诉讼请求和支持理由。他们也可以参照已经书面提交的诉讼请求和支持理由。当事人的陈述注明在案卷或记录在诉讼笔录中。

如果符合特别规定的情形,可以准许当事人书面提交诉讼请求和支持理由,不用亲自出庭。判决必须在对审的条件下做出。但是,法官始终有权命令当事人亲自出庭。

第 446-2 条

当辩论推迟至下一次庭审时,法官可以组织到庭的当事人进行交换。经到庭当事人同意,法官结合他们的意见确定交换诉讼请求、支持理由和证据材料的期间和条件。

当所有到庭的当事人书面提出诉讼请求和支持理由,并有律师代理或辅助时,应当在诉讼意见书中明确提出各项诉讼请求、事实理由和法律理由,每项诉讼请求还应当指明援引的证据材料和序列号。诉讼意见书应当附上一份列明上述证据材料的清单。诉讼意见书分别包括事实说明和程序说明,诉讼请求和支持理由的讨论,总结诉讼请求的主文。在上述书面文件中没有提出的理由应当另行提交诉讼意见书。法官只对主文中列明的诉讼请求进行判决,也只对讨论中援引的支持诉讼请求的理由进行审理。当事人应当在最终诉讼意见书中重申在之前诉讼意见书中提到的诉讼请求和支持理由。否则,没有重申的部分视为放弃,法官只对最终诉讼意见书中提到的诉讼请求和支持理由做出判决。

当到庭当事人书面提出诉讼请求和支持理由,并且没有律师代理或辅助时,对他们在最终呈交的书面交换材料中没有包括的诉讼请求和支持理由,经当事人同意,法官可以认定当事人对此部分已经放弃。

如果当事人没有遵守法官确定的交换方式,法官可以把案件召回庭审,做出判决或注销案件。

在确定日期后提出交换的诉讼请求、支持理由和证据材料,如无法定事由且延迟提交影响抗辩权利的行使,法官可以将之排除在辩论外。

第446-3条

法官可以随时要求当事人提供为解决纠纷所必需的事实说明和法律说明;法官也可以随时要求当事人在确定期间内提供补充说明的文件或证明材料。如当事人没有按时提供或拒绝提供,法官做出不利于该当事人的法律推定。

当交换按照第446-2条在庭审外进行时,法官的要求可以通过任何方式通知当事人。

第446-4条

一方当事人按时书面提交诉讼请求和支持理由的日期,便是当事人之间交换的日期。

第二目　评议

第447条

评议由参与法庭辩论的法官进行。参加评议的法官数量至少应当等于法院组织的规则要求的人数。

第448条

法官的评议秘密进行。

第 449 条

裁判依据多数人的意见做出。

第三目 判决

第 450 条

如果不能当庭宣判,为对案件进行更充分的评议,可以推迟至审判长指定的日期宣判,但第 781 条第 3 款规定的情形除外。

但是,在辩论结束后可以告知当事人,判决的宣告由法院书记室在确定日期进行,但第 781 条第 3 款规定的情形除外。

如果审判长决定推迟宣判,可以采取任何方式通知当事人。通知中包含推迟宣判的理由和做出裁判的新日期。

第 451 条

争讼案件的裁判公开宣告,非讼案件的裁判不公开宣告,但特定案件有特别规定的除外。

书记员进行的宣告,遵循相同的公开性规定。

第 452 条

在庭审中宣告判决,可以只由参与评议的一名法官进行,其他法官或检察官无须在场。

宣告判决限于判决的主文。

第 453 条

判决的日期是在庭审中宣告或由书记员宣告的日期。

第 454 条

判决以法国人民的名义做出。

判决应当包括下列事项:

(1)做出判决的法院;

(2)参与合议的法官姓名;

(3)日期;

(4)参与辩论的检察官姓名;

(5)书记员姓名;

(6)当事人的姓名或名称、住所或总部住所地;

(7)必要时,代理或辅助当事人的律师或其他人的姓名;

(8)非讼案件中,应当向其通知判决的人的姓名。

外国民事诉讼法译丛

法国民事诉讼法典

第 455 条

判决应当简要表述各方当事人的诉讼请求和支持理由。表述可以写明参照各方当事人的诉讼意见书,并指明诉讼意见书的日期。判决应当说明理由。

判决以主文形式宣告裁判的内容。

第 456 条

判决的制作可以采取书面或电子方式,由审判长和书记员签名。审判长因故不能签名时,应当在判决原件上注明,并由参与评议的一名法官签名。

当判决采用电子载体制作时,制作过程应当保障判决的完整性和保存。电子判决上的签名,采用 2017 年 9 月 28 日第 2017-1416 号《关于电子签名的法令》中规定的安全电子签名方式。

本条的适用方式由司法部颁布的条例具体规定。

第 457 条

判决具有公文书的证明力,但第 459 条的规定除外。

第 458 条

第 447 条、第 451 条和第 454 条关于法官姓名的规定,以及第 455 条第 1 款和第 456 条规定的事项,均应当遵守,否则判决无效。

但是,如果在宣告判决时没有通过简单说明援引无效并记录于庭审笔录中,则随后不得因为没有遵守第 451 条和第 452 条规定的形式而由当事人提出或法院依职权宣告无效。

第 459 条

判决中存在遗漏或不准确的事项,如果通过诉讼程序中的证据材料、庭审笔录或其他方式能证明法定事项均得到遵守,此判决则不会失效。

第 460 条

判决的无效只能通过法律规定的救济途径提起。

第 461 条

如果没有对判决提起上诉,做出该判决的法官负责解释判决。

有关解释判决的请求,由一方当事人通过简单申请或由各方当事人共同申请提出。法官在听取或传唤各方当事人后做出解释。

第 462 条

判决有实体错误或遗漏时,即使已产生既判力,仍可以由做出判决的法院进行补正,或由接收案卷的法院根据案卷显露的问题或按照常理进行补正。

法官依据一方当事人的简单申请或各方当事人的共同申请受理补正请求;法官也可以依职权进行补正。

法官在听取或传唤当事人后做出判决。但是,法官依据申请受理时可以不经庭审做出判决,但认为有必要听取当事人意见的除外。

补正判决在判决的原件和副本上注明。补正判决的通知采取与原审判决通知的相同方式进行。

如果被补正的原审判决已产生既判力,对补正判决不服,只能向最高司法法院提起上诉。

第 463 条

审判庭在判决中遗漏诉讼请求的要点时,可以对判决进行补充,但不能损害已有判决中对其他诉讼请求产生的既判力,但必要时需要对当事人的各自诉讼请求和理由进行重新认定的除外。

上述请求应当在判决产生既判力后一年内提出,或在向最高司法法院上诉时,自最高司法法院做出不予受理裁定后一年内提出。

法官依据一方当事人的简单申请或各方当事人的共同申请受理请求。法官在听取或传唤当事人后做出裁判。

补充判决记录于原审判决的原件和副本上。补充判决采取与原审判决相同的通知方式和救济途径。

第 464 条

如果法官对当事人没有提出诉讼请求的事由或超出当事人的诉讼请求进行裁判,适用前条规定。

第 465 条

各方当事人均有权取得一份加盖执行令印的判决副本。

如有法定理由,做出判决的法院书记员可以向同一当事人递交第二份加盖执行令印的判决副本。有困难时,法院院长对当事人的请求做出裁定。

第 465-1 条

当判决确定给予抚养费或《民法典》第 214 条、第 276 条和第 342 条规定的债权时,在给各方当事人发放判决副本时附上一份文件,告知他们上述债权的征收方式、复核债权的规则和可能判处的刑事处罚。

第 466 条

非讼案件中,申请书副本附于判决副本中。

第二节 缺席出庭

第一目 对席判决

第 467 条

只要各方当事人按照受理法院的特有规则亲自出庭或委托诉讼代理人出庭,做出的判决即为对席判决。

第 468 条

如果原告无法定理由没有到庭,被告可以请求做出实体判决,做出的判决为对席判决;但是,法官有权将案件推迟至下一次开庭。

法官也可以宣告传票无效,甚至依职权做出宣告。如果原告在十五日内向法院书记室告知无法在有效期间内提出的正当理由,法官宣告传票无效。在此情形下,当事人被传唤至下一次开庭。

第 469 条

如一方当事人在出庭后放弃在确定期限内完成各项诉讼行为,法官根据已经掌握的证据材料,做出对席判决。

但是,被告可以请求法官宣告传票无效。

第 470 条

如果各方当事人在确定期限内均没有完成诉讼行为,法官可以向当事人本人寄送最后通知,或向当事人的诉讼代理人寄送最后通知,随后依职权做出不准许上诉的裁定而注销案件。

第二目 缺席判决和视为对席判决

第 471 条

如果传票没有递交被告本人,经原告提议或法官依职权裁定,再次要求未出庭的被告出庭。

除适用特定法院的特别规则外,按照第一次传唤的相同形式再次传唤。但是,当第一次传唤由法院书记员进行,法官可以命令采取执达员文书进行第二次传唤。第二次传唤的通知书中应当根据情况写明第 472 条和第 473 条的规定或第 474 条第 2 款的规定。

法官也可以通过平信告知当事人不出庭的法律后果。

第 472 条

如果被告仍不出庭,法官可以做出实体裁判。

只有当法官认为诉讼请求合法,应予受理和理由充分时,才能判决支持诉讼请求。

第 473 条

当被告不出庭,判决为终审法院做出,同时传票没有送达被告本人,此判决为缺席判决。

如果对此判决准许上诉,或传票已送达被告本人,即视为对席判决。

第 474 条

当因同一诉讼标的传唤数名被告时,其中至少有一人未出庭,如果对做出的判决准许上诉或传票均已送达未出庭的被告本人,即视为对席判决。

如果对此判决不准许上诉,并且至少有一名未出庭的被告本人没有收到传票,即为缺席判决。

第 475 条

法官在第一次传唤或第二次传唤规定的最长出庭期限届满前,不得进行审理裁判。

法官以同一判决对所有被告做出裁判,但案情要求仅对部分被告做出裁判的除外。

第 476 条

对缺席判决不服,可以提出撤销异议,但法律明确规定的禁止情形除外。

第 477 条

对视为对席判决不服,采取与对席判决相同的救济途径。

第 478 条

如果在判决书做出后六个月内没有收到通知,缺席判决或仅因对判决不准许上诉为由做出的视为对席判决,均自始无效。

在重新进行最初的传票传唤后,诉讼程序恢复进行。

第 479 条

针对居住在外国的当事人做出的缺席判决和视为对席判决,必须明确说明向被告递交起诉书所做出的各种努力。

第二章　特别规定

第一节　实体判决

第一目　共同规定

第 480 条

在主文中对本诉的全部或部分做出裁判的判决,或对程序抗辩、不予受理或其他诉讼附带事件做出裁判的判决,自宣告之日起对裁判的纠纷产生既判力。

本诉是指本法典第 4 条规定的诉讼标的。

第 481 条

自宣告判决之日,终止法官对判决的纠纷解决管辖权。

但是,在提起撤销缺席判决异议、第三人异议和申请再审的情况下,法官有权撤销判决。

法官也可以根据第 461 条至第 464 条对判决做出解释和补正。

第二目　实体审理加速程序的判决

第 481-1 条

除另有规定外,当法律或条例规定适用实体审理加速程序做出裁判时,诉讼请求的提出、审理和裁判应当遵循下列条件:

(1)诉讼请求通过执达员传唤书提出,直接传唤至为适用实体审理加速程序而在确定的日期和时间举行的庭审;

(2)应当在上述庭审日期前向法院书记室递交传唤书副本,案件才能被受理,否则法官依职权或依据一方多数人的申请裁定传唤书无效;

(3)法官应当确保被传唤的当事人自收到传唤书至庭审前有充分时间准备抗辩,程序口头进行;

(4)法官有权把案件移送合议庭,由合议庭在确定日期举行庭审,适用实体审理加速程序做出裁判;

(5)例外情形下,特别是因为法律或条例规定的期间而明显紧急时,法院院长依据申请做出裁定,准许传唤至指定的时间,包括节假日或休息日;

（6）判决在符合第 514-1 条至第 514-6 条的条件时具有预先执行效力；

（7）对判决不服，准许提起上诉；但是，当判决由上诉法院第一院长做出或根据诉讼请求的标的或数额属于终审判决时，不准许提起上诉。

提起上诉和撤销缺席判决异议的期间为十五日。

第二节　其他判决

第一目　中间判决

第 482 条

主文中仅限于命令采取调查取证措施或临时措施的判决，对本诉不具有既判力。

第 483 条

中间判决不终止法院对案件的管辖。

第二目　紧急审理裁定

第 484 条

紧急审理裁定，是指法律授予法官在受理本诉前依据一方当事人的申请，在另一方当事人到场或被传唤的情形下，命令采取必要措施的临时性裁判。

第 485 条

紧急审理请求通过传唤书提出，传唤书中包括通常进行紧急审理的庭审日期与时间。

但是，如因具体情况要求迅速处理，紧急审理法官可以准许按照指定的时间，包括节假日或休息日，传唤当事人到庭。

第 486 条

法官应当确保在传唤和开庭之间留有充足的时间容许被传唤的当事人准备抗辩。

第 486-1 条

当对技术人员的调查取证行为或鉴定人的鉴定行为提出紧急审理请求时，如果被告在庭审前表明同意则无须出庭。但是，法官始终有权命令被告出庭。

在上述条件下做出的判决为对席判决。

第 487 条

紧急审理法官有权把正在进行紧急审理的案件移送法院的合议庭，并且在其确定的日期开庭审理。

第 488 条

紧急审理裁定对本诉没有既判力。

只有在发生新情况时，才能变更或紧急推迟紧急审理裁定。

第 489 条

必要时，法官可以命令依据紧急审理裁定的原件执行。

第 490 条

对紧急审理裁定不服，准许提起上诉。但是，当裁定由上诉法院第一院长做出或按照诉讼请求的标的或数额属于终审裁定时，不准许提起上诉。

在终审程序中做出的紧急审理裁定，如果当事人缺席，准许对此裁定提出撤销异议。

提起上诉或撤销异议的期限均为十五日。

第 491 条

紧急审理法官可以宣告判处逾期罚款。法官可以先行结清此项罚款。

紧急审理法官对诉讼费用做出裁判。

第 492 条

紧急审理裁定的原件保存于法院书记室。

第三目　依据申请做出的裁定

第 493 条

依据申请做出的裁定，是指在申请人有理由不传唤对方当事人时不经对席审理做出的临时性裁判。

第 494 条

申请书应当提交一式两份，并且说明理由。申请书应当包括对援用书证的详细说明。

在诉讼程序中提出上述申请时，应当指明受理法院。

紧急情况下，申请可以提交至法官住所。

第 495 条

依据申请做出的裁定应当说明理由。

依据申请做出的裁定仅依据原件即可执行。

申请和裁定的副本,均递交被申请人。

第 496 条

如果法官驳回申请,准许提起上诉;但由上诉法院第一院长驳回的除外。上诉期限为十五日。上诉的提出、审理和裁判适用非讼程序。

如果法官支持申请,任何利害关系人均可以向做出裁定的法官提出紧急审理申请。

第 497 条

即使其他法官已经受理案件的实体审理,做出紧急审理裁定的法官仍有权变更或撤销此裁定。

第 498 条

裁定的副本保存于法院书记室。

第三章 最后规定

第 499 条

本编规定不适用于司法行政措施。

第十五编　判决的执行

第 500 条

当不准许提起任何能中止执行的救济时,判决具有既判力。

当准许提起救济时,但在法定期限内没有提起救济,判决在期限届满后获得既判力。

第 501 条

具有既判力的判决符合下述条件时,取得执行力;但债务人享有宽限期或债权人有权要求预先执行的除外。

第一章　执行的一般条件

第 502 条

任何判决和文书必须提交加盖执行令印的副本才能交付执行,但法律另有规定的除外。

第 503 条

除自愿履行判决的情形外,只能在向受到判决的人通知判决后,才能开始执行。

依据判决原本即可执行时,出具判决原本即为通知判决。

第 504 条

当对判决不准许提起任何具有中止效力的救济或判决取得预先执行利益时,具有执行力的证据来自判决本身。

在其他情形下,具有执行力的证据来源于:

(1)败诉方承认判决;

(2)判决的通知,以及证明在规定期限内没有提起撤销异议和上诉,或确认向最高司法法院上诉具有中止效力时却在规定期限内没有提起上诉。

第 505 条

任何当事人可以向依法受理判决救济的法院书记室,请求提供一份没有提起撤销异议和上诉或向最高司法法院上诉的证明;如果有人提起上述救济,指明救济日期。

第 506 条

依据任何利害关系人提供的判决副本或经认证与原本相符的复印本

或判决节选本,以及判决不具有预先执行效力时其他具有执行力的证明,根据该判决而应当进行的解除和撤销担保、载述、登录或公告均有效。上述证明由律师出具证明书。

第 507 条　【保留】

第 508 条

执行不得在 6 时前和 21 时后进行,也不得在节假日或休息日进行;必要时,依据法官的准许可以执行。

第二章　跨境承认

第 509 条

外国法院做出的判决和外国官员做成的文书,依据法律规定的方式和情形在共和国领域内执行。

第 509-1 条

(一)下列申请向做出裁判、确认纠纷解决协议、签发未来保护委任令的法院书记室主任提交:

(1)为保障适用下列条文做出的裁判在外国得到承认和执行,请求赋予法国执行依据证明的申请:

①2012 年 7 月 4 日欧洲议会和欧盟理事会第 2012-650 号《关于继承纠纷中管辖、法律适用、裁判的承认和执行、公文书的接受和执行,以及设立欧盟继承证明的条例》中第 45 条至第 58 条、第 61 条;

②2016 年 6 月 24 日欧盟理事会第 2016-1103 号《关于加强在夫妻财产纠纷中管辖、法律适用、裁判的承认和执行等合作的条例》中第 44 条至第 57 条、第 60 条;

③2016 年 6 月 24 日欧盟理事会第 2016-1104 号《关于加强在注册合伙财产纠纷中管辖、法律适用、裁判的承认和执行等合作的条例》中第 44 条至第 57 条、第 60 条;

④2012 年 12 月 12 日欧洲议会和欧盟理事会第 2012-1215 号《关于民商事案件中司法管辖、裁判的承认和执行的条例》;

⑤2003 年 11 月 27 日欧盟理事会第 2003-2201 号《关于夫妻财产纠纷和父母权纠纷中管辖、裁判的承认和执行、以及废止第 2000-1347 号条例的条例》中的第 39 条;

⑥2007 年 10 月 30 日在卢加诺签署的《关于民商事案件司法管辖、

外国民事诉讼法法译丛

法国民事诉讼法典

裁判的承认和执行的条约》。

(2)适用 2008 年 12 月 18 日欧盟理事会第 2009-4 号《关于抚养义务的管辖、适用法律、裁判的承认和执行、合作的条例》中第 20 条第 1 段,旨在获取裁判节选本的申请。

(3)请求按照 2000 年 1 月 13 日《关于成年人国际保护的海牙条约》第 38 条提供证明的申请。

(二)下列申请向做出裁判、确认纠纷解决协议的法官提交:

(1)为保障适用下列条文做出的裁判在外国得到承认和执行,请求赋予法国执行依据证明的申请:

①2003 年 11 月 27 日欧盟理事会第 2003-2201 号《关于夫妻财产纠纷和父母权纠纷中管辖、裁判的承认和执行,以及废止第 2000-1347 号条例的条例》中第 41 条和第 42 条;

②2004 年 4 月 21 日欧洲议会和欧盟理事会第 2004-805 号《关于对无争议债权设立欧盟执行依据的条例》;

③2013 年 5 月 12 日欧洲议会和欧盟理事会第 2013-606 号《关于民事案件中保护措施的互相承认的条例中第 5 条、第 9 条和第 14.1 条》。

(2)适用 2008 年 12 月 18 日欧盟理事会第 2009-4 号《关于抚养义务的管辖、适用法律、裁判的承认和执行、合作的欧盟条例》中第 20 条第 1 段,旨在获取裁判节选本的申请。

向法官提交上述申请,免除委托律师代理的强制义务。

第 509-2 条

请求在共和国领域内对符合下列情形的外国执行依据的承认和执行,向初审法院的书记室主任提出申请:

(1)2012 年 7 月 4 日欧洲议会和欧盟理事会第 2012-650 号《关于继承纠纷中的管辖、法律适用、裁判的承认和执行、公证文书的接受和执行,以及设立欧盟继承证明的条例》中第 45 条至第 58 条、第 61 条;

(2)2016 年 6 月 24 日欧盟理事会第 2016-1103 号《关于加强在夫妻财产纠纷中管辖、法律适用、裁判的承认和执行等合作的条例》中第 44 条至第 57 条、第 60 条;

(3)2016 年 6 月 24 日欧盟理事会第 2016-1104 号《关于加强在注册合伙财产纠纷中管辖、法律适用、裁判的承认和执行等合作的条例》中第 44 条至第 57 条、第 60 条;

(4)2007 年 10 月 30 日在卢加诺签署的《关于民商事案件司法管辖,

裁判的承认和执行的条约》。

请求在共和国领域内对符合下列情形的外国执行依据的承认和执行，向初审法院院长或他委托的代表提出申请：

(5)2003 年 11 月 27 日欧盟理事会第 2003-2201 号《关于夫妻财产纠纷和父母权纠纷中管辖、裁判的承认和执行，以及废止第 2000-1347 号条例的条例》；

(6)2008 年 12 月 18 日欧盟理事会第 2009-4 号《关于抚养义务的管辖、适用法律、裁判的承认和执行、合作的条例》中第 26 条和第 27 条。

向法官提交上述申请，免除委托律师代理的强制义务。

第 509-3 条

作为第 509-1 条和第 509-2 条的例外，符合下列情形的外国公证文书为取得在法国领域内执行力的证明、承认或确认，应当向公证员协会的会长提交申请；在该会长缺席或有困难时，向在公证员协会成员中指定的代表提交申请：

(1)2012 年 7 月 4 日欧洲议会和欧盟理事会第 2012-650 号《关于继承纠纷中的管辖、法律适用、裁判的承认和执行、公证文书的接受和执行，以及设立欧盟继承证明的条例》中第 60 条；

(2)2016 年 6 月 24 日欧盟理事会第 2016-1103 号《关于加强在夫妻财产纠纷中管辖、法律适用、裁判的承认和执行等合作的条例》中第 59 条；

(3)2016 年 6 月 24 日欧盟理事会第 2016-1104 号《关于加强在注册合伙财产纠纷中管辖、法律适用、裁判的承认和执行等合作的条例》中第 59 条；

(4)2012 年 12 月 12 日欧洲议会和欧盟理事会第 2012-1215 号《关于民商事案件中司法管辖、裁判的承认和执行的条例》；

(5)2008 年 12 月 18 日欧盟理事会第 2009-4 号《关于抚养义务的管辖、适用法律、裁判的承认和执行、合作的条例》；

(6)2007 年 10 月 30 日在卢加诺签署的《关于民商事案件司法管辖，裁判的承认和执行的条约》。

适用上述 2012 年 12 月 12 日的欧盟条例，以及 2007 年 10 月 30 日的条约，应当在公证员协会所在的上诉法院辖区内选定住所。

作为第 509-1 条的例外，符合下列情形的公证文书为取得在外国承认和执行的证明，向保留文书原件的公证员或履行公证员职能的法人机构提交申请：

(1)2004 年 4 月 21 日欧洲议会和欧盟理事会第 2004-805 号《关于对无争议债权设立欧盟执行依据的条例》；

(2)2012 年 7 月 4 日欧洲议会和欧盟理事会第 2012-650 号《关于继承纠纷中的管辖、法律适用、裁判的承认和执行、公证文书的接受和执行，以及设立欧盟继承证明的条例》中第 59 条和第 60 条；

(3)2016 年 6 月 24 日欧盟理事会第 2016-1103 号《关于加强在夫妻财产纠纷中管辖、法律适用、裁判的承认和执行等合作的条例》中第 58 条和第 59 条；

(4)2016 年 6 月 24 日欧盟理事会第 2016-1104 号《关于加强在注册合伙财产纠纷中管辖、法律适用、裁判的承认和执行等合作的条例》中第 58 条和第 59 条。

作为第 509-1 条的例外，根据 2003 年 11 月 27 日第 2003-2201 号欧盟理事会《关于夫妻财产纠纷和父母权纠纷中管辖、裁判的承认和执行，以及废止第 2000-1347 号条例的条例》中第 39 条，为使公证文书取得在外国承认和执行的证明，提交申请至依据《民法典》第 229-1 条接收合意离婚协议或合意分居协议寄存的公证员或履行公证员职能的法人机构。

第 509-4 条

申请书应当提交一式两份。申请书应当包括援用书证的详细说明。

第 509-5 条

裁判驳回请求确认执行力申请时，应当说明理由。

第 509-6 条

根据请求承认或确认执行力的申请而做出的证书或裁判，应当送达申请人并要求签注或出具收据，或通过有回执的挂号信寄送申请人。

申请书、证书或裁判的副本保存于法院书记室。

根据 2013 年 6 月 12 日欧洲议会和欧盟理事会第 2013-606 号《关于民事案件保护措施互相承认的条例》发放的证书，应当由法院书记室通知遭受侵害风险的人。

根据 2012 年 7 月 4 日欧洲议会和欧盟理事会第 2012-650 号《关于继承纠纷中的管辖、法律适用、裁判的承认和执行、公证文书的接受和执行，以及设立欧盟继承证明的条例》中第 48 条做出的确认执行力的裁判，由法院书记室通知被申请执行的当事人。根据 2016 年 6 月 24 日欧盟理事会第 2016-1103 号和第 2016-1104 号《关于加强在夫妻财产纠纷、注册合伙财产纠纷中管辖、法律适用、裁判的承认和执行等合作的条例》中第47条,确认执行力的裁判适用相同规定。

第 509-7 条

对不是由法官做出的拒绝签发证书不服,可以向初审法院院长申请。初审法院院长在听取申请人和被要求签发证书的机构的意见,或传唤他们到庭后做出终审裁判。

第 509-8 条

适用 2013 年 6 月 12 日欧洲议会和欧盟理事会第 2013-606 号《关于民事案件保护措施互相承认的条例》中第 11 条和第 13 条提出的申请,向初审法院院长提交,适用实体审理加速程序做出裁判。

第 509-9 条

根据 2012 年 7 月 4 日欧洲议会和欧盟理事会第 2012-650 号《关于继承纠纷中的管辖、法律适用、裁判的承认和执行、公文书的接受和执行,以及设立欧盟继承证明的条例》中第 48 条,对请求在共和国领域内确认执行力的外国执行依据和执行文书提出的申请做出的裁判,准许申请人或被执行人提起救济。根据 2016 年 6 月 24 日欧盟理事会第 2016-1103 号和第 2016-1104 号《关于加强在夫妻财产纠纷、注册合伙财产纠纷中管辖、法律适用、裁判的承认和执行等合作的条例》中第 47 条,对请求确认执行力的申请做出的裁判,适用相同规定。

对确认执行力的声明和驳回确认执行力申请的裁判不服,应当向初审法院院长提出申请;初审法院院长在听取申请人和被要求确认执行力的机构的意见,或传唤他们到庭后做出终审裁判。

第三章　宽限期

第 510 条

除下列规定的保留情形外,只能对需要推迟执行的判决给予宽限期。情况紧急时,紧急审理法官也有相同权力。

送达支付催告或扣押文件通知后,执行法官可以视情况给予宽限期。

宽限期的给予应当说明理由。

第 511 条

对席判决的宽限期从判决做出之日起计算;其他情形的宽限期从判决通知之日起计算。

第 512 条

对于财产被其他债权人扣押的债务人,以及因自己行为减少按照合同对债权人设立担保的债务人,不得给予宽限期。

上述情形中,债务人丧失此前已经得到的宽限期权利。

第 513 条

同意给予宽限期,不妨碍采取保全措施。

第四章　预先执行

第 514 条

第一审裁判具有预先执行的效力,但法律或裁判另有处理的除外。

第一节　预先执行的法定情形

第 514-1 条

如果法官根据案件性质认为不应当预先执行,可以排除裁判具有法定预先执行的全部或部分效力。

法官依职权或依据一方当事人申请,做出具有说明理由的裁判。

但是,法官做出紧急审理裁判时,或在诉讼程序中规定临时措施,或命令采取保全措施,或作为审前准备法官同意给予债权人预付款,不能排除预先执行的法定效力。

第 514-2 条

在遵守第 514-3 条规定的前提下,只能通过诉讼程序中的裁判排除预先执行的法定效力。

第 514-3 条

第一审对裁判提起上诉时,如果存在取消、改变的严重理由或执行可能造成明显过分后果,上诉法院第一院长受理停止裁判的法定预先执行效力的请求。

出席第一审程序的一方当事人没有对裁判的法定预先执行效力提出意见,只有存在取消或改变的严重理由,或第一审裁判做出后发现预先执行可能造成明显过分后果时,法院才会受理其提出的停止裁判的法定预先执行效力的请求。

提起撤销缺席判决异议时,如果做出裁判的法官认为发现预先执行可能造成明显过分后果时,可以依职权或依据一方当事人的申请阻止裁判的预先执行。

第 514-4 条

当全部或部分排除预先执行的法定效力时,在提起上诉的情形下,如果认为重新恢复预先执行效力与案件性质相适合,并且不会造成明显过分后果,可以向上诉法院第一院长提出申请,或在紧急情况下向受理案件的审前准备法官提出申请。

第 514-5 条

对驳回排除或阻止预先执行的申请和重新恢复预先执行的申请,法官可以依职权或依据一方当事人申请要求提供财产担保或保证人担保,能够足以应对可能的返还或赔偿请求。

第 514-6 条

对上诉法院第一院长依据第 514-3 条和第 514-4 条受理请求后做出的紧急审理裁判,不准许向最高司法法院上诉。

第二节　预先执行的选择情形

第 515 条

在法律规定的预先执行选择情形中,当法官认为有必要实施并且与案件性质相适合时,可以依职权或依据一方当事人的申请命令采取预先执行。

对裁判的全部或部分,可以命令预先执行。

第 516 条

预先执行只能依据具有执行力的裁判进行,但第 517-2 条和第 517-3 条的规定除外。

第 517 条

预先执行可以要求提供财产担保或保证人担保,能够足以应对可能的返还或赔偿请求。

第 517-1 条

命令预先执行时,在提起上诉的情形下,只能由上诉法院第一院长在下列情形中停止执行:

(1)法律禁止预先执行;

(2)当存在取消或改变裁判的严重理由并且预先执行可能造成过分后果时;在后一种情形,第一院长可以采取第 517 条和第 518 条至第 522 条中规定的措施。

在提起撤销缺席判决异议的情形下，当预先执行可能造成过分后果时，做出裁判的法官具有相同权力。

第 517-2 条

当拒绝预先执行时，在提起上诉的情形下，只能向上诉法院第一院长或紧急情况下向受理案件的审前准备法官提出预先执行申请。

第 517-3 条

当没有申请预先执行或提出申请后法官遗漏裁判时，在提起上诉的情形下，只能向上诉法院第一院长或受理案件的审前准备法官提出预先执行申请。

第 517-4 条

对上诉法院第一院长依据第 517-1 条、第 517-2 条和第 517-3 条受理请求后做出的紧急审理裁判，不准许向最高司法法院上诉。

第三节 共同规定

第 518 条

第 514-5 条和第 517 条所指担保的性质、范围和方式，由设立担保的裁判具体规定。

第 519 条

在设立金钱担保时，用于担保的款项应当存交至信托寄存处，或依据一方当事人的请求由专门委托的第三人保管。

在第二种情形中，法官认为请求成立时，在裁判中确认存交款项的形式。

如第三人拒绝接收，款项直接存放于信托寄存处，无须另行做出裁判。

第 520 条

如果担保的价值不能立即评估，法官要求各方当事人于确定日期到场并出具相应证明。

对法官做出的裁判，不准许救济。

上述裁判的内容记载于判决的原件和副本上。

第 521 条

判处当事人支付抚养费、补偿性年金或预付款以外款项时，为避免预先执行，经法官准许可以寄存钱款或足够的有价证券，担保支付被判处款项的本金、利息和费用。

对人身伤害判处赔偿支付本金时，法官也可以命令把本金交给款项扣押人,定期向受害人支付法官确定的数额款项。

第 522 条

法官可以随时准许以等值的担保取代原先设立的担保。

第 523 条

在提起上诉的情形下,适用第 514-5 条、第 517 条和第 518 条至第 522 条提出的申请,只能请求上诉法院第一院长进行紧急审理;或在第 514-4 条、第 517-2 条或第 517-3 条规定的情形中,向受理案件的审前准备法官提出。

第 524 条

对法定预先执行或命令进行的预先执行提起上诉时,如果上诉人不能证明已经执行被提起上诉的裁判或不能证明已经按照第 521 条规定的条件寄存款项,上诉法院第一院长或受理案件的审前准备法官依据被上诉人的申请,在听取各方当事人的意见后裁判注销案件,但预先执行依据其性质可能导致明显过分后果或上诉人无法执行裁判的除外。

被上诉人应当在符合第 905-2 条、第 909 条、第 910 条、第 911 条规定的期限届满前提出申请,否则法院依职权不予受理。

法院书记室把注销案件的裁判通过平信通知当事人和他们的诉讼代理人。此裁判为司法行政措施。

注销案件申请中断第 905-2 条、第 909 条、第 910 条、第 911 条对被上诉人规定的期限。

上述期限自准许重新立案或驳回注销案件申请的裁判通知之日起重新计算。

注销案件裁判不会中断第 905-2 条、第 908 条、第 911 条对上诉人规定的期限。此裁判禁止对上诉的本诉请求、附带请求或追加请求进行审理。

诉讼时效自注销案件裁判通知之日起计算。诉讼时效因为明确表明执行的文书而中断。上诉法院第一院长或审前准备法官依据当事人的申请或依职权,在听取各方当事人的意见后确认诉讼时效是否届满的事实。

上诉法院第一院长或审前准备法官,依据被提起上诉的裁判的执行证明对案件重新立案,但其确认诉讼时效已届满的除外。

第 525 条至第 526 条 【保留】

第十六编　裁判的救济

第 527 条

裁判的普通救济包括上诉和异议,特别救济包括第三人异议、再审之诉和向最高司法法院上诉。

第一副编　共同规定

第 528 条

裁判的救济期限自裁判通知之日起计算,但法律规定自裁判做出之日起计算的除外。救济期限届满后不得救济。

对进行裁判通知的人,期限的计算适用相同规则。

第 528-1 条

如果判决宣告后两年内没有进行通知,原已出庭的当事人在期限届满后不得就本诉提起救济。

前款条款只适用于对全部本诉请求做出裁判的判决,以及对程序抗辩、不予受理或其他诉讼附带事件做出裁判并终结诉讼程序的判决。

第 529 条

判决多数当事人承担连带或不可分责任时,对其中一人的判决通知,只对此人开始计算救济期限。

当裁判结果有利于多数当事人的连带或不可分权利时,多数当事人可以援用其中任何一位当事人发出的判决通知。

第 530 条

被监护人享有的救济期限,自判决通知其法定代理人之日,以及必要时,即使监护监督人没有受通知参与诉讼,仅在同时向监护监督人进行通知之日,才开始计算。

财产受管理的成年人享有的救济期限,自判决通知其财产管理人之日起计算。

第 531 条

在救济期限内,当已收到判决通知的一方当事人的行为能力发生变化时,救济期限中断。在要求债务人协助或剥夺其权利的案件中,做出宣告挽救企业、司法重整或司法清算的裁判后,救济期限中断。

当判决向此后有资格接收的人员进行通知时,救济期限重新计算。

第 532 条

已收到判决通知的当事人死亡,中断救济期限。

救济期限自向死亡当事人的住所进行判决通知之日起计算。如果在规定制作财产清单和商议的期限届满前进行新的通知,救济期限自期限届满之日起计算。

上述判决可以通知至死者当事人的集体继承人和代理人,不用指明具体的姓名和身份。

第 533 条

如果发出判决通知的当事人死亡,可以在死亡当事人的住所向其继承人与代理人集体进行已提出救济的通知,不用指明具体的姓名和身份。

当被传唤的继承人和代理人出庭时,法院才能对其做出判决。

第 534 条

一方当事人的合法代理人,在终止代理权限且存在个人利益时,可以自己名义提起救济。他人也可以针对此代理人提起救济。

第 535 条

已得到救济通知的当事人,就该通知而言,视为居住在判决通知中指明的地址。

第 536 条

做出判决的法官对判决的定性不准确,不影响救济权利的提起。

如果法院因为判决的定性不准确裁定救济不予受理,由法院书记室把裁定通知判决中的所有当事人。采取合适救济的期限自通知之日起重新计算。

第 537 条

对司法行政措施不准许提起任何救济。

第二副编　普通救济

第 538 条

争讼裁判的普通救济期限是一个月;非讼裁判的普通救济期限是十五日。

第 539 条

普通救济的期限中止判决的执行。在此期限内提起的救济,也具有中止效力。

第 540 条

如果被告在有效期限内无法得知缺席判决或视为对席判决,导致未能及时提起救济,或被告无法对上述判决提起救济,法官可以免除被告因救济期限届满而导致失权的不利后果,但被告存在过错的除外。

请求免除上述失权的不利后果时,应当向有权受理撤销缺席判决异议和上诉的法院院长提出。法院院长依据传唤书受理请求。

上述请求,应当在第一封文件通知本人的两个月内提出;没有通知本人时,应当在第一次执行措施导致债务人的财产全部或部分不能自由处分的两个月内提出。

对法院院长做出的裁判,不准许提起救济。

如果法院院长裁判支持上述请求,撤销缺席判决异议和上诉的期限自裁判做出之日起计算;但法院院长缩短此期限或命令在确定日期进行传唤的除外。

作为上述条款的例外情形,2008 年 12 月 18 日欧盟理事会第 2009-4 号《关于抚养义务的管辖、适用法律、裁判的承认和执行以及合作的条例》中第 19 条确立的重新审查权利的行使适用于上诉程序。

第 541 条

如果利害关系人在无过错的情况下未能在非讼裁判的救济期限内提起救济,可以依据前条规定的条件提出请求免除失权的不利后果。

第一章　上诉

第 542 条

上诉,是指对第一审法院做出的判决提出异议,请求上诉法院撤销或改判。

第一节　上诉权

第一目　准许上诉的判决

第 543 条

对所有案件的第一审判决不服,均可以提起上诉,也包括非讼案件,但另有规定的除外。

第 544 条

对在主文中裁判部分本诉并命令调查取证或采取临时措施的判决，如同裁判全部本诉的判决，可以立即提起上诉。

对程序抗辩、不予受理或诉讼终结的其他附带事件做出的裁判，也可以立即提起上诉。

第 545 条

不能在独立于本诉裁判之外，对其他裁判单独提起上诉，但法律有特别规定的除外。

第二目 当事人

第 546 条

任何有利益的当事人，如果没有放弃上诉权，均有上诉权。

非讼裁判通知至第三人时，第三人也可以提起上诉。

第 547 条

争讼案件中，只有第一审程序的当事人可以提起上诉。第一审程序的当事人均可以成为被上诉人。

非讼案件中，即使没有其他当事人，上诉也能被受理。

第 548 条

附带上诉，可以由被上诉人对上诉人以及其他被上诉人提出。

第 549 条

第一审程序的当事人即使不是被上诉人，也可以基于已提出的主上诉或附带上诉提出引发上诉。

第 550 条

在遵守第 905-2 条、第 909 条和第 910 条的前提下，附带上诉或引发上诉可以在诉讼的任何阶段提出；即使提出者已丧失以本诉名义进行诉讼的权利，也可以提出。在后种情形中，如果对本诉不予受理或本诉无效，附带上诉或引发上诉也不予受理。

对意图拖延诉讼而故意不及时提出附带上诉或引发上诉的人，上诉法院可以判处承担损害赔偿。

第 551 条

附带上诉或引发上诉按照附带诉讼请求的相同方式提出。

第 552 条

在多数当事人属于连带之诉或不可分之诉的情形下，由一方当事人提起上诉,保留其他当事人的上诉权,但以后者也参加上诉为条件。

相同情形下,针对一方当事人提起的上诉,保留上诉人对其他当事人提起上诉的权利。

上诉法院可以依职权命令所有共同利害关系人参加诉讼。

第 553 条

在多数当事人不可分的情形下,一方当事人的上诉可以对其他人产生效力,即使后者未参与到上诉中;针对一方当事人提起的上诉,必须同时传唤所有当事人至诉讼程序中,法院才能受理。

第 554 条

在第一审程序中,既不是当事人也没有由他人代理诉讼的人,或以其他资格出现的人,只要在上诉中有利益,均可以参加上诉程序。

第 555 条

前条所指人员,因案件事实变化需要参加诉讼时,均可以被传唤至上诉法院,甚至可能被判处承担责任。

第 556 条

有能力进行和解的人可以放弃上诉权。但是,和解仅限于可以自由处分的权利。

第 557 条

在纠纷产生前,不得放弃上诉权。

第 558 条

放弃上诉,既可以是明示,也可以是对不具有执行力的裁判的执行。

如果之后有其他当事人依法提起上诉,前款中的放弃上诉不产生效力。

第三目　其他规定

第 559 条

上诉人为拖延诉讼或滥诉而提起主上诉,将被判处不超过 10000 欧元的民事罚款,并且不影响可能要求的损害赔偿。民事罚款与宣告罚款裁判的登记税分开征收,不得向被上诉人征收。被上诉人可以取得加盖执行令印的裁判书副本,即使前述罚款尚未支付也可以主张。

第 560 条

第一审程序中无法定理由不出庭的当事人提起主上诉时,上诉法官可以判处承担损害赔偿责任。

第二节　上诉的效力

第一目　移审的效力

第 561 条

提起上诉,是把存在疑问的已裁判事由提交上诉法院。

上诉法院依据本法典第一卷和第二卷规定的条件和限制,对案件重新进行事实审理和法律审理。

第 562 条

提起上诉时,上诉法院只审理上诉中明确提出疑问的裁判事项和依据事实。

当上诉旨在撤销原审裁判或诉讼标的不可分时,案件整体移送上诉法院。

第 563 条

在上诉程序中,为证明已向第一审法官提出的诉讼请求,当事人可以援用新理由,提供新书证或提出新证据。

第 564 条

当事人均不得向上诉法院提出新诉讼请求;但是,为进行债务抵消,驳回对方当事人的请求,要求对因第三人参加诉讼、发生或发现某项事实产生的问题做出裁判,当事人可以提出新诉讼请求。

第 565 条

与向第一审法官提出的诉讼请求目的相同的其他诉讼请求,即使具有不同的法律基础,不属于新诉讼请求。

第 566 条

当事人只能在向第一审法官提出的诉讼请求的基础上,增加作为从属、补充或结果的诉讼请求。

第 567 条

反诉请求在上诉程序中也可以提出。

第二目　提审

第 568 条

对命令调查取证的裁判或处理程序抗辩而终结诉讼的裁判提起上诉时,上诉法院如果认为对案件进行最终处理有利于实现司法效益,必要时在调查取证后提审第一审程序中没有裁判的争点,然后进行改判或撤销。

提审案件,不妨碍第 554 条、第 555 条和第 563 条至第 567 条的适用。

第三节　最后规定

第 569 条

判决的终审性质被错误定性时,由上诉法官在诉讼程序的任何阶段停止执行。

第 570 条

上诉法院的判决由第一审法院执行;如果不能执行,由初审法院执行。

但是,上诉法院可以在判决中,甚至依职权决定自行执行,但法律规定由其他法院执行的除外;上诉法院也可以指定其他法院执行判决,但以后者有执行判决权限为条件。

第二章　异议

第 571 条

异议旨在撤销做出的缺席判决。

只准许缺席当事人提起异议。

第 572 条

异议,是指向做出缺席判决的法官请求对存在疑问的已裁判事由重新进行事实审理和法律审理。

被提起异议的判决,只能由做出的新判决撤销。

第 573 条

异议的提出依据在做出缺席判决的法院的起诉方式提出。

在律师强制代理的情形下,异议可以经律师之间通知的方式提出。

请求撤销上诉法院适用非强制代理程序做出的缺席判决时,当事人或其代理人向做出原审裁判的上诉法院书记室递交或通过挂号信寄送异议书。异议的审理和裁判,适用上诉法院的非强制代理程序。

第 574 条

异议应当说明缺席的理由。

第 575 条

按照第 573 条第 2 款规定的方式提出异议时,应当由缺席当事人委托的律师在缺席判决做出后一个月内向做出裁判的法院书记室提出,否则不予受理。

第 576 条

异议的审理和裁判,适用做出原缺席判决的法院的程序规则。

第 577 条

在重新开始的诉讼中,是否受理原告与提出异议者的各自诉讼请求,根据原先提出的诉讼请求按照普通规定做出判断。

第 578 条

法院对同一当事人再次做出缺席判决,该当事人不得提出异议。

第三副编　特别救济

第 579 条

裁判的特别救济及其期限均不能中止裁判的执行,但法律另有规定的除外。

第 580 条

裁判的特别救济只能在法律规定的情形下进行。

第 581 条

对通过特别救济意图拖延或滥用诉讼的人,将判处不超过 10000 欧元的民事罚款,并且不影响向受理特别救济的法院请求损害赔偿。

第一章　第三人异议

第 582 条

第三人异议,是指第三人为维护自己的利益请求撤销或改变对其不利的判决。

第三人异议请求对第三人认为的判决中存在疑问的争点重新进行事实审理和法律审理。

第 583 条

任何与判决有利益的人,既不是判决的当事人也没有委托代理人参加诉讼时,均可以提出第三人异议。

一方当事人的债权人和其他权利继受人,对妨害利益的判决或援引自己的理由,也可以提出第三人异议。

非讼案件中,没有得到裁判通知的第三人,可以提出第三人异议;对终审裁判,即使第三人得到裁判通知,也可以提出第三人异议。

第 584 条

当判决涉及多数当事人不可分之诉时,只有传唤所有当事人至诉讼中,法院才能受理第三人异议。

第 585 条

任何判决,均准许提起第三人异议,但法律另有规定的除外。

第 586 条

通过本诉提出第三人异议,应当在判决做出后三十年内进行,但法律另有规定的除外。

对在其他诉讼中援引的对自己不利的判决提出第三人异议则不受时间限制。

在争讼案件中向第三人通知判决时,第三人应当在收到后两个月内提出第三人异议,否则不予受理;但是,通知中明确说明第三人进行救济的期限和方式的除外。在非讼案件中,终审裁判如果通知第三人,适用相同规定。

第 587 条

通过本诉提出第三人异议时,应当向做出原审裁判的法院提出。

对第三人异议的审理,可以由相同的法官进行。

对非讼裁判提出第三人异议时,案件的受理、审理和裁判适用争讼程序的规则。

第 588 条

在法院受理的案件中附带提出第三人异议时,如果受理法院正是做出原审裁判的法院的上级法院,或与之同级的法院并且没有违反公共秩序性质的管辖规则,受理法院有权审理第三人异议。第三人异议,按照附带诉讼的相同规定提出。

其他情形下的附带第三人异议,应当以本诉的方式向做出原审裁判的法院提出。

第 589 条

做出原审裁判的法院,根据情况对第三人异议不予受理或延期审理。

第 590 条

法官受理以本诉或附带诉讼提起的第三人异议后,可以中止原审裁判的执行。

第 591 条

法院裁判支持第三人异议时,只能撤销或改变原审裁判中损害第三人利益的内容。原审裁判保留对当事人的效力,也包括被撤销的内容。

但是,支持第三人异议的裁判的,既判力及于依据第 584 条传唤至诉讼程序的当事人。

第 592 条

法院对第三人异议做出的裁判,适用与该法院做出的其他裁判相同的救济规则。

第二章　申请再审

第 593 条

申请再审,是指请求撤销已产生既判力的判决,重新进行事实审理和法律审理。

第 594 条

申请再审,只能由原审判决的当事人或被代理进行诉讼的人提出。

第 595 条

符合下列情形之一时,才能准许申请再审:

(1)原审判决做出后,发现该判决是由胜诉一方当事人欺诈取得;

(2)原审判决做出后,发现因为一方当事人的行为导致具有决定性作用的书证被扣留而没有提交法庭;

(3)原审判决依据的书证,在原审判决做出后被认定或经裁判宣告属伪造;

(4)原审判决依据的证据、证言或宣誓,在原审判决做出后经裁判宣告属伪造。

同时,提出申请再审的人在原审判决发生既判力前,没有提出上述事由且自身并无过错,法院才能受理。

第 596 条

申请再审的期间为两个月。

上述期间自当事人知道申请再审事由之日起计算。

第 597 条

提出申请再审的人应当传唤原审判决的全部当事人至诉讼程序中,否则再审申请不予受理。

第 598 条

申请再审经法院传票提出。

但是,相同当事人在做出原审判决的法院正在进行另一诉讼,此时按照抗辩的相同方式提出申请再审。

第 599 条

在法院正在进行的诉讼中援引其他法院做出的判决时,如果一方当事人表示已经对此判决申请再审或准备申请再审,该法院可以视情况对当事人的主张不予采纳,或延期审理直至有管辖权的法院对申请再审做出裁判。

第 600 条

申请再审,应当报送检察院。

申请再审通过法庭传票提出时,申请人负责把法庭传票报送检察院,否则不予受理。

第 601 条

如果法官认为对再审申请应予受理,可以在同一判决中对案件实体做出裁判,但必要时需要补充调查取证的除外。

第 602 条

如果只对原审判决的单一事项具有申请再审的正当理由,只能对此事项进行再审,但其他争点与此事项有关联的除外。

第 603 条

一方当事人对原审判决已经申请再审,不得再次申请再审,但之后发现再审事由的除外。

对依据申请再审做出的判决,不准许再次提起申请再审。

第三章　向最高司法法院上诉

第 604 条

向最高司法法院上诉,是指请求最高司法法院审理原审判决中的法律适用错误。

第一节　向最高司法法院上诉的启动

第 605 条

只能对终审判决向最高司法法院提起上诉。

第 606 条

终审判决的主文对全部本诉做出裁判,或对部分本诉做出裁判同时命令调查取证或采取临时措施,均准许向最高司法法院上诉。

第 607 条

终审判决中对程序抗辩、不予受理或其他附带事件进行裁判并终结诉讼程序,也准许向最高司法法院上诉。

第 607-1 条

上诉法院的判决中仅处理管辖权异议,没有案件实体的处理,也准许向最高司法法院上诉。

第 608 条

除法律有特别规定外,对其他终审判决均不能在独立于实体判决之外,单独向最高司法法院上诉。已经对实体判决向最高司法法院上诉时,在向法院书记室提交诉讼意见书的期间可以提出向最高司法法院上诉的其他请求。

第 609 条

任何有利益的当事人均可以向最高司法法院上诉;即使原审判决的主文虽对己不利,却并非有利于对方当事人,也可以向最高司法法院上诉。

第 610 条

非讼案件中,即使没有对方当事人,也准许向最高司法法院上诉。

第 611 条

争讼案件中,即使原审判决的处罚是有利于或不利于诉讼当事人以外的人,也准许向最高司法法院上诉。

第 612 条

向最高司法法院上诉的期限是两个月,但另有规定的除外。

第 613 条

对于缺席判决,自缺席判决异议被拒绝受理之日起计算向最高司法法院上诉的期间。

第 614 条

向最高司法法院提出附带上诉和引发上诉,应当遵守向上诉法院提起附带上诉的规定,同时适用第 1010 条的规定。

第 615 条

在多数当事人不可分的情形下,一方当事人向最高司法法院上诉,对其他当事人也产生效力,即使他们没有参与到最高司法法院的上诉程序中。

相同情形下,针对一方当事人向最高司法法院上诉,也应当传唤其他当事人至诉讼中,否则不予受理。

第616条

当判决可以依据第463条补正时,在此条规定的情形下,只准许对审理补正事由的判决向最高司法法院上诉。

第617条

在进行实体审理的法官面前,以已有产生既判力的判决为由提出不予受理抗辩时,如果法官没有采纳,可以援引判决冲突事由。

在此情形下,应当对第二份判决向最高司法法院上诉;如果判决冲突得到确认,第一份判决产生效力。

第618条

作为第605条规定的例外,当两份裁判存在冲突并且均不准许普通救济时,即使两者不是终审裁判,也可以援引裁判冲突的事由。即使其中一份已向最高司法法院上诉后被驳回,仍准许向最高司法法院再次上诉。

在此情形下,甚至第612条规定的期间届满,也可以向最高司法法院上诉。向最高司法法院上诉,应当针对两份裁判提出。最高司法法院认定存在裁判冲突时,撤销其中一份,或必要时同时撤销两份。

第二节　向最高司法法院上诉的效力

第619条

向最高司法法院上诉,不准许提出新理由。

除有相反规定外,只有下列理由可以在最高司法法院首次提出:

(1)单独的法律理由;

(2)由原审裁判产生的理由。

第620条

最高司法法院可以用单独的法律理由替代错误的理由,驳回上诉;也可以不考虑多余的错误法律理由,驳回上诉。

最高司法法院可以依职权援引单独的法律理由撤销原审裁判,但有相反规定的除外。

第621条

如果向最高司法法院上诉被驳回,上诉人不得对同一判决向最高司法法院再次上诉,但第618条规定的情形除外。

在最高司法法院确定已经终止管辖,宣告上诉不予受理或上诉人失权时,适用前款规定。

对已向最高司法法院上诉的判决,如果被上诉人没有在第1010条规定的期间内向最高司法法院提起附带上诉或引发上诉,之后不得对此判决再次以本诉向最高司法法院上诉。

第622条

对最高司法法院做出的判决,不准许提出缺席判决异议。

第623条

最高司法法院可以撤销原审判决的全部或部分。当撤销内容与其他内容能分离时,可以部分撤销。

第624条

最高司法法院判决的主文确定对原审判决的撤销范围。当原审判决主文中内容不可分或相互依存时,撤销范围及于主文的全部内容。

第625条

最高司法法院撤销原审判决时,当事人回归于原审判决做出前的状态。

最高司法法院撤销原审判决时,不用另行做出新判决,即可合并撤销适用和执行原审判决作为结果的其他判决,以及与原审判决有必要关联的其他判决。

在撤销原审判决可能发回重审的情形下,如果没有必要出庭的当事人提出申请,最高司法法院在撤销原审判决的主文中宣告将其排除在案件重审外。

第626条

在撤销原审判决随后发回重审的情形下,必要时,重审法院的指定和裁判适用《司法组织法典》第L431-4条的规定。

第627条

最高司法法院可以根据《司法组织法典》第L411-3条规定的情形和条件,撤销原审判决后不发回重审。

第628条

在向最高司法法院上诉中败诉的上诉人,如被认定为滥诉,将被判处不超过10000欧元的民事罚款,以及在相同限额内向被上诉人支付赔偿金。

第629条

在不妨碍执行第700条规定的情形下,最高司法法院有权规定由败诉当事人以外的其他当事人负担诉讼费用的全部或部分。

第 630 条

依据最高司法法院的判决,对罚款、赔偿金和诉讼费用强制执行。

第 631 条

重审法院对案件的审理,从最高司法法院没有撤销的诉讼阶段恢复
进行。

第 632 条

当事人可以援用新理由支持自己的诉讼请求。

第 633 条

新诉讼请求的受理适用做出原审判决的法院的程序规则。

第 634 条

如果当事人没有提出新理由或新诉讼请求,推定为坚持之前向做出
原审判决的法院提出的理由和诉讼请求。如果当事人不出庭,也做相同
推定。

第 635 条

第三人参与诉讼,适用做出原审判决的法院的程序规则。

第 636 条

虽然原审判决的当事人在向最高司法法院上诉的程序中没有成为当
事人,但是在最高司法法院撤销原审判决时损害其权利,可以要求被传唤
参加或自愿参加案件的重新审理。

第 637 条

上述人员也可以根据相同条件主动向重审法院起诉。

第 638 条

重审法院对案件重新进行事实审理和法律审理,但最高司法法院没
有撤销的内容除外。

第 639 条

重审法院对各法院在审理本案实体事项中产生的全部费用,以及与
原审判决相关的费用做出裁判。

第三节　驻最高司法法院的检察长提起抗诉

第 639-1 条

1967 年 7 月 3 日第 67-523 号法律第 17 条规定的向最高司法法院提
起抗诉,只能对已产生既判力的裁判提出。

抗诉期限,自不准许当事人对裁判提起救济或当事人接受、执行裁判之日起计算。抗诉应当在裁判宣告后五年内提出。

驻最高司法法院的检察长为保障法律适用准备向最高司法法院提起抗诉,可以要求驻做出原审判决的法院的检察官通知当事人。做出原审判决的法院书记室通过有回执的挂号信发出通知。

提出抗诉时,应当向最高司法法院书记室提交说明理由的抗诉书;同时,指明抗诉的目的是要求撤销原审判决的理由还是主文,原审判决附于抗诉书中。

法院书记员通过任何方式把检察长的抗诉告知各方当事人;当事人应当在收到后两个月内提交书面意见,否则不予受理。当事人没有必须委托一名最高行政法院和最高司法法院的律师代理诉讼的义务。

第 639-2 条

原审判决保留对当事人的效力,甚至包括原审判决中被撤销的内容。

第 639-3 条

1967 年 7 月 3 日第 67-523 号法律第 18 条规定的向最高司法法院提起抗诉,由驻最高司法法院的检察长向最高司法法院书记室提交说明理由的抗诉书;指明抗诉的目的是要求撤销某份司法文书,此司法文书附于抗诉书中。

上述抗诉可以在司法文书完成后五年内随时提出。

驻最高司法法院的检察长把当事人传唤至案件审理中。

驻最高司法法院的检察长以滥用职权事由提起的抗诉不具有中止效力。

因滥用职权引起的撤销将对各方面产生效力。对撤销裁判,不准许提起任何救济。

第 639-4 条

本法典第 1011 条至第 1022 条规定的程序,适用于 1967 年 7 月 3 日第 67-523 号法律第 17 条和第 18 条规定的向最高司法法院提起抗诉。

第十七编　期间、执达员文书和通知

第一章　期间的计算

第 640 条

当文书或手续应当在一段期间届满前完成,期间自文书完成之日、事件发生之日或裁判做出之日,以及开始期间的通知之日起计算。

第 641 条

期间以日计算时,文书完成之日、事件发生之日或裁判做出之日,以及开始期间的通知之日不计算在内。

期间以月或年计算时,在最后一个月或最后一年里,与文书完成之日、事件发生之日或裁判做出之日,以及开始期间的通知之日具有相同数字的同一日为期间届满之日。如果没有相同数字的那一日,月的最后一日为期间届满之日。

期间以月和日计算时,首先计算月份,然后计算日数。

第 642 条

所有期间在最后一日的 24 时届满。

期间届满之日为周六、周日或节假日、休息日,延长至随后的第一个工作日。

第 642-1 条

第 640 条至第 642 条的规定,同样适用于应当完成登记与其他公告手续的期间。

第 643 条

向法国本土的法院提出诉讼请求时,出庭期间,提起上诉、缺席判决异议、第 586 条第 3 款规定的第三人异议的期间,以及申请再审和向最高司法法院上诉的期间,应当按照下列情形延长:

(1)对居住在瓜德罗普岛、圭亚那、马提尼克岛、留尼旺岛、马约特岛、圣巴尔代莱弥、圣马丁、圣皮埃尔岛和密克隆岛、法属波利尼西亚、瓦利斯群岛和富图纳群岛、新喀里多尼亚、法属南半球和南极洲的人,延长一个月;

(2)对居住在外国的人,延长两个月。

第 644 条

向瓜德罗普岛、圭亚那、马提尼克岛、留尼旺岛、马约特岛、圣巴尔代莱弥、圣马丁、圣皮埃尔岛和密克隆岛、瓦利斯群岛和富图纳群岛的法院提出诉讼请求时,出庭期间,提起上诉、缺席判决异议、第 586 条第 3 款规定的第三人异议的期间,以及申请再审期间,对不居住在这些法院所在行政辖区内的人延长一个月,对居住在外国的人延长两个月。

第 645 条

凡没有规定例外的情形,均适用第 643 条和第 644 条规定的期间延长。

在有关选举的案件中进行诉讼救济的期间,仅在法律特别规定的情形下可以延长。

第 646 条

上述条文,不妨碍法官在紧急情形下缩短出庭期间或准许传唤至指定日期。

第 647 条

如果向当事人住所地发送文书的期间可以延长,但是向当事人本人通知地点发送文书的期间不能得到延长时,期间只能按照后者计算。

第 647-1 条

向法属波利尼西亚、瓦利斯群岛和富图纳群岛、新喀里多尼亚、法属南半球和南极洲以及外国寄送司法文书或非司法文书的通知,包括它们应当在确定期间内做出,对进行通知的人而言,通知日期是司法执达员或法院书记室寄出文书的日期,否则是有管辖权的检察院接收文书的日期。

第二章　执达员文书的形式

第 648 条

执达员的所有文书,除规定的载明事项外,还应当指明下列事项:

(1)日期。

(2)申请人为自然人时,姓名、职业、住所、国籍、出生日期和地点;申请人为法人时,形式、名称、总部住所地以及法定代表人。

(3)执达员的姓名、住所与签名。

(4)如果文书应当由执达员送达,写明收件人的姓名与住所;收件人为法人时,写明法人名称和总部所在地。

上述事项必须遵守,否则执达员文书无效。

第 649 条

执达员文书的无效,按照有关诉讼文书无效的规定处理。

第 650 条

因为文书无效而产生的费用,由制作文书的执达员负担,并且不影响可能请求的损害赔偿。因为执达员的过错造成文书无效,适用相同规定。

第三章　通知的形式

第 651 条

各项文书通过向各利害关系人发出通知进行告知。

送达是指通过执达员文书发出通知。

任何通知均能通过送达告知,即使法律已规定采用其他方式。

第 652 条

一方当事人委托他人代理诉讼时,发送当事人的文书通知其诉讼代理人,但对判决通知有特别规定的除外。

第一节　送达

第 653 条

送达通过书面或电子方式进行。

第 654 条

送达应当向被送达人本人发出。

送达法人时,如果送达文书交付法人的法定代表人,或经法定代表人授权的人,以及其他任何有资格接受此文书的人,即为向本人送达。

第 655 条

如果无法送达至本人,文书可以送达至其住所,没有住所时则送达至居所。

在送达文书中,执达员应当写明为送达至被送达人本人而完成的工作,以及无法送达的情形。

文书副本可以交付在送达的住所或居所内的任何人员。

上述人员同意接收并且表明姓名和身份后,文书的副本才能交付他们。

在任何情形下,执达员可以在送达的住所或居所留存一份写明日期的告示,告知送达文书的性质、申请人姓名,以及交付副本的行为和接收副本的人的信息。

第 656 条

如果没有人能够或愿意接收文书的副本,而执达员已查明被送达人确实住在指明的地址,执达员在送达文书上记载查明事项后即视为送达至住所。执达员在送达的住所或居所留存一份符合第 655 条最后一款规定的告示。在告示中应当写明利害关系人或其他有特别授权的人员尽早从执达员办公室取回文书副本,取回时出具收据或在备注栏内签名。

文书副本在执达员办公室保存三个月。期限届满后执达员不再承担责任。

执达员可以依据被送达人的请求把文书副本转移至其他办公室,被送达人按照相同条件取回文书副本。

第 657 条

文书没有递交本人时,执达员在副本上备注取回文书的条件。

送达文书副本应当放在封口的信封里;在信封上仅写明被送达人的姓名和地址,封口处加盖执达员印章。

第 658 条

在第 655 条和第 656 条所指情形下,执达员应当在同一日或最迟第一个工作日,通过平信向利害关系人告知送达事项。平信里应当写明的事项同前条执达员已前来送达的告示事项;如果文书副本存放于执达员办公室,平信应当重申第 656 条最后一款的规定。平信还应当附有送达文书副本。

执达员向被送达人选定的住所送达或向法人送达,适用前款规定。

信封上应当加盖执达员印章。

第 659 条

被送达人没有住所、居所或知晓的工作地点时,执达员制作诉讼笔录记明为寻找被送达人而进行的各项工作。

执达员应当在知晓被送达人最后地址之日或最迟在之后第一个工作日,通过有回执的挂号信向此地址寄送诉讼笔录副本和送达文书副本,否则送达无效。

同一日,执达员又通过平信告知被送达人完成上述手续。

接受送达的法人在《商事及公司登记册》上记载的总部所在地不再有机构时,送达文书也适用本条规定。

第 660 条

向居住在法属波利尼西亚、瓦利斯群岛和富图纳群岛、新喀里多尼亚、法属南半球和南极洲的人送达文书时,除可以送达至本人的情况外,执达员把送达文书寄送有权限的机关,由该机关按照被送达人所在行政区适用的方式递交被送达人。

执达员应当在同一日或最迟在之后第一个工作日,通过有回执的挂号信向被送达人寄送一份经认证与原本相符的文书副本。

第 661 条

有权限的机关向执达员告知已完成的工作,必要时应当向司法执达员转交见证文书取走的诉讼笔录或收据。上述文件由执达员随时提交法院。

第 662 条

在第 659 条和第 660 条规定的情形下,如果不能确定被送达人确实已经收到通知,法官可以依职权命令进行送达的补充工作,但为保护申请人利益而命令采取必要的预先执行措施或保全措施的除外。

第 662-1 条

电子送达,是指按照本卷第二十一编规定的条件把文书送达至被送达人。第 654 条至第 662 条不适用电子送达。

在送达文书上应当记明被送达人同意电子送达。

如果被送达人在电子送达文书的当日知晓文书,即为送达至本人。其他情形,则为送达至住所。在后种情形中,执达员应当在第一个工作日通过平信向利害关系人告知送达事项,记明电子送达的发送、文书的性质和申请人的姓名。

第 663 条

在执达员文书的原件上,应当记明适用本节规定完成的各项手续和工作以及完成日期。在电子送达至本人时,写明被送达人知晓文书的日期和时间。

当文书没有送达至本人时,在文书原件上应当详细写明留存副本的人员的姓名和身份。在第 654 条第 2 款所指的情形中,适用相同规定。

第 664 条

任何送达,均不得在 6 时前和 21 时后进行,也不得在周日、节假日或休息日进行,但必要时有法官准许的除外。

第 664-1 条

在遵守第 647-1 条规定的前提下,在执达员文书上的送达日期是指文书送达至本人,或送达至住所、居所的日期,或第659条所指情形下诉讼笔录制作的日期。

电子送达的日期和时间是指文书发送至收件人的日期。

第二节　通知文书的普通形式

第665条

在通知中,应当写明发出通知的人的姓名、名称或商号,以及住所或总部住所地。

同时,应当写明收件人的相同事项。

第665-1条

当法院书记室向被告发出有关提起诉讼的文书通知时,应当明确写明下列事项:

(1)日期;

(2)指明诉讼请求呈交的法院名称;

(3)指明如果被告因为过错不能出庭,法院将根据原告递交的材料对其做出裁判;

(4)必要时,写明传唤被告出庭的庭审日期,以及被告委托他人辅助或代理诉讼的条件。

第666条

通知中还应当写明的其他事项,根据送达文书的性质,由适用各案件的特殊规定确定。

第667条

通知用信封或邮件封存后,通过邮局寄送收件人,或者递交收件人并由其在收件单上签名或出具收据。

采取普通形式进行的文书通知,均可以递交收件人并由其本人在收件单上签名或出具收据;即使法律规定只能邮寄,也可以如此进行。

第668条

除保留第647-1条规定的情形外,通过邮局发出的通知日期,对发件人而言为投寄信件的日期,对收件人而言为收到信件的日期。

第669条

通过邮局发送通知的投寄日期为发信邮局的邮戳日期。

递交通知的日期为收据上的日期或签名的日期。

通过有回执的挂号信发出的通知,收件日期为邮政部门向收件人递交信件时标注的日期。

第 670 条

如果接收通知的回执由收件人签名,视为向收件人本人发送通知。

如果接收通知的回执由特别授权的人员签名,视为向收件人的住所或居所发送通知。

第 670-1 条

当发出通知的信件退回法院书记室,在回执上没有按照第 670 条规定的条件签名,书记员告知当事人通过送达进行通知。

第 670-2 条

向居住在法属波利尼西亚、瓦利斯群岛和富图纳群岛、新喀里多尼亚、法属南半球和南极洲的人通知文书时,除通过有回执的挂号信发出通知的情形外,法院书记员把文书寄送有权限的机关,由该机关按照接收通知的人所在行政区适用的方式进行递交。

有权限的机关向法院告知已完成的工作,必要时向法院转交见证取走文书的诉讼笔录或收据。

第 670-3 条

当法院书记室向外国人发送通知时,如果通知的文书或其他文件要求必须翻译,法院书记室的主任或负责人应当聘请翻译人员。

翻译人员的报酬按照《刑事诉讼法典》第 R122 条支付。

法院书记室向外国人发送通知时产生的费用,依据《刑事诉讼法典》第 R93 条第 13 项费用的名义进行征税、预付和收取。

第三节 律师之间的通知

第 671 条

第一节和第二节的规定不适用于律师之间的文书通知。律师之间的文书通知,采取送达或直接通知的方式。

第 672 条

执达员在文书和副本上加盖印章和签名,并写明送达日期和收件律师的姓名,即为送达。

第 673 条

直接通知,是指向收件律师直接递交一式两份的文书,由收件律师把其签名并写明日期的一份随后返还对方律师。

第 674 条 【保留】

第四节 通知判决的特别规定

第 675 条

判决应当通过送达进行通知,但法律另有规定的除外。

非讼案件中的判决,由法院书记员通过有回执的挂号信进行通知。

第 676 条

判决的通知,可以通过递交判决的普通副本进行。

第 677 条

判决应当通知当事人本人。

第 678 条

在强制代理的情形下,判决应当先通过律师之间的通知方式通知当事人的诉讼代理人,否则通知当事人为无效。在向当事人通知的文书中,应当写明已完成上述手续。

但是,如果诉讼代理人死亡或终止代理,直接向当事人进行判决的通知,同时指明上述情形。

行使救济权利的期限,自通知当事人之日起计算。

第 679 条

非讼案件中,判决应当通知当事人和利益可能受到影响的第三人,以及在检察院有权提起抗诉时还应当通知检察院。

第 680 条

在向当事人进行判决通知的通知书中,应当非常明确指明在准许救济的情形下,提出异议、上诉或向最高司法法院上诉的期间以及提起救济的具体方式;同时,应当指明滥用救济或拖延救济的当事人将被判处民事罚款和向另一方当事人支付赔偿金。

第 681 条

通知,即使没有保留的通知,不等于认可裁判。

第 682 条

当事人居住在外国时,向其在法国选定的住所进行的判决通知有效。

第五节 国际通知的特别规定

第 683 条

在保留欧盟条例和国际条约适用的情形下,向外国发出的司法文书和非司法文书的通知,或来自外国的司法文书和非司法文书的通知,依据本节规定进行。

第一目　发往外国的文书通知

第 684 条

向在外国有经常居所的人进行通知的文书应当呈至检察院,但欧盟条例或国际条约授权执达员或法院书记室直接把文件交付目的国的收件人或主管机构的除外。

向外国或外国驻法国的外交人员,以及其他享受司法豁免权的人员进行通知的文书,应当呈至检察院,由司法部长按照外交途径送达,但欧盟条例或国际条约采取其他方式转交的除外。

接收上述文书的检察院,根据情况分别是驻受理起诉的法院、做出裁判的法院或申请人居住地的法院内的检察院。如果法院内没有设立检察院,向驻该法院所在辖区的初审法院的检察院呈交文书。

第 684-1 条

执达员或法院书记员在通知文书中应当说明寄送、转交或取回的方式。

第 685 条

负责通知的机构把文书的两份副本呈至共和国检察官,检察官在文件原件上签注。

共和国检察官立即把文书副本提交司法部进行转交,或者交给依据欧盟条例或国际条约指定的主管机构。

当目的国要求通知中应当有法官参与时,应当同时附上一份法官命令文件转交的裁定。

第 686 条

除通过邮寄进行通知的情形外,负责通知的机构应当在同一日或最迟在之后第一个工作日,向收件人通过有回执的挂号信寄出一份经认证与文书原件一致的复印本,同时非常明确指明复印本只是一份简单的复印本。

第 687 条

共和国检察官把完成的工作告知呈交通知文书的机构;必要时,向该机构转交见证文件复印本取走的诉讼笔录或收据,由该机构附于第一份原本后。由执达员要求进行的通知,执达员把上述文件提交法院处理。

第 687-1 条

如果受托机构或邮局在转交中发现收件人没有居住在指明地址,并且不知晓住所和居所,执达员在文书中说明上述事项后采取第 659 条第

2 款至第 4 款的送达方式。

第 687-2 条

向外国发出的司法文书和非司法文书的通知日期,在不妨碍第 687-1 条规定的前提下,对文书的收件人而言是指向其递交文书或进行有效通知的日期。

当无法向收件人递交文书或通知时,在外国主管机构或驻外国的法国领事、外交代表曾经递交或通知之日,即为已经通知。当前述日期也不知晓时,上述机构通知法国申请机构无法完成文书通知之日,即为已经通知。

当外国主管机构没有提供进行通知的任何证明时,不论这些机构采取何种行为,文书发送机构之日即为已经通知。

第 688 条

当事人通过传唤书向法院提交诉讼请求时,应当同时提交符合第 684-1 条规定的文书,视情况还包括符合第 687-1 条的文书,必要时附上为通知收件人而完成各项工作的证明材料。

如果无法证明当事人已在有效的时间内知晓发出通知的文书,受理法官只能在具备以下条件时才能进行实体审理的裁判:

(1)已按照欧盟条例或国际条约规定的方式完成文书转交,否则按照第 684 条至第 687 条的规定进行;

(2)自寄出文书后,已经过去至少六个月;

(3)已向负责递交文书的外国主管机构进行各种查询,均无法证明文书已经递交。

法官依职权进行各项补充努力,特别是委托任何有权限的机构进行协助,确保收件人知晓文书和告知弃权的法律后果。

但是,为保护申请人的权利,法官可以命令立即采取必要的临时措施或保全措施。

第二目　通知外国文书

第 688-1 条

依据外国主管机构的请求通知外国文书时,按照普通方式递交或通过执达员送达。

第 688-2 条

司法部长把收到的外国文书转交所属辖区内进行文书通知的驻初审法院的检察院,或转交全国执达员协会,但依据条约可以由外国主管机构直接呈至检察院或全国执达员协会的除外,并且保留其他通知方式。同时,均可以采用有回执的挂号信把文书通知收件人。

第 688-3 条

在检察院进行通知的情形下,采取普通递交方式,不收取费用,在递交的收据上注明递交的日期和条件。

第 688-4 条

全国执达员协会把收到的外国文书转交一名具有地域管辖权的执达员进行送达。

第 688-5 条

请求送达文书的当事人应当预先交付送达费用,但当前国际协定另有规定的除外。

第 688-6 条

外国文书采用来源国的语言进行通知。

但是,如果收件人不懂文书语言,可以拒绝接收,并要求由请求送达文书的人支付费用,负责将文书翻译为法文或附有法文译文。

负责递交或送达的主管机构向收件人告知上述权利。告知事项应当记载于确认递交或送达的文书中。

第 688-7 条

确认有关通知或送达外国文书的请求是否已得到执行的证明文件,按照提交请求的相同途径返回申请人。

第 688-8 条

法国主管机构认为有损国家主权或国家安全时,可以拒绝对外国文书的通知和送达。请求没有依据本法典的规定提出时,法国主管机构也可以拒绝。

第六节　通知的地点

第 689 条

如果收件人是自然人,向收件人的住所进行通知。

但是,向收件人本人发送通知时,在任何地点,包括工作地点,均可以进行。

当法律准许或要求时,通知可以发至选定住所。

第 689-1 条

居住在外国的当事人,在起诉时可以向受理法院的书记室表明选择在法国的住所作为下列文书的收件地址：

（1）如果当事人没有委托居住在法国的人代理诉讼，有关诉讼文书、书证、意见、告知或传唤、报告和诉讼笔录的邮寄、递交和通知；

（2）第 682 条所指的判决通知；

（3）有关行使救济的通知。

由当事人自己或委托代理诉讼人表明选择住所。

住所的选择，自告知法院书记员之日起对法院生效；对其他当事人，自选择住所的当事人告知他们之日起生效。

第 690 条

向私法法人或具有工商性质的公共机构进行的通知，发送至该机构所在地。

如果不存在上述地点，向法人或机构授权接收通知的一名成员发送。

第 691 条

提交检察院的通知以及应当向检察院进行的通知，视情况向驻受理起诉的法院的检察院、或驻裁判法院的检察院、或驻已知最后住址所在地的法院的检察院发送。

如果法院没有设立检察院，向该法院所属辖区内驻初审法院的检察院通知。

第七节 其他规定

第 692 条

向公共行政部门或公共机构进行的通知，在其所在地向任何经授权接收通知的人发送。

第 692-1 条

虽然有相反规定，但是向私法法人、国家行政机关、地方行政机关、具有行政属性的公共机构、社会保障机构和其他承担公共服务行政职能的组织发出的传唤，均可以由法院书记室采取上述机构或组织事先同意的任何方式寄送。

按照上述条件寄送的传唤，收件人在当日出具收据时，视为通知本人。否则，视为通知到住所。

第 692-2 条

当法院书记室适用本法典通过有回执的挂号信传唤当事人到庭时，均可以通过平信向全部或部分当事人通知庭审日期，由法官记录于案卷中。如果收到平信通知的一方当事人没有出庭或没有委托代理诉讼,采取有回执的挂号信传唤至下一次开庭。

第 693 条

第 654 条至第 659 条、第 663 条至第 665-1 条、第 672 条、第 675 条、第 678 条、第 680 条、第 683 条至第 684-1 条、第 686 条、第 688 条第 1 款、第 689 条至第 692 条规定的事项必须遵守,否则通知无效。

欧洲议会和欧盟理事会 2007 年 11 月 13 日第 2007-1393 号条例中第 4 条,第 6 条,第 7 条,第 8 条中第 1 段、第 2 段、第 4 段和第 5 段,有关向欧盟其他成员国寄送文书的规定事项必须遵守,否则通知无效。

第 694 条

通知的无效,适用诉讼文书无效的规定。

第十八编　诉讼费用和其他费用

第一章　诉讼费用的负担

第 695 条

与诉讼程序、诉讼文书和执行程序有关的诉讼费用包括：

(1)由法院书记室或税务部门征收的各项费用税款和酬金，但各方当事人为支持诉讼请求而提出的文书和凭据可能产生的费用税款和罚款除外；

(2)根据法律或国际条约必须进行文书翻译时产生的费用；

(3)证人的补贴；

(4)技术人员的报酬；

(5)有规定标准的垫付款；

(6)公务助理人员或司法助理人员的酬金；

(7)在条例规定范围内的律师报酬，包括进行法庭辩论的费用；

(8)向外国发出文书通知产生的费用；

(9)依据欧盟理事会 2001 年 5 月 28 日第 2001-1206 号《关于在欧盟成员国法院之间民商事案件中获取证据的合作条例》，在外国实施调查取证的过程中应外国法院的要求而必须产生的解释和翻译费用；

(10)依据第 1072 条、第 1171 条和第 1221 条命令展开的社会调查费用；

(11)依据《民法典》第 388-1 条，法官指定听取未成年人证言的人的报酬；

(12)依据第 1210-8 条采取的措施、调查和审查产生的报酬和费用。

第 696 条

诉讼费用由败诉当事人承担；但是，法官能通过说明理由的裁判责令其他当事人承担全部或部分诉讼费用。

责令接受法律援助的一方当事人承担全部或部分诉讼费用。

第 697 条

律师和之前的原上诉法院诉讼代理人以及执达员，可能被判处自行承担在委托授权范围外进行的诉讼程序、诉讼文书和执行程序产生的费用。

第 698 条

当费用不能证明属于与诉讼程序、诉讼文书和执行程序有关的合理费用时,由实施的司法辅助人员承担,并且不影响可能请求的损害赔偿。由于司法辅助人员的过错引起无效的诉讼程序、诉讼文书和执行程序而产生的费用,也自行承担。

第 699 条

在强制代理的案件中,律师可以请求法院在对诉讼费用的承担做出裁判之时,为保护自己的利益而判定直接向败诉当事人收取在没有收取预付款的情形下自己事先垫付的费用。

但是,上述当事人可以请求经法定抵消扣除诉讼费用中的请求支付数额。

第 700 条

法官判处应当承担诉讼费用的当事人或败诉当事人支付下列费用:

(1)按照法官确定的数额,向对方当事人支付诉讼费用外已支出的其他费用;

(2)必要时,向提供全部或部分法律援助的律师支付一定的报酬费用,以及没有实际取得法律援助的受援助人提出的诉讼费用外的其他费用。在此情形下,费用依据 1991 年 7 月 10 日第 91-647 号法律第 37 条第 3 款和第 4 款征收。

在所有情形中,法官应当考虑衡平原则或败诉当事人的经济情况。法官甚至可以依职权基于相同考虑判处当事人免予承担诉讼费用。但是,如果法官拨付一笔本条第(2)项的款项,不能低于国家承担的部分。

第二章　法院书记室对诉讼费用的结算

第 701 条

第 695 条第(1)项和第(3)项所指的诉讼费用,在做出裁判的判决中进行结算,或由审判法院的一名法官在判决的原件上记明。

判决的副本,可以在费用结清前寄送。

第 702 条

当诉讼费用已结算的数额没有记载于判决的副本时,书记员另行制作一份执行依据。

第 703 条

对结算的异议,按照第 708 条至第 718 条规定的程序提出。

第三章　诉讼费用的审核与收取

第 704 条

当事人对诉讼费用存在异议,依据第 52 条的规定通过任何方式向有管辖权的法院书记员请求审核第 695 条中诉讼费用数额。

拟收取诉讼费用的司法辅助人员也可以请求进行上述审核;在提出请求时,应当附上按照收费规章交给当事人的详细收费账目。账目应当写明已经收取的预付款项数额。

第 705 条

法院书记员在审核诉讼费用数额时,需要时应当对账单进行必要的整理,使之符合收费标准。书记员向利害关系人递交或通过平信寄送一份审核证明。

第 706 条

请求审核的一方当事人向对方当事人通知经审核的账目,对方当事人可以在一个月内提出异议。请求审核的当事人发出通知即视为接受该账目。

通知中应当写明提出异议的期间和方式,并且详细指出如果没有在指定期间内提出异议,审核证明将取得执行效力。

第 707 条

对方当事人在指定期间内没有提出异议,发出通知的一方当事人可以请求审核账目的法院书记员在审核证明上记明此事项。此记明等同于执行依据。

第 708 条

如果当事人拟对审核的项目提出异议,始终可以自行请求对费用重新做出审核裁定,也可以通过诉讼代理人提出请求。请求可以向审核账目的法院书记员通过口头或书面提出。申请应当说明理由并附有审核证明书。

第 709 条

法院院长或委派的法官,在听取提出异议的一方当事人的意见或要求提出意见后,根据经审核的账目和其他有用的文件做出裁定。

第 710 条

法官既对税收请求,也对与征收诉讼费用有关的请求做出裁判。

第 711 条

法官可以,甚至依职权进行一切必要的账目整理,使之符合收费标准。如有必要,法官应当写明以预付款名义已经收取的款项数额。

第 712 条

法官可以将请求按其状态提交法庭审理并确定开庭日期。书记员至少应当在开庭十五日前传唤各方当事人。

第 713 条

法院书记员在诉讼费用收取裁定书的原件上加盖执行令印。

如果对上述裁定准许提起上诉,应当包含下列事项,否则无效:

(1)写明没有按照第 714 条和第 715 条规定的期间和形式提起救济,裁定将取得执行效力;

(2)第 714 条和第 715 条规定的内容。

第 714 条

第一审法院院长做出的诉讼费用收取裁定,任何有利害关系的人可以向上诉法院第一院长提出上诉。

上诉期间为一个月;期间不能因距离而延长。

上诉期间和在期间内上诉权的行使具有中止执行的效力。

第 715 条

通过向上诉法院书记室递交或寄送阐述上诉理由的简要文书提出上诉。

简要文书的副本应当同时寄送本诉的所有当事人,否则不予受理。

第 716 条

上诉法院书记员至少应当提前十五日传唤各方当事人。

上诉法院第一院长或委派的法官对席听取当事人的陈述。

如有必要,其有权开展或派人进行有用的调查。

第 717 条

上诉法院第一院长或委派的法官,有权把上诉请求按其状态提交法庭开庭审理并确定开庭日期。

第 718 条

通知或传唤通过有回执的挂号信寄出。

当法院书记员负责上述事项时,如果寄送律师,可以采取简易通知单发出。

第四章　对诉讼费用之外的其他费用、薪酬和垫付款的请求或异议

第 719 条

第 695 条所指诉讼费用之外的其他费用、薪酬和垫付款的请求或异议,由司法辅助人员和公务助理人员提出或针对他们提出,适用第 704 条至第 718 条的规定。

第 720 条

与司法辅助人员或公务助理人员的酬金有关的争议,法规没有统一确定计算方法时,则遵守其各自的规则。

第 721 条

在第 720 条所指情形下,法官根据司法辅助人员或公务助理人员的工作性质和重要性、工作中遇到的困难和可能引起的责任做出裁判。必要时,应当写明已作为预付款、费用与酬金而收取的款项。

第 722 条至第 723 条　【保留】

第五章　有关技术人员报酬的争议

第 724 条

对第一审法院或上诉法院的法官做出的第 255 条、第 262 条和第 284 条中所指的裁判,依据第 714 条第 2 款、第 715 条至第 718 条规定的条件向上诉法院第一院长提起上诉。如果裁判由上诉法院第一院长做出,也可以依据相同条件请求改判。

各方当事人的上诉期间,自收到技术人员通知之日起计算。

提起上诉和上诉期间均不能中止执行。上诉应当针对所有当事人提出;如果上诉不是由技术人员本人提出,还应当针对技术人员提出;否则,上诉不予受理。

第 725 条

通知中应当写明前条和第 714 条第 2 款、第 715 条规定的内容,否则无效。

外国民事诉讼法译丛　法国民事诉讼法典

第六章　对商事法院书记员的费用、薪酬和垫付款的争议

第 725-1 条

作为第 704 条至第 708 条的例外,与费用、薪酬和垫付款相关的请求或异议,无论是否包含在商事法庭书记员的费用中,均直接向书记员行使职权所在辖区的初审法院院长提交,不用事先制定审核证明书。

第十九编 法院书记室

第 726 条

法院书记室保存法院受理的所有案件的总登记册。

在总登记册上,载明受理日期、登记号、各方当事人的姓名、案件性质,必要时还包含案件分配的审理法庭、裁判的性质和日期。

第 727 条

在总登记册上登记的各项案件,书记员均应当建立案卷;在案卷中,除总登记册的载明事项外,还应当写明处理案件的法官姓名,必要时还包括代理或辅助当事人参加诉讼的人的姓名。

与案件有关的文书、笔记和文件,经法官或书记员检验后均归入案卷。

发出的通知和信件也在案卷中载明,或以副本归入由法院制作的裁判中。

在口头程序中,各方当事人的诉讼请求,或在提出书面诉讼请求时对请求的记载,均记入案卷或写进笔录。

第 728 条

审判庭的书记员应当制作庭审记录册,记录每次庭审的下列事项:

(1)庭审日期;

(2)法官和书记员的姓名;

(3)当事人姓名和案件性质;

(4)在不要求强制代理的案件中当事人自行出庭的情况说明;

(5)代理或辅助当事人参加庭审的人员姓名。

书记员还要写明庭审是否公开进行和庭审中的附带事件,以及对附带事件的裁判。

庭审记录册中记明宣告的判决;每次庭审后庭长和书记员应当在庭审记录册上签名。

第 729 条

在提起救济或最高司法法院撤销原判发回重审的情形下,书记员应当在收到请求后十五日内或在特别规定的期限内,将案件移送有管辖权的法院。

必要时,书记员对继续进行诉讼所必需的材料制作复印本。

第 729-1 条

总登记册、案卷和庭审记录册均可以采用电子方式保留。信息储存系统应当保障完整性和保密性,并且能够保存。

第二十编　司法委托

第一章　国内司法委托

第 730 条

当各方当事人、应协助司法的人相距遥远或距离地点遥远,致使移动太难或成本太高时,法官可以依据当事人的申请或依职权,委托其认为在法国领土内最适合的同级法院或下级法院实施必须采取的司法行为。

第 731 条

委托法院的书记室把裁判和全部有用材料一起转交受托法院。受托法院自收到后实施委托法院要求的各项行为,或由受托法院院长指定专门的法官实施。

受托法院直接传唤或通知当事人或应协助司法的人员。当事人在受托法院没有强制委托律师的义务。

第 732 条

受托行为完成后,受托法院书记室把诉讼笔录连同附属或存交的文件和物品一并转交委托法院。

第 733 条　【保留】

第二章　国际司法委托

第一节　向外国发出的司法委托

第 734 条

法官依据当事人申请或依职权,委托外国有管辖权的司法机关、法国外交或领事机构,在该国采取其认为必要的调查取证措施或其他司法行为。

第 734-1 条

委托法院的书记室把司法委托裁判的副本寄送检察院,但能直接向外国主管机构或外国法院递交的除外。

司法委托裁判应当附上一份由当事人负责翻译的译本,但允许法语版本递交的除外。

第 734-2 条

检察院立即把司法委托裁判提交司法部进行转交,但根据条约能直接向外国主管机构转交的除外。

第二节　接受外国的司法委托

(一)由初审法院执行国际司法委托

第 735 条

初审法院对国际司法委托具有专属管辖权。

国际司法委托执行所在地辖区的初审法院具有地域管辖权。

第 736 条

司法部把收到的外国司法委托文书转交驻有管辖权的初审法院的检察院。

第 737 条

检察院立即把司法委托文书转交初审法院的院长予以执行。

第 738 条

收到司法委托后,初审法院院长委派专门法官负责实施委托行为。

第 739 条

司法委托文书依据法国法律执行,但外国法院请求按照特定形式进行的除外。

如果委托书中有上述请求,问题与回复应当进行完整记录或登记。

第 740 条

当事人和诉讼代理人,也包括他们是外国人,经法官允许后可以提出问题;问题应当采用法语提出或翻译成法语,回复也应当如此。

第 741 条

受托法官应当向委托法院告知执行司法委托文书的地点、日期和时间;委托的外国法官在执行时可以在场。

第 742 条

法官不能仅以法国法律要求专属管辖权,或法国法律不认可委托法院受理案件的诉讼标的适用的法律途径,或法国法律不接受委托可能产生的结果为理由,拒绝执行司法委托。

第 743 条

如果受托法官认为司法委托不属于自己的权限范围,可以依职权或应任何利害关系人的申请拒绝执行。如果司法委托有损于法国国家主权和安全,受托法官应当拒绝执行。

在相同情形下,利害关系人可以请求受托法官撤销已经采取的措施,并且撤销确认执行司法委托的文书。

第 744 条

检察院应当保障在司法委托执行中遵守诉讼的基本原则。

在违反诉讼的基本原则时,检察院和有利害关系的当事人可以请求受托法官撤销已经采取的措施,并且撤销确认执行司法委托的文书。

第 745 条

如果司法委托的转交不符合规定,受托法官可以依职权或依据检察院的申请拒绝执行;同样,受托法官可以依据检察院的要求,撤销已经采取的措施,并且撤销确认执行委托的文书。

第 746 条

法官做出裁判拒绝执行司法委托,或撤销确认司法委托的文书,或撤销已经采取的措施或拒绝撤销这些措施,应当在裁判中说明理由。

当事人和检察院对上述裁判可以提起上诉。

上诉期间为十五日;期间不能因为距离而延长。

第 747 条

确认执行司法委托的文书或法官拒绝执行的裁判,按照向受托法院转交司法委托文书的相同途径返回委托法院。

(二) 依据 1970 年 3 月 18 日关于民商事案件在外国收集证据的《海牙公约》第一章转交的司法委托文书的直接执行

第 747-1 条

如果在司法委托文书中提出仅通过调查取证听取证言的请求,司法部长可以准许外国法院直接执行,尤其是通过视频会议进行,对此没有限制也没有可能的处罚。

第 747-2 条

如果基于外国法院的请求进行调查取证,司法部长指明调查取证的条件,以及必要时指定有权限的初审法院负责在调查取证中协助外国法院。

（三）共同规定

第 748 条

司法委托文书的执行，不收取费用，也不缴纳税款。

但是，应当向司法委托执行中的证人、鉴定人、翻译人、所有参与协助的人支付的补偿款项由外国主管机构承担。根据委托法院要求采用特别方式产生的费用，也由外国主管机构承担。

第二十一编　电子诉讼

第 748-1 条

诉讼文书、书证、意见、通知或传唤、报告、诉讼笔录、取得执行依据的裁判的副本和复印本，可以按照本编规定的条件和方式采用电子方式进行发送、交付和通知，但法律特别规定强制采用电子方式的除外。

第 748-2 条

第 748-1 条中发送、交付和通知的收件人，应当明确同意采用电子方式，但法律特别规定强制采用电子方式的除外。

如果辅助或代理当事人参加诉讼的司法辅助人员，已加入根据第 748-6 条发布的司法部决议而建立的电子诉讼系统，视为当事人同意采用上款规定的电子方式。

第 748-3 条

收件人在收到第 748-1 条中发送、交付和通知后，应当出具电子签收回执并注明日期，必要时还应加上时间。

第 748-1 条中发送、交付和通知通过电子交流平台中介在法院书记室和第 692-1 条中人员之间进行，出具一份电子签收回执表明已经到达收件人选择的邮箱地址，回执上注明日期，必要时还应加上时间。

上述表明接收或已到达的电子签收回执，等同于本法典规定在文书或副本上的签注、盖章和签名或其他签收形式。

采用电子方式发送时，不用遵守本法典中关于多份副本在递交或通知时需要转交证据材料实物返还的规定。

第 748-4 条

当电子文件根据原始的书面载体制作时，法官有权要求提供书面文件。

第 748-5 条

采用电子方式传送时，有利害关系的当事人仍可以要求寄送取得执行依据的裁判的书面文件。

第 748-6 条

技术手段的使用在符合司法部决议确定的条件下，应当保障电子诉讼中当事人身份的可靠性，发送文件的完整性，交换的安全性和保密性，并保留传送全过程。同时，清晰记明发送日期，以及收件人接收和到达收件人的日期。

在第一审法院和第二审法院进行的诉讼程序中,对当事人、检察官、辅助或代理当事人参加诉讼的司法辅助人员进行的文书通知或文书提交,适用本法典的规定通过电子方式进行传送时,按照上款规定的方式进行,经确定身份后等同于签名的效力。

第 748-7 条

文书在期间届满前完成,但因客观原因没能在期间最后一日通过电子方式发出,可以顺延至重新开放后的第一日。

第 748-8 条

作为本编规定的例外,法院书记室采取任何方式包括平信或普通挂号信,向当事人递交意见、传唤或收据时,经当事人事先同意后可以通过司法部"当事人之门"上的电子方式发送。

一方当事人表明同意采用电子方式时,应当说明电子邮箱和手机号码;如果发生改变,应当及时告知。

向当事人指明的电子邮箱邮寄一份到达通知以提醒新信息,并指明日期,必要时还应指明时间。

在符合司法部决议确定的条件下,使用技术手段应当保障电子诉讼中当事人身份的可靠性,发送文件的完整性,交换的安全性和保密性,并保留传送全过程和清晰记明发送日期。

第 748-9 条

作为本编规定的例外,法院书记室采取任何方式包括平信或普通挂号信,向第 692-1 条中人员递交意见、传唤或收据时,经这些人员的事先同意,书记员在保障发送信息保密性的前提下通过电邮方式发送。上述人员可以随时撤回自己的同意。符合条件发出的传唤日期,对收件人是指发出后被打开的第一日。如果在此期间发回电子回执,视为送至本人,否则为送至住所。

第二十二编　最后规定

第 749 条

本卷适用于各级法院对民事案件、商事案件、社会保险案件、农村事务案件或劳动纠纷案件的审理,但对案件和法院有特别规定的除外。

外国民事诉讼法译丛

法国民事诉讼法典

第二卷　各法院的特别规定

第一编　初审法院的特别规定

第一副编　共同规定

第一章　起诉

第 750 条

通过传唤书提起诉讼。

在普通口头程序中的诉讼请求价值不超过 5000 欧元的案件，或法律、条例规定的特定案件中，一方当事人也能通过起诉书而提起诉讼。

在所有案件中，各方当事人均能通过共同提交起诉书而提起诉讼。

第 750-1 条

如果请求支付的金额不超过 5000 欧元或属于《司法组织法典》第 R211-3-4 条和第 R211-3-8 条提到的案件，当事人在起诉前应当先由司法和解员促进和解、或由调解员进行调解，或经过参与程序，否则法官可以依职权不予受理。

符合下列情形时，当事人免除上款中规定的义务：

（1）至少有一方当事人申请确认和解协议。

（2）正在行使裁判主体确定的前置救济手段。

（3）没有采取上述纠纷解决手段时，应当证明存在下列正当理由之一，包括：因情况明显紧急或案件情形而无法进行；必须要求做出非对审裁判；司法和解员组织第一次和解会议明显超过依据案件的性质和重要性而确定的期限。

（4）法官或行政机构应当适用特别规定进行和解。

第一节　通过传唤书提起诉讼

第 751 条

通过传唤书提出的诉讼请求呈至庭审,庭审日期按照司法部决议确定的条件通过任何方式告知原告。

第 752 条

在要求律师强制代理的案件中,传唤书中除写明第 54 条和第 56 条规定的事项外,还应当包括下列事项,否则无效:

（1）原告委托的律师;

（2）被告委托律师的期间。

必要时,还应当写明原告同意诉讼程序适用《司法组织法典》第 L212-5-1 条不开庭审理的规定。

第 753 条

在不要求律师强制代理的案件中,传唤书中除写明第 54 条和第 56 条规定的事项外,还应当写明原告居住在外国时选择的法国住所以及在此住所内居住的人的姓名和地址。

必要时,还应当写明原告同意诉讼程序适用《司法组织法典》第 L212-5-1 条不开庭审理的规定。

在提起诉讼的文书中,除重申第 832 条的规定外,应当写明被告委托他人辅助和代理诉讼的条件,必要时还包括原告的诉讼代理人的姓名。

第 754 条

法院依据一方当事人向书记室递交的传唤书副本受理案件。

应当在法院按照第 748-1 条规定的方式告知庭审日期后两个月内,向书记室递交传唤书副本。

符合下列情形者,传唤书副本应当最晚在庭审日期的十五日前递交:

（1）法院按照第 748-1 条规定外的其他方式告知庭审日期;

（2）法院按照第 748-1 条规定方式告知的庭审日期,离开庭不足两个月。

应当在前款规定的期间内递交传唤书,否则法院依职权或依据一方当事人申请确认传唤书无效。

第 755 条

在紧急情况下,经法官准许,缩短出庭期间和递交传唤书的期间。

上述期间也可以根据法律或条例缩短。

第二节　通过起诉书提起诉讼

第 756 条

在通过起诉书提起诉讼的情形中,最先行动的一方当事人通过向法院书记室提交起诉书请求法院受理。在司法部决议确定的条件下,当事人可以通过电子方式递交、提交或进行起诉。

当事人把纠纷提交至一名司法和解员后,如果没有达成和解协议,司法和解员可以依据当事人的请求把起诉书转交法院书记室。

第 757 条

起诉书中除写明第 54 条和第 57 条规定的事项外,还应当包括起诉理由的简要说明,否则无效。原告应当在起诉书中附上援引支持诉讼请求的书证,并附按照传唤的人数提供相应份数的副本。

必要时,还应当写明原告同意诉讼程序适用《司法组织法典》第 L212-5-1 条不开庭审理的规定。

当通过电子方式提交起诉书时,附上一份书证。

各方当事人均有一名律师代理时,起诉书还应当写明委托的律师,否则无效。起诉书由委托的律师签名。

起诉书等同于诉讼意见书。

第 758 条

法院依据起诉书受理案件时,法院院长确定庭审的地点、日期和时间。起诉书由当事人共同签名时,法院院长确定庭审日期,必要时还应当指定审理案件的法庭。书记员把上述事项告知当事人。

对原告可以采取任何方式告知。

书记员通过有回执的挂号信传唤被告到庭。除第 665-1 条规定的事项外,传唤通知书中重申第 832 条的规定。

传唤通知书等同于传票。

在强制代理的情形下,对律师通过简易通知单告知。

起诉书副本附于告知被告律师的通知书中,如果被告没有代理律师,则附于告知被告的通知书中。

第 759 条

如果各方当事人共同提出起诉书,在向法院书记室提交起诉书时,可以要求案件由独任法官审理或放弃把案件移送合议庭审理的权利。

第二章　委托律师和诉讼意见书

第 760 条

除有相反规定外,当事人应当委托律师代理在初审法院进行诉讼。

委托律师即为选择住所。

第 761 条

在法律或条例规定的情形以及下列情形中,当事人免除委托律师代理的义务:

(1)在保护诉讼法官管辖的案件中;

(2)在《司法组织法典》第 R211-3-13 条至第 R211-3-16 条、第 R211-3-18 条至第 R211-3-21 条、第 R211-3-23 条列举的案件中,以及该法典附件 9-2 表格中列举的案件中;

(3)诉讼请求价值小于或等于 10000 欧元,或诉讼请求虽不确定但作为起源的债务执行价值不超过 10000 欧元的案件,但初审法院专属管辖的案件除外。依据第 35 条至第 37 条评估诉讼请求价值。当附带请求的提出引起书面程序的适用或律师强制代理情形时,法官可以依职权或一方当事人的申请,把案件推迟至下一次庭审,依据应当适用的程序要求当事人委托律师。

在初审法院专属管辖的案件中,无论诉讼请求价值如何,当事人应当委托律师代理诉讼。

国家、省、地区、市和公共机构可以由其公务员或行政官员代理或辅助参加诉讼。

第 762 条

当不要求强制律师代理时,当事人可以自行参加诉讼。

当事人可以由下列人员代理或辅助参加诉讼:

(1)律师;

(2)配偶、同居者或与之签订同居互助协议的人;

(3)直系血亲;

(4)三代以内的旁系血亲;

(5)企业或为自己提供个人服务的专属人员。

如果诉讼代理人不是律师,应当证明取得特别授权。

外国民事诉讼法译丛　法国民事诉讼法典

第 763 条

在律师强制代理的情形下,被告应当在收到传唤书后十五日内委托律师。

第 764 条

被告委托律师参加诉讼时,由被告律师告知原告律师,并且将委托书副本提交法院书记室。

必要时,委托书中包含被告同意诉讼程序适用《司法组织法典》第 L212-5-1 条不开庭审理的规定。

第 765 条

被告、成为诉讼当事人的任何人委托律师参加诉讼时,应当通过律师间通知的方式告知其他当事人。

文书中指明:

(1)如果被告是自然人,姓名、职业、住所、国籍、出生日期和地点;

(2)如果被告是法人,组织形式、名称、总部和法定代表机构。

第 766 条

当事人的诉讼意见书经其律师签名后,通过律师间通知的方式进行通知。存在多数原告或多数被告时,诉讼意见书应当发送至所有委托的律师。如果诉讼意见书中没有载明第 765 条第 2 款中事项,不予接受。

提供的书证进行交换时,收件方律师在提供方律师制作的书证清单上添加签名后,即可证明已交换书证。

第 767 条

向法院书记室提交委托书和诉讼意见书的副本时,如果已通知则附上通知证明,如果通知在法院受理前进行则递交传唤书副本。

第 768 条

诉讼意见书应当明确提出当事人的诉讼请求以及作为依据的事实理由和法律理由,并指明每项诉讼请求援引的书证和序列号。列举证明诉讼请求的书证清单附于诉讼意见书中。

诉讼意见书明确包括对事实和程序的叙述,有关诉讼请求和理由的讨论,以及概括诉讼请求的主文。在之前的诉讼意见书中没有提及的理由,应当以明确的方式提出。法院只对主文中列举的诉讼请求进行裁判,也只对在讨论中援引的支持诉讼请求的理由进行审查。

当事人应当在最终诉讼意见书中重新提及在之前的诉讼意见书中提

到的诉讼请求和理由。否则,这些诉讼请求和意见被视为放弃,法院只对最后提交的诉讼意见书进行裁判。

第三章　法院书记室

第 769 条

向法院书记室递交诉讼文书或书证的副本,由书记员在副本上签章和备注提交日期,如需立即归还则在原件上进行签章和备注。

第 770 条

向法院书记室提交起诉书副本后,由书记员提交法院院长进行确定和分配。

法院院长的决定在副本的空白处做简单记载。

第 771 条

案卷由分配审理案件的法庭书记员保留和更新。

应当制作一张卡片,允许随时知晓案件状态。

第 772 条

在第 840 条所指的情形中,向法院院长提交的起诉书和书证的副本,连同裁定的副本,在做出裁定时由书记员放入案卷中。

在对案件应当提起上诉之日,如果没人向法院书记室提交传唤书副本,书记员应当主动把持有的上述副本返还律师。

第 773 条

书记员向其知晓的代理律师立即告知案件索引中的登记号,法院院长对案件确定的召集日期和时间,以及分配审理案件的法庭。

如果尚未委托律师,上述通知在向书记室提交委托书副本时告知。

第 774 条

在普通书面程序中,对各方当事人的律师,根据案件审理的方式由院长或审前准备法官进行传唤或告知应当承担的责任;也可以口头传唤或口头告知,并在案卷中签名和备注。

在缺席的情形下,对各方当事人的律师采用由书记员签名和备注日期的简易通知单进行告知;书记员把简易通知单递交或存放于进行律师间通知所在地的法院场所。

指令始终应当采用简易通知单的方式发出。

第二副编　书面程序

第一章　普通程序

第 775 条

程序应当书面进行,但有相反规定的除外。

第一节　案件的导向

第 776 条

在保留第 1108 条规定的前提下,案件在导向庭审之日提交至立案庭庭长或分配审理案件的法庭庭长。

在导向庭审之日要求律师出庭参与案件审理状态的共同商议,特别是律师们期望依据第五卷第二编的条件签订以审前准备为目的的参与程序契约。

第 777 条

如果当事人及其律师证明已签订以审前准备为目的的参与程序契约,庭长采取第 1546-1 条第 2 款规定的手段。除合意撤诉的情形外,庭长指定审前准备法官。

第 778 条

听取律师的解释后,根据诉讼意见书和书证交换的情况,庭长认为案件审理处于等待实体裁判的阶段,把案件移送庭审辩论。

如果被告没有出庭但案件已准备进入实体裁判阶段,庭长也可以把案件移送庭审辩论,但他命令重新传唤被告的除外。

在所有情形下,庭长宣告审前准备程序结束。

庭长确定庭审辩论的日期,庭审辩论也可以在审前准备程序结束当日进行。

如果当事人表明同意诉讼程序适用《司法组织法典》第 L212-5-1 条不开庭审理的规定,庭长宣告审前准备程序结束并确定向法庭书记室提交案卷的日期。书记员通知当事人,必要时也通知检察官,告知他们将进入案件评议的法官姓名以及做出裁判的日期。

第 779 条

如果庭长认为还需要对诉讼意见书和证据材料最后交换才能彻底完

成审前准备,或认为当事人的诉讼意见书应当符合第 768 条的规定,可以做出决定要求律师在确定的庭审日期再次出现在他面前。当事人也可以请求给予签订以审前准备为目的的参与程序契约的期间。

移送决定简单记载于案卷中。必要时,庭长向各律师指定诉讼意见书通知和书证交换的必要期间。

在庭长确定的庭审日期,如果当事人及其律师证明已签订以审前准备为目的的参与程序契约,庭长采取第 1546-1 条第 2 款规定的手段。除合意撤诉的情形外,庭长指定审前准备法官。如果没有上述证明并且案件进入等待实体审判的状态,庭长宣告审前准备程序结束,把案件移送庭审辩论。庭审辩论也可以在审前准备程序结束当日进行。

如果案件处于等待实体审判的状态,可以适用第 778 条第 2 款的规定。

如果案件没有处于等待实体审判的状态,庭长把案件发回审前准备法官。庭长确定审前准备的庭审日期。书记室把上述事项通知当事人委托的律师。

第二节　审前准备程序

第 780 条

案件的审前准备由立案庭或分配审理案件的法庭中一名法官进行。

法官应当监督审前准备程序的诚信进行,特别是准时交换诉讼意见书和书证。

法官应当听取律师的意见和要求进行所有有用的交换。必要时,法官可以发出指令。

法官可以在符合第 382 条和第 383 条规定的情形和条件下裁定合意撤诉。

第 781 条

根据案件的性质、紧急和复杂程度,审前准备法官在听取律师意见后确定审前准备的必要期间。

审前准备法官可以准许延长上述期间。

在征得律师意见后,审前准备法官可以确定审前准备日程。

审前准备日程包括诉讼意见书的交换日期,可预见的次数,结束交换的日期,辩论的日期,以及作为第 450 条第 1 款和第 2 款的例外情形的宣告裁判日期。

审前准备日程确定的期间,只有存在重大事由并得到证明的情形下才能延长。

为促进纠纷的解决,审前准备法官也可以把案件推迟之后的庭审进行审前准备。

第 782 条

审前准备法官可以要求律师对遗漏提出诉讼意见的理由进行回复,或提供为纠纷解决所需的事实说明和理由说明,以及必要时按照第 768 条规定提供书面文件。

审前准备法官可以查看进入辩论的书证原件或要求递交书证副本。

第 783 条

审前准备法官可以进行诉的合并和分立。

第 784 条

审前准备法官可以听取当事人的意见,甚至依职权听取。

听审当事人应当对审进行,但一方当事人经合法传唤不到庭的除外。

第 785 条

审前准备法官可以确认当事人的全部或部分和解协议。

审前准备法官可以依据第 131-1 条规定的条件指定一名调解员。

审前准备法官依据当事人的申请对提交的调解协议进行确认。

第 786 条

审前准备法官认为某利害关系人与解决纠纷有必要联系时,可以提请当事人强制此人参与诉讼。

第 787 条

审前准备法官可以确认诉讼程序的终结。

第 788 条

审前准备法官对书证的交换、取得和提供持有全部必要的权力。

第 789 条

审前准备法官在被指定后直至审前程序结束前,对提出的下列诉讼请求具有专属管辖权,排除法院其他组织的管辖权:

(1)程序抗辩请求、依据第 47 条提出的请求、终结诉讼程序的附带请求;当事人在之后不得再次提出上述抗辩和附带请求,但在审前程序结束后产生或发现的除外。

(2)分配诉讼的预付款。

(3)对债权的存在没有严重争议时,同意给予债权人预付款。审前准备法官可以在执行决定前要求依据第514-5条、第517条和第518条至第522条的条件提供担保。

(4)命令采取除保全性扣押、临时性不动产抵押或动产抵押外的其他临时措施,包括保全措施,以及在新事实产生时修改或补充已命令采取的措施。

(5)命令采取所有调查取证手段,甚至依职权做出命令。

(6)对不予受理抗辩做出裁判。

当不予受理抗辩要求对实体问题先行审理,审前准备法官对实体问题和不予受理抗辩做出裁判。但是,在不属于独任审判的案件或不应由审前准备法官负责的案件中,一方当事人可以提出异议。在此情形下,作为本条第1款规定的例外,必要时由审前准备法官在审前准备程序结束前把案件移送审判庭,由审判庭对实体问题和不予受理抗辩做出裁判。如果审前准备法官认为有必要,也可以命令移送。移送决定是一项司法行政措施。

审前准备法官或审判庭在裁定或判决的主文中,分别依据规定对实体问题和不予受理抗辩做出裁判。即使审判庭认为没有必要对实体问题先行裁判,也能对不予受理抗辩做出裁判。必要时,审判庭把案件发回审前准备法官。

当事人不能在同一诉讼程序中再次提起不予受理抗辩,但抗辩事由在审前准备程序结束后产生或发现的除外。

第790条

审前准备法官可以对适用第700条产生的诉讼费用和提出的诉讼请求进行裁判。

第791条

在符合第1117条规定的前提下,审前准备法官受理在第768条规定的诉讼意见书之外专门寄送的诉讼意见书。

第792条

审前准备法官采取的手段简单记载于案卷中;直接向律师发送通告。

但是,在第787条至第790条规定的情形中,审前准备法官在符合调查取证手段的特别规定下通过说明理由的裁定做出裁判。

第793条

如有必要,在听取律师意见或召唤律师到场后,立即做出裁定。

审前准备法官传唤律师到庭。

紧急情况下,一方当事人可以通过律师间通知的方式,要求另一方当事人在法官确定的日期、时间和地点亲自出现在法官面前。

第 794 条

审前准备法官的裁定对本诉没有既判力,但裁定中涉及对程序抗辩、不予受理、诉讼终结的附带事件的处理,以及依据第 789 条第(6)项规定解决实体问题的除外。

第 795 条

对审前准备法官的裁定,不准许提出缺席裁判异议。

对审前准备法官的裁定,只准许与实体判决一同上诉或向最高司法法院上诉。

但是,对审前准备法官做出的有关鉴定或推迟裁判的裁定,准许上诉。

对审前准备法官做出的下列裁定,准许自送达后十五日内上诉:

(1)对终结诉讼程序的附带事件做出的裁定,具有终结诉讼程序或确认诉讼终结的效力;

(2)对程序抗辩或不予受理抗辩做出的裁定;

(3)对离婚或分居关系命令采取临时性措施的裁定;

(4)诉讼请求价值超过终审管辖权限额,债权的存在没有严重争议时,对债权人采取临时性措施的裁定。

第 796 条

审前准备法官在符合第 155 条第 3 款的规定下,监督由其命令采取的调查取证措施的执行。

第 797 条

在命令的调查取证措施执行中,诉讼程序由审前准备法官负责推进。

第三节　审前准备程序结束和移送庭审辩论

第 798 条

在第 778 条、第 779 条、第 799 条和第 800 条规定的情形中,裁定宣告审前准备程序结束,不用说明理由;对此裁定,不准许提起任何救济。裁定副本发送给律师。

第 799 条

除第 781 条第 2 款规定的情形外,审前准备法官在案件状态允许时宣告审前准备程序结束,移送案件进行辩论;辩论日期由庭长确定或审前准备法官在取得此项委派授权后确定。审前准备程序的结束日期,应当尽可能接近确定庭审辩论的日期。

如果审前准备法官认为有必要制作一份报告呈至庭审辩论,可以要求律师在确定日期向书记室提交案卷,尤其包括提供的书证。

如果当事人同意诉讼程序适用《司法组织法典》第 L212-5-1 条不开庭审理的规定,审前准备法官在案件状态允许时宣告审前准备程序结束,确定案卷提交法庭书记室的日期。书记员告知当事人,必要时也告知检察官。

直至辩论开始或直至确定律师提交案卷的日期,审前准备法官具有管辖权。

第 800 条

如果一名律师没有在指定期间内完成诉讼文书,审前准备法官可以依职权或依据另一方当事人的申请命令结束审前准备程序;但在当事人提出申请的情形下,审前准备法官可以做出说明理由的裁定进行拒绝,对此裁定不准许提起救济。裁定副本寄送缺席当事人的实际住所或居所。

审前准备法官可以依职权或在收到相关诉讼意见书后,撤回结束审前准备程序裁定的部分内容,允许对一方当事人在结束审前准备程序裁定做出后提出的新诉讼请求或新理由进行答辩。当存在重要理由并且得到证明时,也可以进行上述撤回。

如果其他当事人均没有提交诉讼意见书,法官命令结束审前准备程序并移送案件。

第 801 条

如果律师们均没有在指定期间内完成诉讼文书,审前准备法官可以在向律师告知意见后依职权做出注销案件的裁定,对此裁定不准许提起救济。

向各方当事人发送的上述裁定副本,通过平信寄送他们的实际住所或居所。

第 802 条

在结束审前准备程序裁定做出后,不允许在辩论中提交任何诉讼意见书和提供任何书证,否则法院依职权宣告不予受理。

但是,法院可以受理下列请求:自愿参与诉讼的请求;直至辩论开始前产生的租金、欠款、利息和其他过期的款项和垫付款,对它们的扣除没有引起严重争议;要求撤销结束审前准备程序裁定的请求。

法院也可以受理要求诉讼程序在中断时恢复进行的诉讼意见书。

第 803 条

对结束审前准备程序裁定的撤销,只能根据在裁定做出后产生的重要事由进行;在审前准备程序结束后,委托律师的行为自身不构成撤销事由。

如果自愿参与诉讼的请求在审前准备程序结束后提出,只有当法院能立即对案件整体做出裁判时,才能撤销结束审前准备程序裁定。

对结束审前准备程序裁定的撤销,可以依职权或依据当事人的申请进行,由审前准备法官做出说明理由的裁定或在辩论开始后由审判庭做出裁判。

第 804 条

在庭审中当事人辩论开始前,审前准备法官提交一份口头报告。例外情形下,由法庭庭长或指定的另一名法官进行口头报告。

报告中阐明当事人的诉讼标的和理由,详细阐述纠纷中涉及的事实问题和法律问题,指明辩论中应当澄清的争点,但不得提供制作报告的法官意见。

第 805 条

如果律师们没有提出反对,审前准备法官或负责报告的法官可以留在庭审中听取当事人的辩论。在法庭的评议中,审前准备法官可以汇报自己的意见。

第 806 条

当适用第 799 条第 3 款时,法庭庭长在提交案卷期间届满后,告知当事人进入评议的法官姓名和做出裁判的日期。

当法院认为依据书面证据不能做出裁判或一方当事人提出请求时,依据第 444 条的规定处理。

第 807 条

法院命令的调查取证措施在审前准备法官的监督下执行,同时符合第 155 条第 3 款的规定。

调查取证措施完成后,分配审理案件的法庭庭长依据上面第二节的规定,把案件移送法院或审前准备法官举行的庭审。

第二章　非讼程序

第 808 条

诉讼请求由一名律师提出,或由依据现行规定具有此项权利的一名公务人员或司法助理人员提出。

第 809 条

非讼案件应当报送检察院。

第 810 条

案件报告法官由分配审理案件的法庭庭长指定。

案件报告法官在审前准备阶段具有与法院相同的权力。

第 811 条

如果进行辩论,检察院应当列席或提出自己的意见。

第三章　独任法官

第 812 条

在庭审日期确定前,均可以决定把案件分配给独任法官。

独任法官审理的案件,由法院院长分配或由受理案件、分配审理案件的法庭庭长分配。

第 813 条

案件分配给独任法官时,独任法官行使与法院和审前准备法官相同的权力。

如果案件后来移交合议庭审理,必要时根据法庭庭长的决定,由具有审前准备法官权力的同一法官或由审前准备法官继续进行审前准备。

第 814 条

分配给独任法官和移交合议庭,均记载于案卷中。应当把此事项告知委托的律师。

在免除律师代理的案件中,上述事项通过有回执的挂号信寄送当事人。

第 815 条

请求把已分配至独任法官的案件移交合议庭审理,应当在收到第814 条告知事项后十五日内提出,逾期无效。

法院院长或委派的代表随时可以决定把案件移交合议庭。

第 816 条

第 814 条第 2 款和第 815 条第 1 款的规定,在放弃请求把案件移交合议庭权利的情况下,停止适用。

第三副编　口头程序

第一章　普通程序

第 817 条

依据第 761 条免除当事人委托律师代理义务时,程序口头进行,但各案件适用另有规定的除外。

第 818 条

通过传唤书提起诉讼;或者,通过当事人共同递交或寄送起诉书提起诉讼。

当诉讼请求价值不超过 5000 欧元或以先行和解为目的提出诉讼请求时,也可以由一方当事人通过起诉书提起诉讼。

第 819 条　【保留】

第一节　先行和解

第 820 条

以先行和解为目的的诉讼请求,通过向法院书记室递交或寄送起诉书提出。

诉讼请求经登记后,产生中断时效和起诉期间的效力。

第一目　委托司法和解员促进和解

第 821 条

法官可以委托一名司法和解员先行促进和解。

法院书记员通过任何方式把上述委托决定告知被告。告知时,指明原告的姓名、职业、住所和诉讼标的。

第 822 条

法官的委托决定可以采取任何方式告知原告和司法和解员。向司法和解员寄送起诉书副本。

司法和解员适用第129-3条至第129-5条、第130条和第131条促进先行和解。法院依据司法和解员的要求可以延长先行和解的期间,但必要时应当征询当事人的同意。

如果先行和解失败,司法和解员把情况告知法官,同时说明确认和解失败的会议日期。

第823条

法院书记员寄送当事人的通知中明确告知各方当事人有权在司法和解员面前,委托有资格在法官面前辅助参加诉讼的人员辅助参与和解。

而且,应当告知当事人可以依据第833条和第836条向法院请求确认和解协议或调解失败后进行判决;法条内容可以直接转载于通知中。

第824条

当事人请求确认和解协议时,司法和解员将其转交法官。同时,附上和解协议副本。

第二目　法官促成的和解

第825条

当法官亲自促进先行和解时,书记员通过任何方式通知原告召开和解会议的地点、日期和时间。

通过平信向被告发出传唤通知。传唤通知中写明原告的姓名、职业、住址和诉讼标的。

在上述通知和传唤通知中明确写明当事人有权委托第762条列举的人员辅助参加和解。

第三目　和解失败后请求判决

第826条

当先行和解全部或部分失败时,原告可以请求法院对初始诉讼请求的全部或部分进行审理。

法院依据第818条规定的方式受理案件。

第二节　审判程序

第一目　和解

第 827 条

法官应当努力促进当事人和解。

在诉讼进行中,法官可以随时要求当事人在确定的地点、日期和时间与一名司法和解员进行会面。根据情况,通过传唤到庭通知或任何方式向当事人进行告知。告知中指明审查案件的庭审日期,由法官确认和解或解决纠纷。法官也可以在庭审中提出上述要求。

第二目　辩论

第 828 条

在诉讼程序的任何阶段,当事人可以表明同意诉讼程序适用《司法组织法典》第 L212-5-1 条不开庭审理的规定。

在此情形下,当事人提交书面的诉讼请求和理由。判决的做出应当遵守对审原则。

如果法院认为根据书面证据不能做出裁判或一方当事人提出请求,可以决定召开庭审。

第 829 条

在诉讼进行中各方当事人同意不开庭审理时,向法院书记室递交或寄送表明同意的文书中应当包含下列事项,否则无效:

(1)如果是自然人,指明姓名、职业、住所、国籍、出生日期和地点;

(2)如果是法人,指明法律形式、名称、总部所在地和法定代表机构。

上述文书应当由提出者亲自撰写并注明日期和签名。提出者应当在同意文书中附上证明自己身份并包含签名的正式文件的原件或副本。

第 830 条

在庭审中没有达成和解时,案件立即进入审判阶段;如果案件尚未处于等待审判的状况,移交下一次庭审。在此情形下,书记员通过任何方式告知没有收到庭审日期口头通知的当事人。

第 831 条

法官依据第 446-1 条第 2 款准许一方当事人提出的免予出席下次庭审的请求。在此情形和第 828 条第 1 款、第 2 款提到的情形中,法官组织当事人之间的证据材料和诉讼文书的交换。交换通过有回执的挂号信或律师间通知的方式进行，并且在法官指定的期间内进行。法官告知当事人做出裁判的日期。

第 832 条

在不影响第 68 条适用的前提下，依据《民法典》第 1343-5 条请求给予支付期间的附带请求可以通过邮件提交或寄送书记室。同时，附上当事人希望援引支持诉讼请求的书证。法官在庭审中把附带请求告知其他当事人；也可以让书记员通过有回执的挂号信并附上书证，通知其他当事人。

在符合第 446-1 条第 2 款的情形下，附带请求的提出者不用出席庭审。在此情形下，对抗此当事人提出的诉讼请求，法官只有认为合法、可以接受并且具有充分理由时才能支持。

第 833 条

自书记员通过任何方式向当事人发出告知后，中止的诉讼程序继续进行。

第二章　紧急审理裁定

第 834 条

在紧急情形下，初审法院院长或保护诉讼法官在管辖范围内，可以紧急命令采取不会引起严重异议或证明纠纷存在的各项措施。

第 835 条

为防止即将发生的损害或制止明显非法的侵害，初审法院院长或保护诉讼法官在管辖范围内，始终有权紧急命令采取保全措施或必需的恢复原状措施，即使提出严重异议也不受限制。

当对债务的存在没有提出严重异议时，初审法院院长或保护诉讼法官同意对债权人支付预付款，或涉及作为债务时命令履行债务。

第 836 条

前两条规定的初审法院院长的权力，可延伸至没有特别规定紧急审理程序的全部案件中。

第 837 条

依据一方当事人的申请并且证明具有紧急情形时，适用紧急审理程序受理案件的初审法院院长或保护诉讼法官，可以把案件移送确定的庭审日期对案件实体做出裁判。上述院长或法官应当保障被告具有充分时间准备抗辩。裁定产生法院受理的效力。

受移送的法院要求律师强制代理时,依据第 842 条和第 844 条第 2 款至第 4 款的规定进行诉讼。院长命令重新传唤没有出庭的被告时,由原告提请执达员传唤被告。

第 838 条

初审法院院长对劳动合同中产生的争议具有管辖权时持有相同权限。

第三章　实体审理加速程序

第 839 条

当法律或条例规定适用实体审理加速程序时,初审法院院长在符合第 481-1 条的条件下受理案件。

第四副编　其他程序

第一章　确定日期程序

第 840 条

对适合普通书面程序审理的案件,初审法院院长在紧急情形下可以依据原告的起诉书,授权其传唤被告于确定日期参加诉讼。如有必要,院长指定分配审理案件的法庭。

起诉书应当说明紧急情形的理由,包含原告的诉讼意见书和书证。

起诉书和书证的副本应当递交院长,归入法院案卷中。

第 841 条

传唤书应当指明院长确定的召集审理案件的日期和时间以及分配审理案件的法庭,否则无效。起诉书副本附于传唤书中。

传唤书告知被告可以向书记室查看起诉书中的书证副本,同时催促被告在开庭前交换将要援引的书证。

第 842 条

被告应当在开庭前委托律师参加诉讼。

第 843 条

法院依据向书记室递交的传唤书副本受理案件。

传唤书副本应当在确定的庭审日期前递交,否则无效。

确认传唤书的无效,由分配审理案件的法庭庭长依职权做出裁定。

第 844 条

法庭庭长应当确保在开庭日前留有充足的时间,以便被传唤的当事人能有效准备抗辩。

如果被告已委托律师,即使被告没有提交诉讼意见书或仅提供简单的口头诉讼意见,案件立即按其所处状态进行审理。

必要时,法庭庭长可以实施第779条规定的权力,或把案件返回审前准备法官。

如果被告没有委托律师,按照第778条的规定进行诉讼。

第二章　依据申请书进行裁定

第 845 条

在法律专门规定的情形下,初审法院院长或保护诉讼法官依据申请书受理案件。

因为当时情形决定不能做出对席裁定时,初审法院院长或保护诉讼法官可以依据申请书做出裁定采取任何紧急措施。

与正在进行的诉讼有关的申请书,应当向分配审理案件的法庭庭长或已经受理案件的法官提交。

第 846 条

申请书由一名律师提交,或由一名按照现行规定有权利提交的公务人员或司法助理人员提交。

在当事人免除委托律师代理的案件中,由申请人或其他委托的人员向法院书记室递交或寄送申请书。如果在诉讼进行中提交申请书,应当指明已经受理案件的法院。

第三章　依据刑事法院移送决定进行的程序

第 847 条

依据《刑事诉讼法典》规定的条件和方式把案件移送初审法院,请求对由作为刑事起诉基础的事实而产生的损害赔偿适用民事法律进行审理时,初审法院的书记室至少提前一个月,对已参与刑事附带民事诉讼中的当事人和移送决定中提到的可能承担责任的第三人,通过有回执的挂号信传唤他们到庭参加诉讼。附有移送决定副本的传唤通知书,等同于法庭传票。

在不超过两个月的期间内,法院书记室应当传唤当事人到庭。

传唤通知书应当写明必须委托律师代理诉讼。传唤通知书中指明在任何情形下,即使受害人以外的当事人与移送决定中提到的有责任的第三人不到庭,仍可以对他们做出具有预先执行效力的裁判。

如果社会保障机构、损害强制保险机构的保证基金、恐怖犯罪行为或其他刑事犯罪行为的受害人保证基金没有参与刑事诉讼,由法院书记室通过有回执的挂号信传唤至同一庭审。移送决定副本附于传唤通知书中。

在庭审中,强制委托律师代理的情形按照第776条至第779条的规定进行诉讼。否则,按照第827条至第833条的规定进行诉讼。

符合第835条规定的条件时,在紧急情形下可以同意支付预付款。

第四章　集团诉讼

第 848 条

在符合各案件特别规定的前提下,本副编适用于依据2016年11月8日第2016-1547号《关于21世纪司法现代化的法律》第五编提起的集团诉讼:

(1)基于2008年5月27日第2008-496号《关于与歧视抗争的欧盟法转化的若干规定的法律》提起的诉讼;

(2)基于《劳动法典》第L1134-6条至第L1134-10条提起的诉讼;

(3)基于《环境法典》第L142-3-1条提起的诉讼;

(4)基于《公共卫生法典》第一部分第一卷第四编第三章提起的诉讼;

(5)基于1978年1月6日第78-17号《关于信息科学、数据和自由的法律》第37条提起的诉讼。

第一节　一般规定

第 849 条

被告所在地的初审法院具有地域管辖权。

被告居住在外国或没有已知的住所或居所时,巴黎初审法院具有地域管辖权。

第 849-1 条

传唤书中除根据情况载明第 752 条或第 753 条规定的事项外,还应当明确说明原告基于诉权提起的个人诉讼,否则无效。

第 849-2 条

诉讼请求的提出、审理和裁判,适用普通书面程序的规定。

第二节　终止违反义务行为

第 849-3 条

当法官指定第三人采取措施终止违反义务行为时,通过有特别说明理由的决定书宣告委派第三人的主要任务以及第三人向其提交报告的期间。

第三人的选择从证明具有与完成任务领域相符合能力的职业人士中产生。

第 849-4 条

自指定第三人的决定宣告后,法院书记室通过任何方式把决定书副本通知第三人。

第三人应当把他的接受立即告知法官。第三人在收到第 849-5 条中预付款后开始实施任务,但法官命令立即实施的除外。

第 849-5 条

第三人完成任务的费用由违反义务行为人承担。指定第三人的法官确定预付款中给予第三人报酬的数额,尽可能接近预估的最终报酬数额;同时,法官确定违反义务行为人把预付款存交法院秘书处的期间。必要时,法官还确定存交上述款项的最后期限。

第 849-6 条

在法官指定的期间结束时,第三人应当提交报告并附报酬数额请求,同时通过任何具有回执的方式向当事人寄送一份报告副本。如可能,违反义务行为人自收到报告副本后十五日内,向第三人和法官寄送对报酬数额请求的书面意见。

第 849-7 条

书记员要求违反义务行为人,在指定的期间按照指定的方式,向法院书记室存交预付款。

第 849-8 条

当第三人遇到妨碍其完成任务的困难或委派的任务范围必须扩展时,应当向当事人和法官进行报告。

法官可以自行宣告延长第三人提交报告的期间。

第 849-9 条

根据案件的复杂性需求,第三人在证明任务进展情况后,经法官同意可以先行提取存交的部分预付款项。

已存交的预付款明显不足时,根据已经进行的工作情况或将要进行的工作,第三人立即向法官报告;如有必要,法官命令补充预付款项。没有在法官确定的期间和按照确定的方式补交时,并且没有期间延长的例外情形,第三人按照当前的任务进展状态提交报告。

第 849-10 条

对违反义务行为人指定提交书面意见的期间届满后,法官根据第三人完成任务情况,以及对指定期间的遵守和工作质量确定报酬。

法官授权第三人从法院书记室的存交款项中取走按照正常市场价格应当获得的报酬。法官视情形命令向第三人支付补充款项或命令返还多余的存交款项。

当法官准备对第三人确定低于请求数额的报酬时,应当事先提请第三人提供书面意见。

法官向第三人发放执行依据。

第三节　损害赔偿

第一目　判决承担责任

第 849-11 条

当判决认定被告应当承担责任时,如果适用前面提及的 2016 年 11 月 18 日法律第 67 条命令被告采取公开措施,在判决中应当确定被告采取公开措施的期间;否则,期间届满后由原告采取公开措施,但由被告承担费用。

第 849-12 条

当判决认定被告应当承担责任时,在判决中应当具体写明适用个体损害赔偿程序或集体损害赔偿清算程序。

第 849-13 条

法官命令采取的告知措施中,除判决中可能规定的事项外,还应当包括：

（1）裁判主文的转载；

（2）依据适用个体损害赔偿程序或集体损害赔偿清算程序，当事人提供的接收任何利害关系人寄送自己损害赔偿请求的邮寄地址；

（3）损害赔偿请求的形式、内容和寄送期间；在个体损害赔偿程序中，利害关系人可以选择寄给被认为应当承担责任的人或提起诉讼的原告；在集体损害赔偿清算程序中，利害关系人寄给提起诉讼的原告；

（4）指明寄给原告的损害赔偿请求，即是同意原告请求损害赔偿的委托授权，必要时在被宣判承担责任的人拒绝赔偿时同意原告提起赔偿诉讼或在赔偿诉讼后请求强制执行判决的授权；还应当指明，可以随时终止委托授权，并且此委托授权不等于同意加入提起诉讼的协会的声明；

（5）指明如果利害关系人没有按照判决确定的方式和期间提起损害赔偿请求，不能在集团诉讼中获得损害赔偿，但其始终有权以个人名义起诉请求损害赔偿；

（6）指明如果加入集团诉讼，利害关系人不得再以个人名义对被认为应当承担损害赔偿责任并已进行赔偿的人提起诉讼，但其始终有权对其他损害提起诉讼；

（7）指明利害关系人应当提供有利于支持诉讼请求的所有文件。

第二目　判决的执行和损害赔偿

（一）集团诉讼的加入

第 849-14 条

加入集团诉讼采取损害赔偿请求的形式。按照法官确定的方式和期间，通过任何具有回执的方式提出损害赔偿请求：

（1）当适用个体损害赔偿程序时，向诉讼程序中的一方当事人提出；

（2）当适用集体损害赔偿清算程序时，向提起诉讼的原告提出。

损害赔偿请求中应特别写明利害关系人的姓名和住所，必要时还有接收与诉讼程序相关信息的电子邮箱。

损害赔偿请求中还应当证明符合加入集团诉讼的条件。

第 849-15 条

在个体损害赔偿程序的进行中，当利害关系人直接向被认为应当承担责任的人提交损害赔偿请求时，应当告诉提起诉讼的原告；如果存在多数原告,选择向其中一人告知。

第 849-16 条

允许加入集团诉讼的人,如果没有在确定被告承担责任的判决中规定的期间和按照第 849-13 条规定的条件加入,将不再允许在集团诉讼中提出损害赔偿请求,也不能委托集团诉讼的原告代理诉讼。

第 849-17 条

利害关系人加入集团诉讼后,即是同意给予集团诉讼的原告请求损害赔偿的委托授权;在委托授权中,包含以利害关系人的名义完成所有诉讼文书,以及为获得损害赔偿在集团诉讼范围内进行各种行为,也包括诉讼救济。

委托授权,还包含原告垫付在诉讼程序中产生的诉讼费用和其他费用的预付款,以及在可能进行的调查取证和请求损害赔偿的诉讼中代理利害关系人参加诉讼。

利害关系人可以随时终止委托授权。利害关系人应当通过任何取得回执的方式告知原告,也应当立即告知被认为应当承担责任的人。委托授权的撤回导致放弃加入集团诉讼。

(二)由法官执行损害赔偿和强制执行判决

第 849-18 条

取得损害赔偿委托授权的集团诉讼原告,被视为《民事执行程序法典》第 L111-1 条和第 L111-2 条中的债权人,有权对依据前面提及的 2016 年 11 月 18 日法律第 71 条或第 73 条做出的判决申请强制执行。

第 849-19 条

在所有由法官执行损害赔偿和强制执行判决的文书中,集团诉讼原告应当在法律规定的事项外详细写明其所代表的人员身份,否则无效。

(三)集团诉讼成员取得的损害赔偿金管理

第 849-20 条

集团诉讼原告为法官确定的利益遭受损害的人在信托寄存处集体开设一个专门账户。

在符合 1991 年 11 月 27 日第 91-1197 号法令第 240 条的情形下,依据前面提及的 2016 年 11 月 18 日法律第 68 条和第 74 条收到的款项立即由集团诉讼原告存放于根据上款规定开设的账户。

集团诉讼原告在责任范围内对本条第 1 款所指开设账户中的款项有调动和关闭账户的专属权限。

信托寄存处对本条第 1 款开设账户管理征收的管理费不纳入转入的损害赔偿金额中。

第四节　其他规定

第 849-21 条

对缺席参加诉讼的原告,通过附带请求提出变更原告。

当法官支持对缺席原告的变更请求时,在收到诉讼意见后对适用前面提及的 2016 年 11 月 18 日法律第 68 条规定的全部或部分预付款的支付做出裁判。

变更将引起利害关系人同意的委托授权转移给变更后的原告。

缺席原告应当把持有的书证交给变更后的原告并由后者出具收据;必要时,为利害关系人的利益一并转交赔偿金。转交前缺席原告不能免除自己的义务。

第五副编　其他规定

第一章　电子诉讼

第 850 条

在普通书面程序和确定日期程序中,除第 840 条中起诉书以外的诉讼文书,均通过电子方式提交法院,否则法院依职权不予受理。

当诉讼文书因外在原因不能通过电子方式提交时,按照第 769 条规定的方式制作书面文件,递交或通过有回执的挂号信寄送法院书记室。如果文书为起诉书或上诉书,应当按照收件方的人数再加上两份,向法院书记室递交或寄送相应份数的副本。

当诉讼文书通过邮局寄送时,法院书记室按照发出邮局盖章日期进行登记,并向发件人通过任何方式寄送一份收据。

通过电子方式向当事人律师发送意见、通知或传唤,但因发件人的外在原因无法进行的除外。

司法部决议确定电子诉讼适用的具体方式。

第二章　司法行政措施

第 851 条

依据第 155-1 条规定的条件指定的法官在负责审查调查取证措施执行时,同时对紧急审理程序中命令采取的调查取证措施进行审查,但法院内不同法庭或机构对法官的分配另有安排的除外。

上述法官也审查审前准备法官适用第 789 条命令采取的措施,但该审前准备法官保留此审查权的除外。

第 852 条

初审法院院长可以把本卷赋予的权力全部或部分委托一名或多名法官行使。

法庭庭长也可以把第二副编规定的职能全部或部分委托法庭内的法官行使。

第二编 【保留】

第三编 商事法院的特别规定

第 853 条

在商事法院,当事人应当委托律师代理诉讼,但有相反规定的除外。

委托律师即为选择住所。

在《商事法典》第六卷规定的程序或有关商事注册、公司注册事项的纠纷中,诉讼请求价值小于或等于 10000 欧元时,当事人在法律或条例规定的情形中免除委托律师代理诉讼的义务。

在上述情形下,当事人有权利选择任何人员辅助或代理参加诉讼。

如果诉讼代理人不是律师,应当证明取得特别授权。

第一章 商事法院的程序

第一节 提起诉讼

第 854 条

向商事法院提起诉讼,通过传唤书提出或通过向书记室共同递交起诉书提出。

第一目 传唤书

第 855 条

传唤书中除载明第 54 条和第 56 条规定的事项外,还应当包括原告居住在外国时其在法国选定住所内居住人员的姓名和地址,否则无效。

提起诉讼的文书中必须写明被告可以或应当委托他人辅助或代理诉讼的条件,必要时还有原告诉讼代理人的姓名,以及包括支付请求时应当写明第 861-2 条的规定。

第 856 条

传唤书应当至少在庭审日期十五日前发出。

第 857 条

法院依据一方当事人向书记室递交传唤书副本而受理案件。

传唤书副本最迟应当在开庭八日前递交;否则,法院院长或审前准备法官视情形依职权或依据一方当事人的申请裁定传唤书无效。

第 858 条

在紧急情形下,经法院院长许可,缩短出庭期间和传唤书递交期间。

在海商案件和空运案件中,如果当事人没有住所或涉及紧急事项和临时执行事项,提出传唤书的时间可以按小时计算,不必经法院院长许可。

第二目 共同起诉书

第 859 条

各方当事人可以向书记室共同递交起诉书提起诉讼。

第 860 条

法院依据当事人共同递交的起诉书受理案件。

第二节 诉讼程序

第一目 一般规定

第 860-1 条

程序口头进行。

第 860-2 条

如果当事人之间有希望进行和解时,审判庭可以指定一名司法和解员促进和解。此项指定简单记载于案卷中。

第 861 条

如果没有达成和解协议,案件尚未处于等待判决的状态,审判庭把案件推迟至下一次庭审或委派审判庭中一名成员进行审前准备。

除案件在第一次庭审做出判决外,书记员可以通过任何方式把随后的开庭日期通知没有口头告知的当事人。

第 861-1 条

负责组织出庭当事人进行证据材料和诉讼文书交换的审判庭,可以依据第 446-1 条第 2 款在一方当事人提出免予出庭下次庭审的申请时免除出庭义务。在此情形下,当事人的交换采取有回执的挂号信或律师间的通知进行,并且在法官指定的期间内向法院提交完成交换的证明。

第 861-2 条

在不影响第 68 条规定的前提下,依据《民法典》第 1343-5 条请求给予支付期间的附带请求,可以通过向登记地的书记室递交和寄送申请书而提出。附带请求的提出者应当证明在庭审前已通过有回执的挂号信把此请求告知对方当事人。当事人援引支持其支付期间的附带请求的书证附于申请书中。

在符合第 446-1 条第 2 款的情形下,附带请求的提出者不用出席庭审。在此情形下,对抗此当事人提出的诉讼请求,法官只有认为合法、可以接受且具有充分理由时才能支持。

第二目　审前准备法官

第 861-3 条

审前准备法官必要时组织出庭当事人按照第 446-2 条规定的条件和惩罚措施进行交换。

审前准备法官可以依据第 861-1 条规定的条件,免除一方当事人在之后庭审中出庭的义务。

第 862 条

审前准备法官可以听取当事人的意见。

审前准备法官拥有第 446-3 条规定的审前准备权力。

第 863 条

审前准备法官确认当事人的和解协议,包括部分和解协议。

审前准备法官也可以依据第 860-2 条规定的条件指定一名司法和解员。

第 864 条

审前准备法官有权进行诉讼的合并和分离。

第 865 条

审前准备法官可以命令采取各项调查取证措施,甚至依职权命令进行。

审前准备法官对书证交换中产生的困难进行处理。

审前准备法官可以确认诉讼程序的终结。如有必要,对依据第 700 条产生的诉讼费用和诉讼请求进行裁判。

第 866 条

审前准备法官采取的措施简单记载于案卷中,同时告知当事人。

但是,在前条所指情形中,审前准备法官应当在符合调查取证措施的特别规定的情形下做出具有理由的裁定。

第 867 条

审前准备法官的裁定对本诉不具有既判力。

第 868 条

对审前准备法官的裁定,不准许独立于实体判决之外提起救济。

但是,如果在与鉴定有关的情形和条件或裁定确认诉讼程序终结后十五日内,对上述裁定准许提起上诉。

第 869 条

对案件进行审前准备的过程中,审前准备法官认为案件需要时可以把案件移交法院。

第 870 条

如果审判庭庭长要求,审前准备法官在庭审中于当事人辩论前提交案件的口头报告。报告也可以由审判庭庭长或其指定的一名审判庭成员提交。

报告阐明当事人诉讼请求的标的和理由,详细说明纠纷中提及的事实问题和法律问题,指明辩论中需澄清的因素,但不得表明制作报告的法官对案件的意见。

第 871 条

如果当事人不反对,审前准备法官也可以单独主持庭审,听取当事人意见,并在合议庭评议时提交上述意见。

第二章　商事法院院长的权力

第一节　紧急审理裁定

第 872 条

在紧急情形下,商事法院院长在管辖权限内,可以紧急命令采取不会遭到严重异议或证明纠纷存在的各项措施。

第 873 条

为防止即将发生的损害或制止明显违法的侵害,商事法院院长可以在相同权限内紧急命令采取保全措施或强制恢复原状,即使在提出严重异议时也可以采取。

当对债务的存在没有严重争议时,商事法院院长同意对债权人支付预付款,或涉及作为债务时命令履行债务。

第 873-1 条

当一方当事人提出申请并且证明具有紧急情形时,受理紧急请求的商事法院院长可以把案件移交由其确定日期的庭审并做出实体判决。商事法院院长应当保障被告有充足时间准备抗辩。做出裁定即告法院受理。

第二节　依据申请书做出的裁定

第 874 条

在法律有专门规定的情形下,商事法院院长依据申请书受理案件。

在库存商品质押和动产抵押的案件中,当事人免除委托律师代理诉讼的义务。

在上述案件中,当事人可以自行提交申请书。

当事人有权选择任何人辅助或代理参加诉讼。

如果诉讼代理人不是律师,应当证明取得特别授权。

第 875 条

当案件情况决定不能对席审理时,商事法院院长可以在管辖权限内依据申请书命令采取所有紧急措施。

第 876 条

在紧急情形下,申请书可以提交至商事法院院长的住所或其进行职业活动的地点。

第 876-1 条

在法律或条例规定的情形中,商事法院院长适用实体审理加速程序做出裁判。

第三章　其他规定

第 877 条

商事法院不受理对其判决的强制执行申请。

第 878 条

商事法院院长可以将本编规定的全部或部分权力委托法院的一名或多名成员行使。

第 878-1 条

初审法院依据《商法典》第 L722-4 条审理商事案件时,诉讼请求的提出、审理和裁判适用本编规定。

第四编　劳动法院的特别规定

第 879 条

法院审理劳动争议案件,适用《劳动法典》第 R1451-1 条至第 R1471-2 条的规定。

第五编　农村租约对等法院的特别规定

第一章　普通程序

第 880 条

不动产所在地的农村租约对等法院具有地域管辖权。

第 881 条

农村租约对等法院由两个分庭组成时,案件依据约束当事人的合同性质提交至有管辖权的分庭。

但是,如果其中一个分庭不能组成或不能运作,案件提交至另一分庭。

第 882 条

农村租约对等法院适用初审法院的普通口头程序,但应当遵循下列条文的规定。

第 883 条

当事人有权委托他人辅助或代理诉讼。

但是,在先行和解中,当事人必须亲自到场,但在具备法定理由时可以委托诉讼代理人到场。

第 884 条

有资格辅助或代理当事人进行诉讼的人员,包括:

(1)律师;

(2)司法执达员;

(3)家庭成员;

(4)依据 1990 年 1 月 23 日第 90-85 号法律第 83 条,当事人的同居者或签订同居互助协议的人;

(5)依据 1990 年 1 月 23 日第 90-85 号法律第 83 条,农业行业组织的成员或工作人员。

第 885 条

诉讼请求的提出和通过向法院书记室递交或寄送起诉书,以及通过寄送执达员文书,请求法院受理案件,适用第 54 条至第 57 条的规定。

在所有情形下,起诉书应当指明依据的理由,即使采取简要方式也应当指明。

如果是有关在不动产文件中公告的诉讼请求,则通过执达员文书提出。

第 886 条

法院书记室在法院院长确定的日期至少提前十五日通过有回执的挂号信传唤被告。通过任何方式告知原告庭审的地点、日期和时间。

第 887 条

和解于指定日期在法院进行,同时制作诉讼笔录。

法院可以委托一名指定的司法和解员进行和解。

一方当事人不到场和解时,缺席情况记录于诉讼笔录中。

第 888 条

没有达成和解协议或一方当事人缺席时,院长向到庭的当事人告知案件将发回庭审进行裁判。

对没有口头告知的当事人,依据第 886 条规定的形式和期间进行传唤。传唤通知书中指明如果缺席法院将仅依据对方提供的材料做出判决。

第 889 条

在法院院长确定的庭审日期,至少提前十五日通过任何方式传唤助理审判员,必要时传唤他们的候补人员。

第 890 条 【保留】

第 891 条

农村租约对等法院的裁判,由书记员通过有回执的挂号信通知当事人本人。

第 892 条

对农村租约对等法院的裁判准许上诉时,上诉的提出、审理和裁判适用非强制代理程序。

第二章 紧急审理裁定

第 893 条

在所有紧急情形下,农村租约对等法院的院长在管辖权限内,可以紧急命令采取不会受到严重异议或证明纠纷存在的各项措施。

外国民事诉讼法译丛

法国民事诉讼法典

第 894 条

为防止即将发生的损害或制止明显违法的侵害,法院院长可以在相同权限内紧急命令采取保全措施或强制恢复原状,即使存在严重异议也可以采取。

当对债务的存在没有严重争议时,法院院长可以同意对债权人支付预付款,或涉及作为债务时命令履行债务。

第 895 条

上诉期间为十五日。

上诉的提出、审理和裁判适用第 892 条的规定。

第 896 条

当一方当事人提出申请并且证明具有紧急情形时,受理紧急请求的法院院长可以把案件移交由其确定日期的庭审并做出实体判决。法院院长应当保障被告有充足时间准备抗辩。做出裁定即告法院受理。

第三章　依据申请书做出裁定

第 897 条

在法律有专门规定的情形下,农村租约对等法院院长依据申请书受理案件。

当案件情况决定不能对席审理时,法院院长在管辖权限内也可以依据申请书命令采取所有紧急措施。

第 898 条

如果法院驳回申请,上诉的提出、审理和裁判适用第 892 条的规定。

上诉期间为十五日。

第 898-1 条

在法律或条例规定的情形中,农村租约对等法院院长适用实体审理加速程序做出裁判。

第六编　上诉法院的特别规定

第一副编　合议庭程序

第一章　争讼程序

第 899 条

当事人应当委托律师代理进行诉讼,但有相反规定的除外。

委托律师即为选定住所。

第一节　强制代理程序

第 900 条

上诉,由一方当事人的单独上诉书或各方当事人的共同上诉书提出。

第一目　普通程序

第 901 条

单独上诉书除载明第 57 条的规定事项外,还应当包括下列事项,否则无效:

(1)上诉人委托的律师;

(2)被提起上诉的原审裁判;

(3)接收上诉的上诉法院;

(4)对原审裁判的主文不服而提起上诉的事项,但上诉旨在撤销裁判或案件标的不可分的除外。

单独上诉书由委托律师签名,并附上一份原审裁判副本。单独上诉书递交书记室具有申请庭审日期登记的效力。

第 902 条

法院书记员在收到单独上诉书后,立即通过平信向各被上诉人寄送一份副本,并指明委托律师的义务。

如果寄送信件退回法院书记室或被上诉人在信件寄出后一个月内没有委托律师,法院书记员把此情形告知上诉人的律师,改用执达员送达单独上诉书。

执达员送达单独上诉书,应当在书记员告知后一个月内进行,否则法院依职权宣告上诉无效;但是,在此期间如果被上诉人在送达前委托律师,通过向律师发送通知的方式进行。

执达员在送达文书中应当向被上诉人指明如果没有在送达后十五日内委托律师,法院将仅依据对方当事人提供的材料针对其做出判决;如果没有在第 909 条指明的期间内提交诉讼意见书,法院依职权对提交的书面材料宣告不予接受。如果送达文书没有记载上述事项,送达文书无效。

第 903 条

被上诉人选定律师后,委托律师应当告知上诉人的律师并向书记室提交一份委任代理书副本。

第 904 条

上诉法院第一院长指定分配审理上诉案件的法庭。

书记室将上述内容告知当事人委托的律师。

第 904-1 条

由分配审理上诉案件的法庭庭长确定案件的审理方向,即确定在最短期间内召集审理的日期或指定一名审前准备法官。

书记室将上述内容告知当事人委托的律师。

第 905 条

当案件表明具有紧急情形或已处于等待审判的状态,或当上诉涉及紧急审理裁定或第 795 条第(1)项至第(4)项列举的审前准备法官做出的裁定时,立案庭庭长依职权或依据一方当事人的申请确定立即召集案件的日期和时间;在指定的日期,依据第 778 条至第 779 条规定的方式进行。

第 905-1 条

当法庭庭长确定立即召集案件时,书记室把此事项向上诉人寄送通知,上诉人在收到后十日内采取执达员送达单独上诉书,否则法庭庭长或上诉法院第一院长指定的法官依职权宣告上诉无效;但是在此期间,如果被上诉人在送达前已委托律师,通过向律师发送通知的方式进行。

执达员在送达文书中应当向被上诉人指明如果没有在送达后十五日内委托律师,法院将仅依据对方当事人提供的材料针对其做出判决;如果没有在第 909 条指明的期间内提交诉讼意见书,法院依职权对提交的书面材料宣告不予接受。如果送达文书没有记载上述事项,送达文书无效。

第 905-2 条

上诉人在收到确定立即召集案件的通知后一个月内向书记室提交诉讼意见书,否则立案庭庭长或第一院长指定的法官依职权宣告单独上诉书无效。

被上诉人应当在收到上诉人的诉讼意见书通知后一个月内向书记室递交诉讼意见书,必要时提出附带上诉或引发上诉,否则立案庭庭长或第一院长指定的法官依职权宣告不予接受。

附带上诉或引发上诉中的被上诉人,在收到附带上诉或引发上诉的通知和确定立即召集案件的通知副本后一个月内,向书记室提交诉讼意见书,否则立案庭庭长或第一院长指定的法官依职权宣告不予接受。

上诉程序中受强制参与上诉的第三人,在收到当事人要求他参与上诉的申请书和确定立即召集案件的通知副本后一个月内,向书记室提交诉讼意见书,否则立案庭庭长或第一院长指定的法官依职权宣告不予接受。自愿参与的第三人在自愿参与诉讼后遵循相同的规定,否则面临相同的后果。

立案庭庭长或第一院长指定的法官可以依职权做出裁定,缩短前款条文中规定的期间。

立案庭庭长或第一院长指定的法官,适用本条和第 930-1 条对上诉不予受理、上诉无效、不予接受诉讼意见书、不予接受诉讼文书做出的裁定,对本诉产生既判力。

第 906 条

一方当事人的律师向对方当事人的律师,同时通知诉讼意见书和交换书证;如存在多数当事人,应当告知所有当事人委托的律师。

诉讼意见书副本与通知它们的证明一并递交至书记室。

如果诉讼意见书不予接受,作为基础的已经交换和提交的书证也不予接受。

第 907 条

除适用第 905 条的情形外,案件由分配审理上诉案件的法庭中一名法官依据第 780 条至第 807 条的条件进行审前准备,并且遵守随后的条文。

第 908 条

上诉人应当在递交单独上诉书后三个月内向书记室提交诉讼意见书,否则法院依职权宣告单独上诉书无效。

第 909 条

被上诉人在收到第 908 条所指上诉人的诉讼意见书后,应当在三个月内向书记室提交诉讼意见书,必要时包括附带上诉或引发上诉的提起,否则法院依职权宣告不予接受。

第 910 条

附带上诉或引发上诉中的被上诉人,应当在收到通知后三个月内向书记室提交诉讼意见书,否则法院依职权宣告不予接受。

受强制参与上诉程序的参与人,应当在收到要求参加上诉程序的诉讼请求通知后三个月内向书记室提交诉讼意见书,否则法院依职权宣告不予接受。自愿参与的第三人在自愿参与诉讼后遵循相同的规定,否则面临相同的后果。

第 910-1 条

第 905-2 条和第 908 条至第 910 条所指的诉讼意见书,是指向上诉法院提出并在规定期间通知和递交书记室能够确定纠纷标的的诉讼意见书。

第 910-2 条

命令调解的决定中断第 905-2 条和第 908 条至第 910 条中提交诉讼意见书和提起附带上诉的期间。期间中断的效力直至调解员的任务结束。

第 910-3 条

存在不可抗力的事由时,法庭庭长或审前准备法官可以不适用第 905-2 条和第 908 条至第 910 条规定的处罚后果。

第 910-4 条

当事人应当在第 905-2 条和第 908 条至第 910 条规定的诉讼意见书中一起提交实体诉讼请求,否则法院依职权宣告不予受理。当事人可以对事后对抗自己而提出的诉讼请求主张不予受理。

但是,在符合第 802 条第 2 款的前提下,对原审裁判不服提起上诉的范围内,反驳对方当事人提出的诉讼意见书和书证而提出的诉讼请求,或请求对在第一次诉讼意见书提交后产生的新问题进行裁判的诉讼请求,或因第三人参与诉讼以及对发生或发现的新事实而提出的诉讼请求,法院予以受理。

第 911 条

在向上诉法院书记室递交诉讼意见书的期间内应当向当事人的律师

通知诉讼意见书,否则受到第905-1条、第908条至第910条规定的处罚。对没有委托律师的当事人,应当最迟在上述条文规定的期间届满后一个月内通过执达员送达诉讼意见书,否则受到相同处罚;但是,如果当事人在送达前委任律师,通过向律师通知的方式发送诉讼意见书。

一方当事人依据第910-1条提交的诉讼意见书在第905-2条和第908条至第910条或本条第1款规定的期间内进行通知,通知之日为该当事人向书记室提交诉讼意见书期间的计算起点。

第911-1条

审前准备法官可以根据案件的性质依职权裁定缩短第908条至第910条规定的期间。

依据第902条和第908条主张单独上诉书无效,或依据第909条和第910条主张诉讼意见书不予受理,由审前准备法官在审查当事人的书面陈述后做出裁定进行宣告。宣告无效的裁定不能被撤销。

依据第902条、第905-1条、第905-2条或第908条认定单独上诉书无效或宣告上诉不予受理后,提出上诉的当事人不得再行对相同当事人和相同判决提出主上诉。

同样,在按照规定向被上诉人通知上诉人的诉讼意见书后,被上诉人没有在第905-2条和第909条规定的期间内提出附带上诉和引发上诉,或者虽提出附带上诉和引发上诉但被法院宣告不予受理,被上诉人不得再行提出主上诉。

第911-2条

在下列情形下,第905-1条第1款、第905-2条、第902条第3款和第908条规定的期间可以延长:

(1)当向位于法国本土的法院,由居住在瓜德罗普岛、圭亚那、马提尼克岛、留尼旺岛、马约特岛、圣巴尔代莱弥、圣马丁、圣皮埃尔岛和密克隆岛、法属波利尼西亚、瓦利斯群岛和富图纳群岛、新喀里多尼亚、法属南半球和南极洲的当事人提出上诉请求时;或者,向设立在瓜德罗普岛、圭亚那、马提尼克岛、留尼旺岛、马约特岛、圣巴尔代莱弥、圣马丁、圣皮埃尔岛和密克隆岛、瓦利斯群岛和富图纳群岛的法院,由没有居住在这些区域的当事人提出上诉请求时,延长一个月。

(2)当上诉人居住在外国时,延长两个月。

第905-2条、第909条和第910条中被上诉人和受强制参与上诉的第三人的期间也依据相同条件和相同方式延长。

第 912 条

审前准备法官自诉讼意见书提交和书证交换的期间届满后十五日内审查案件。

审前准备法官确定审前准备程序终结的日期和当事人辩论的日期。但是,有必要进行新诉讼意见书的交换时,在符合第 910-4 条的规定下征询律师意见后确定日程。

在所有情形下,于确定当事人进行辩论的庭审日期,提前十五日把案卷递交上诉法院;案卷中包含诉讼意见书提到的书证副本并且按照摘要清单中的顺序进行标注。

第 913 条

审前准备法官可以命令律师依据第 954 条和第 961 条的规定提交诉讼意见书。

第 914 条

审前准备法官在被指定后直至审前准备程序终结,对当事人提交的下列诉讼意见书具有专属管辖权:

(1)宣告上诉无效;

(2)宣告上诉不予受理和解决引起上诉应否受理的问题;主张上诉不予受理的理由应当同时提出,否则不予受理;

(3)适用第 909 条和第 910 条宣告诉讼意见书不予受理;

(4)适用第 930-1 条宣告诉讼文书不予受理。

在审前准备程序终结后,当事人在上诉法院不得再援引上述无效或不予受理事由,之后产生和发现的事由除外。但是,在不影响本条最后一款适用的前提下,上诉法院可以依职权解除因为上诉不予受理和上诉无效而引起的不予受理后果。

审前准备法官因为上诉不予受理或上诉无效做出的不予受理裁定,以及适用第 909 条、第 910 条、第 930-1 条对诉讼意见书和诉讼文书做出的不予受理裁定,对本诉具有既判力。

第 915 条

审前准备法官在受理案件后,对中止被错误定性为终审判决的执行以及实施预先执行中授予的权力具有专属管辖权。

第 916 条

对审前准备法官的裁定,不得独立于实体判决之外进行救济。

但是,对终结诉讼程序、确认诉讼消灭、离婚或分居案件中采取预先执行措施的裁定不服时,可以在裁定做出后十五日内向上诉法院提起救济。

对诉讼程序抗辩和终结诉讼程序的附带事件做出的裁定,或因为上诉的不能受理和无效做出的不予受理裁定,以及适用第 909 条、第 910 条和第 930-1 条宣告诉讼意见书和诉讼文书不予受理的裁定,可以依据相同条件向上诉法院提起救济。

向分配审理案件的法庭书记室递交的申请书,除载明第 58 条的规定事项外,还应当指明原审裁判以及提起救济的事实理由和法律理由,否则不予受理。

对立案庭庭长和第一院长指定的法官适用第 905-1 条和第 905-2 条做出的上诉无效或上诉不予受理的裁定,可以依据前款规定向上诉法院提起救济。

第二目　确定日期程序

第 917 条

如果一方当事人的权益面临危害,上诉法院第一院长可以依据申请书确定案件优先召集的日期。第一院长指定审理案件的法庭。

上诉法院第一院长或审前准备法官在行使紧急审理或预先执行权力时,也适用前款规定。

第 918 条

申请书应当说明危害的性质,包括实体方面的诉讼意见,并指明各项具有证明效力的书证。原审裁判的副本或经律师认证与原件相符的复印本附于申请书中。

申请书和书证的复印本应当递至第一院长,归入上诉法院案卷中。

第 919 条

单独上诉书应当指明上诉法院第一院长的裁定。

准备递交被上诉人的单独上诉书副本返还上诉人。

申请书向第一院长的提交,最迟在提出单独上诉书后八日内完成。

第 920 条

上诉人通过执达员传唤对方当事人在确定日期到庭。

申请书和第一院长裁定的副本,书记员签注的单独上诉书副本或第 919 条第 3 款中单独上诉书的副本,均附于传唤书中。

传唤书告知被上诉人如果在庭审日期前没有委托律师代理,视为限

外国民事诉讼法译丛

法国民事诉讼法典

于其在第一审程序中提出的理由。

传唤书向被上诉人指明其可以到法院书记室阅知申请书中提到的各项书证副本,并且催促被上诉人在庭审日期前把将要援引的新书证进行交换。

第 921 条

被上诉人应当在庭审日期前委托律师,否则视为仅限于其在第一审程序中提出的理由。

第 922 条

上诉法院依据向书记室递交的传唤书副本受理案件。

递交应当在确定的庭审日期前进行,否则上诉书无效。

确认上诉书无效由分配审理案件的法庭庭长依职权做出裁定。

第 923 条

法庭庭长应当保障被传唤的当事人直至庭审前有充足时间准备抗辩。必要时庭长命令再次传唤。

如果被上诉人已委托律师,按照案件所处的状况当场辩论或在下一次庭审辩论。

如果被上诉人没有委托律师,必要时上诉法院可以依据第一审程序中提出的理由做出对席判决。

第 924 条

请求确定庭审日期的申请,可以由已委托律师的被上诉人在收到单独上诉书后两个月内提出。

第 925 条

必要时,法庭庭长可以把案件发回审前准备法官。

第三目　通过共同上诉书提起上诉

第 926 条

只有当第一审程序的所有当事人均提出时,共同上诉书才能被受理。

第 927 条

共同上诉书中除载明第 57 条的规定事项外,还应当包含下列事项,否则不予受理:

(1)经认证与原审裁判相符的副本;

(2)必要时,指明对原审裁判不服提起上诉的争点;

(3)当事人委托的律师。

共同上诉书由委托的律师们签名。

第 928 条

上诉法院依据向书记室递交的共同上诉书受理上诉。递交应当在上诉期间内进行。

第 929 条

上诉法院第一院长确定审理案件的日期和时间；必要时指定审理案件的法庭。

上述内容告知委托的律师们。

第 930 条

案件的审理和裁判适用简易程序。

第四目　共同规定

第 930-1 条

通过电子方式向法院递交诉讼文书，否则法院依职权宣告不予受理。

当诉讼文书的完成者因外在原因不能通过电子方式递交时，可以制作书面文件递至书记室或通过有回执的挂号信寄送。在此情形下，单独上诉书按照其他当事人的人数再加两份，递交相应副本份数。书记员在每份副本上签注递交日期和签章，其中一份当场返回提交者。

通过邮局寄送单独上诉书时，书记室按照发出邮局的盖章日期登记诉讼文书，并通过任何方式向上诉人邮寄收据。

向当事人的律师通过电子方式发送通知、通告或传唤通知书，但收件人因外在原因不能接收的除外。

司法部决议确定通过电子方式进行交换的方式。

第 930-2 条

第 930-1 条规定不适用于工会诉讼代理人。[①]

工会诉讼代理人完成的诉讼文书可以制成书面文件，递交书记室或通过有回执的挂号信邮寄。

递交或邮寄书记室的单独上诉书，按照收件当事人的人数再加两份提交相应副本份数。书记员在每份副本上签注递交日期和签章，其中一份当场返回提交者。当单独上诉书通过邮局寄送时，书记室按照诉讼文

---

① 工会诉讼代理人（défenseur syndical）是指一名劳动者经授权辅助或代理另一名劳动者参与劳动法院和上诉法院的劳动案件诉讼程序（《劳动法典》第 L1453-4 条）。

书的日期登记并通过平信邮寄收据。

第 930-3 条

在律师和工会诉讼代理人之间的通知,通过有回执的挂号信或执达员送达文书的方式进行。

第二节　非强制代理程序

第 931 条

各方当事人自行辩护。

当事人有权按照做出判决的法院的适用规则由他人辅助或代理诉讼。如果诉讼代理人不是律师,应当证明取得特别授权。

第 932 条

当事人或其代理人通过向上诉法院书记室提交或采用挂号信寄送上诉书提出上诉。

第 933 条

单独上诉书载明第 57 条规定的事项。单独上诉书还应当指明被提起上诉的原审判决,详细说明对原审判决不服提起上诉的争点,但上诉旨在撤销原审判决或案件标的不可分的除外;必要时,还要写明上诉人的诉讼代理人的姓名和地址,并附上原审裁判的副本。

第 934 条

上诉法院书记员按照提出上诉的日期登记上诉,并出具单独上诉书收据或通过平信寄回。

第 935 条　【保留】

第 936 条

上诉人完成各项手续后,上诉法院书记室立即通过任何方式把上诉告知对方当事人,向其寄送一份单独上诉书副本并告知随后传唤至上诉法院。

第 937 条

上诉法院书记员在确定的庭审辩论日期,至少提前十五日通过有回执的挂号信传唤被上诉人。对上诉人可以通过任何方式告知庭审的地点、日期和时间。

传唤通知书等同于传票。

第 938 条

如果有必要对没有收到第一次传唤书的当事人再次传唤,可以命令通过执达员文书发送新传唤书。

第 939 条

案件尚未达到适合判决的状态时,可以委托法庭的一名成员进行审前准备。该成员可以在计划辩论的庭审开庭之前被指定。

负责审前准备的法官组织到场当事人依据第 446-2 条规定的条件和惩罚措施进行交换。

第 940 条

负责审前准备的法官可以听取当事人的意见。

该法官具有第 446-3 条规定的审前准备权力。

第 941 条

负责审前准备的法官可以确认当事人的和解协议,包括部分和解协议。

该法官可以确认诉讼程序的终结。

第 942 条

负责审前准备的法官解决书证交换中产生的困难。

该法官进行诉的合并和分立。

第 943 条

负责审前准备的法官有权:

(1)命令采取各项调查取证措施,甚至依职权进行;

(2)在必要情形下,命令当事人或第三人在没有法定阻却事由的情况下提交持有的文件,否则处以逾期罚款。

第 944 条

在对债务的存在没有严重异议的情况下,负责审前准备的法官可以命令给予债权人预付款项以及采取其他预先执行措施。

第 945 条

负责审前准备的法官做出的裁判,对本诉不具有既判力。

对上述裁判,不准许独立于实体判决之外进行救济。

但是,当裁判确认诉讼程序终结时,可以在裁判做出后十五日内通过简单申请书向上诉法院提起救济。

第 945-1 条

如果当事人不反对,负责审前准备的法官可以单独主持庭审,听取当事人的辩论。在法院评议中,该法官提交意见。

第 946 条

诉讼程序口头进行。

法院或负责审前准备的法官在组织到场当事人的交换时,可以适用第 446-1 条第 2 款规定,依据一方当事人的请求免除其在庭审中的出庭义务。在此情形下,当事人的交流通过有回执的挂号信或律师间通知进行,并且在法院指定期间内向法院提供交流的相应证明。

第 947 条

除案件在第一次开庭时做出判决外,书记员通过任何方式将之后的庭审日期通知没有收到口头告知的当事人。

第 948 条

权益正在受到危害的当事人,即使庭审日期已经确定,仍可以请求上诉法院第一院长优先安排案件的下次庭审日期。

如果法院支持上述请求,可以通过任何方式把下次庭审日期告知提出申请的当事人。

提出申请的当事人负责通过执达员文书传唤对方当事人。

上诉法院保障被传唤的当事人至庭审前有充足时间准备抗辩。

第 949 条

第 936 条、第 937 条、第 947 条和第 948 条规定的通知和传唤通知书,向依据法律规定应当得到有关诉讼程序通知的组织按照这些条款规定的形式递交。

第二章　非讼程序

第 950 条

对非讼裁判的上诉,由一名律师或公务人员、司法助理人员在现行规定授予权限的情形下,向做出裁判的法院书记室提交或通过挂号信寄送单独上诉书而提出。

第 951 条　【保留】

第 952 条

法官可以依据单独上诉书修改或撤销做出的裁判。

在相反情形下,法院书记员立即把案卷连同单独上诉书和原审裁判副本移交上诉法院书记室。

法官在做出重新审理案件或移交上诉法院的决定后,应当在一个月内告知当事人。

第 953 条

上诉案件的审理和判决适用初审法院的非讼程序规则。

第三章 共同规定

第 954 条

上诉意见书应当在抬头部分列明第 961 条指明的事项。在上诉意见书中,应当明确列出当事人的诉讼请求,支持诉讼请求的事实理由和法律理由,并指明援引支持各项诉讼请求的书证和序列号。同时,附上书证的摘要目录。

在上诉意见书中,还应当分别清楚写明:有关事实和程序的陈述,对原审判决要点不服的说明,诉讼请求和理由的讨论,概括诉讼请求的主文。如果在讨论中对之前提交的文件要援引支持诉讼请求的新理由,应当单独提交。

上诉法院只审查在主文中提到的诉讼请求,并且只对讨论中援引支持诉讼请求的理由进行审理。

当事人在最后提交的书面文件中,应当重申之前上诉意见书中提出或援引的各项诉讼请求和理由。否则,视为当事人放弃之前提出的诉讼请求和理由,上诉法院只依据最终诉讼意见书进行裁判。

当事人请求撤销原审判决时,应当明确说明援引的理由,不能仅提及参照第一审程序中诉讼意见书。

如果一方当事人不提出诉讼意见书或在没有提出新理由的情形下请求维持原审判决,视为已经提出理由。

第 955 条

上诉法院维持第一审判决时可以采用自己的理由或原审判决中的理由做出裁判。在此情形下,视为上诉法院已经采用第一审判决中与之不相抵触的理由。

第 955-1 条

当上诉法院依据单独上诉书受理案件时,书记员通知当事人庭审的地点、日期和时间。

上述通知依据第 930-1 条规定的条件发给律师;在免除律师代理的案件中,通过有回执的挂号信发给被上诉人,向上诉人则通过任何方式发送。

外国民事诉讼法译丛

法国民事诉讼法典

单独上诉书副本附于通知中,一并发给被上诉人的律师,在免除律师代理的案件中直接发给被上诉人。

第二副编　上诉法院第一院长的权力

第一章　紧急审理裁定

第 956 条

在所有紧急情形中,上诉法院第一院长均可以在已提起上诉时,紧急命令采取不会受到严重异议或证明纠纷存在的必要措施。

第 957 条

上诉法院第一院长也可以在提起上诉时,中止执行被错误定性为终审的判决或行使预先执行中赋予的权力。

第二章　依据申请书做出裁定

第 958 条

在案件情况要求不能进行对席审理的情况下,上诉法院第一院长在上诉程序中可以依据申请书命令采取一切关于保护当事人或第三人权益的紧急措施。

第 958-1 条

在法律或条例规定的情形中,上诉法院第一院长适用实体审理加速程序做出裁判。

第 959 条

当上诉法院进行的程序中要求依据第 930-1 条规定的条件委托律师时,由律师提交申请书。

第三副编 其他规定

第一章(一) 委托律师和诉讼意见书

第 960 条

被上诉人或其他在上诉程序中成为当事人的人的委托律师事项,通过律师间通知的方式告知其他当事人。

通知书中指明:

(1)如果当事人是自然人,包括姓名、职业、住所、国籍、出生日期和地点;

(2)如果当事人是法人,包括法律形式、名称、总部住所地以及法定代表机关。

第 961 条

当事人的诉讼意见书由他们的律师签名,并通过律师间通知的方式进行互相通知。如果没有提供前条第二款所指事项,诉讼意见书将不予受理。宣告审前准备终结前或不经过审前准备程序直至辩论开始前,可以对造成不予受理的上述瑕疵进行补充。

当事人提供的书证互相交换时,收件方律师在提供方律师制作的通知单上签名即为有效证明。

第 962 条

委托代理书和诉讼意见书的副本自通知之日递交法院书记室;如果通知发生于法院受理前,则和上诉书副本一起递交。

第一章(二) 上诉法院诉讼代理人实体赔偿请求权的规定

第 963 条

适用《税法典》第 1635 条第 P 副款提起上诉时,当事人应当证明已经依据该条缴纳税款,否则上诉或抗辩理由不予受理。

除申请法律援助的情形外,上述税款缴纳由提起主上诉的上诉人在递交上诉书时提供证明;其他当事人则在递交委托书时通过张贴移动印花税证明,或在上诉法院诉讼代理人的赔偿费电子清偿时递交一份证明。在提起共同上诉书时,各上诉人在递交时证明已经缴纳税款。

已申请法律援助的当事人,把同意给予法律援助的决定附于按规定缴纳税款的文件中。如果没有取得同意给予法律援助的决定,法律援助申请书副本附于上述文件中。如果法律援助申请被宣告无效或被驳回,或同意给予法律援助的决定被撤销,申请人应当证明在被宣告无效通知之日以及被驳回或被撤销最终确定之日起一个月内缴纳税款,否则不予受理。

不予受理裁定,由有管辖权的法官或合议庭依职权做出。当事人无权对此裁定提出异议。书记室把裁定通知当事人。

第 964 条

下列人员有权依据第 963 条宣告上诉不予受理:

(1)上诉法院第一院长;

(2)审理案件的法庭庭长;

(3)审前准备程序终结前,由审前准备法官负责;

(4)审判庭。

除当事人事先被通知或被传唤参加庭审外,上述人员可以不经辩论就做出裁判。必要时,对依据第 700 条提出的诉讼请求做出裁判。

裁判做出后十五日内提出异议时,上述人员认为存在错误时可以不经辩论就撤销不予受理决定。如果上诉法院拒绝撤销不予受理决定时,对此决定的救济期间自拒绝撤销决定的通知之日起计算。

对法庭庭长、第一院长指定的法官或审前准备法官做出的不予受理决定,依据第 916 条规定的条件向上诉法院提起救济。

对第一院长做出的不予受理决定,按照对法院裁判不服而提起的救济途径进行。

第 964-1 条

作为第 963 条的例外,在非讼案件中上诉人按照上诉法院书记室的要求提交已经缴纳税款的证明。

第二章　司法行政措施

第 964-2 条

上诉法院撤销拒绝采取调查取证措施的紧急命令裁定时,可以把调查取证措施的审查权从原先给予的负责审查调查取证措施的法官转给做出此裁定的法院。

第 965 条

上诉法院第一院长可以委托上诉法院的一名或多名法官行使本编中第一副编和第二副编的全部或部分职权。

各法庭庭长同样也可以委托其法庭内的法官们行使本编中第一副编的全部或部分职权。

第三章　法院书记室

第 966 条

向法院书记室递交诉讼文书或书证的副本,由书记员在副本上注明递交日期并签章确认;如果原件当即归还,则在原件上注明和签章。

第 967 条

单独上诉书、申请书或共同上诉书的副本,在递交书记室后即由书记员呈送第一院长确定日期和分配法庭。

第一院长的决定简单记载于副本的备注栏中。

第 968 条

上诉法院受理案件后,书记员要求送交的第一审法院案卷应当附于上诉法院的案卷中。

第 969 条

当按照确定日期程序审理时,遵守第 772 条的规定。

第 970 条

书记员立即向知晓的委托律师们告知案件在法院总登记册中的登记号,以及第一院长确定审理案件的日期和时间、分配审理案件的法庭。

如果尚未委托律师,上述告知在向书记室呈交委托书时告知律师。

第 971 条

各方当事人的律师,由院长或审前准备法官按照案件审前准备的状况进行传唤或通知应当履行的义务;传唤和通知可以口头进行,并在案卷中签名和记明。

上述律师缺席时,经书记员注明日期并签章的简易通知单,递交或存放至法院所在地进行律师间通知的地点。

提交任何指令,均应当提交一份指令通知单。

第 972 条

如果案件发回第一审法院或应当在第一审法院重新审理,上诉法院书记员应当立即把案卷移交给第一审法院的书记员。

如果对裁判没有提起救济,做出原审判决的法院案卷发回该法院的书记员。

在所有情形下,均应当附有上诉法院的裁判副本。

第四章　检察院

第 972-1 条

准许检察院向上诉法院提起上诉时,共和国检察官或检察长有权提起主上诉。

向上诉法院提交诉讼文书时应发送检察院,应当通知提起上诉所在地的驻上诉法院的检察长。

第七编　最高司法法院的特别规定

第 973 条

如无相反规定,当事人应当委托一名最高行政法院和最高司法法院的律师代理诉讼。

委托律师即为住所的选定。

第一章　强制代理程序

第 974 条

向最高司法法院上诉,通过向最高司法法院书记室提交上诉书提出。

第 975 条

向最高司法法院提交的上诉书应当包括下列事项,否则无效:

(1)上诉人是自然人时,指明姓名和住所;上诉人是法人时,指明法律形式、名称和总部所在地;上诉人是行政机关或司法机关时,指明名称和设立地点;

(2)被上诉人是自然人时,指明姓名和住所;被上诉人是法人时,指明法律形式、名称和总部所在地;被上诉人是行政机关或司法机关时,指明名称和设立地点;

(3)上诉人委托的最高行政法院和最高司法法院的律师;

(4)指明被提起上诉的原审裁判。

必要时,上诉书中说明向最高司法法院提起上诉所限定的原审裁判争点。

上诉书由最高行政法院和最高司法法院的律师签名。

第 976 条

向最高司法法院书记室递交的上诉书,按照被上诉人的人数加上两份提交相应份数。

书记员对递交的每份上诉书注明日期和签署确认,其中一份当即返还。

第 977 条

书记员立即通过平信向被上诉人寄送一份上诉书副本,并指明被上诉人如果准备抗辩,应当委托一名最高行政法院和最高司法法院的律师代理。

信件退回时,最高司法法院的书记员应当立即告知上诉人的律师改为执达员送达再次通知被上诉人。在送达文书中,应当指明被上诉人如果准备抗辩,应当委托一名最高行政法院和最高司法法院的律师代理。

第 978 条

上诉人应当最迟在向最高司法法院提起上诉后四个月内,向书记室递交一份包含对原审裁判不服而提出的法律理由的意见书。同时,意见书应当在相同期间内通知其他当事人的律师;如果当事人没有委托最高行政法院和最高司法法院的律师,通知当事人本人。如果被上诉人没有委托律师,意见书最迟应当在委托律师期间届满后一个月内通知本人;但是被上诉人如果在意见书送达前委托律师,则通知委托的律师。前述情形中,逾期没有完成规定行为时,第一院长或委派的法官裁定因逾期而丧失权利。

适用第 608 条提起的附带上诉,应当在补充意见书中添加注明"附带上诉",或另行提交包含此注明的意见书,依据本条规定的形式和期间递交或通知其他当事人;否则,不予受理。

每项理由或每项理由的组成部分只能针对一种上诉情形进行,否则法院依职权宣告不予受理。每项理由或每项理由的组成部分应当具体说明下列事项,否则法院依职权宣告不予受理:

(1)援用的上诉情形;

(2)对原审裁判不服的内容;

(3)对原审裁判不服的理由。

第 979 条

在向最高司法法院书记室递交意见书的期间内,应当同时递交下列文件,否则法院依职权宣告不予受理:

(1)被提起上诉的原审裁判的副本;

(2)由原审裁判确认或撤销的之前裁判的副本。

在转交上述文件中存在不完整或实体错误的情形时,最高司法法院的审前准备法官重新确定上诉人的律师依据第 981 条规定的条件对文件进行补充的期间。

第 979-1 条

上诉人也应当附上援引支持上诉请求的书证,以及当事人在做出原审裁判的法院审理案件中递交的最终诉讼意见书副本。

如果被上诉人没有委托律师,文书送达当事人本人。

送达文书中指明被上诉人如果进行抗辩,应当委托一名最高行政法院和最高司法法院的律师代理;被上诉人如果不委托律师,不能对最高司法法院的裁判提出缺席判决异议。送达文书中还应当指明被上诉人应当向最高司法法院的书记室递交答辩意见书的期间,以及必要时提出附带上诉的期间。

第 981 条

最高司法法院的审前准备法官可以要求上诉人的律师在确定期间内提交与案件审前准备有关的各项有用书证。

第 982 条

被上诉人应当在上诉人意见书送达后两个月内,向最高司法法院书记室递交由委托的一名最高行政法院和最高司法法院的律师签名的答辩意见书,并且按照律师间通知的方式通知上诉人的律师。

前款规定的期间必须遵守,否则法院依职权宣告不予接受。

第二章　非强制代理程序

第 983 条

本章适用于向最高司法法院上诉时,依据特别规定免除当事人委托最高行政法院和最高司法法院的律师代理诉讼的情形。

第 984 条

向最高司法法院上诉,由当事人或取得特别授权的代理人向最高司法法院书记室递交或通过有回执的挂号信寄送书面上诉书。

第 985 条

向最高司法法院提交的上诉书应当包括下列事项,否则无效:

(1)上诉人是自然人时,指明姓名和住所;上诉人是法人时,指明法律形式、名称和总部所在地;上诉人是行政机关或司法机关时,指明名称和设立地点。

(2)被上诉人是自然人时,指明姓名和住所;被上诉人是法人时,指明法律形式、名称和总部所在地;被上诉人是行政机关或司法机关时,指明名称和设立地点。

(3)指明被提起上诉的原审裁判。

上诉书由上诉人签名。

第 986 条

书记员对提起的上诉进行登记,记明上诉日期并出具收据,或通过有回执的挂号信寄送接收上诉书的收据。收据中应当重述第 989 条和第 994 条的内容。

第 987 条

书记员立即通过有回执的挂号信向被上诉人寄送上诉书副本。

通知书中重述第 991 条和第 994 条的内容。

同时,书记员要求做出原审裁判的法院书记室移送案卷。

第 988 条

做出原审裁判的法院书记员应当立即向最高司法法院书记室移交案卷,并且附上:

(1)原审裁判的副本和通知文书;

(2)由原审裁判维持或撤销的之前裁判的副本;

(3)第一审和第二审中的诉讼意见书。

事后收到的书证也应当立即移交最高司法法院的书记室。

第 989 条

如果向最高司法法院提交的上诉书没有包括对原审裁判不服提起上诉的理由,即使连简要理由也没有写明,上诉人应当最迟在递交上诉书或收到法院出具的收据后三个月内向最高司法法院的书记室提交一份包含上诉理由的意见书,必要时附上支持上诉的书证;否则,由最高司法法院第一院长或委派的法官裁定因逾期而丧失权利。

此份意见书可以由当事人的委托代理人制作,不用另行取得特别授权。

第 990 条

当上诉人提交意见书时,最高司法法院的书记员应当立即通过有回执的挂号信向被上诉人寄送一份副本。

第 991 条

被上诉人在收到上诉人的意见书通知或第 989 条规定的三个月期间届满后的两个月内,向最高司法法院书记室递交或通过有回执的挂号信寄送答辩意见书,必要时提起附带上诉。

第 992 条

最高司法法院的书记员应当立即通过平信把答辩意见书副本寄送上

诉人。

在提起附带上诉时,书记员采取同样方式把第1010条第1款规定的意见书副本寄送被上诉人。

第 993 条

当一名最高行政法院和最高司法法院的律师向书记室表明代表一方当事人时,通知此律师取代第990条和第992条中的通知。

意见书副本递交该律师并经签收回执,加盖书记室的日期印章,等同于通知的效力。

第 994 条

除原件外,上诉人按照被上诉人的人数提交相应份数的意见书副本,被上诉人也按照上诉人的人数提交相应份数的答辩意见书副本。

上述副本均由提交者签名认证与原件相符。

第 995 条

如果已适用强制代理程序向最高司法法院上诉,无论以后进行的诉讼程序如何,上诉均予以受理。

被上诉人可以由最高行政法院和最高司法法院的律师或其他人代理诉讼。

第三章　选举案件的程序

第一节　政治选举方面选举人资格名单登记的争议

第 996 条

向最高司法法院上诉的特别规定是《选举法典》中的下列规定:

第 R19-1 条

向最高司法法院上诉,应当在收到初审法院裁判通知后十日内提出。在所有情形下,准许省长向最高司法法院上诉。上诉不具有中止效力。

第 R19-2 条

向最高司法法院上诉,由当事人或取得特别授权的代理人书面或口头提出;向做出原审裁判的初审法院的书记室或最高司法法院的书记室,递交上诉书或通过挂号信寄送上诉书。

上诉书中指明上诉人的姓名和地址,必要时也指明被上诉人的姓名和地址。

上诉书中应当包含提起上诉的理由说明,并且附上一份原审裁判副本,否则法院依职权宣告上诉不予受理。

第 R19-3 条

书记室在收到上诉后进行登记。注明上诉日期后出具收据,或通过平信寄送收到上诉书的收据。存在被上诉人时,在收到上诉后立即通过有回执的挂号信寄送上诉书副本。寄送通知中应当抄录第 R19-5 条的规定。

第 R19-4 条

在初审法院提出向最高司法法院上诉时,初审法院的书记室立即向最高司法法院书记室移交案卷和上诉书,连同原审裁判的副本和原审裁判通知的相关文件;存在被上诉人时,向被上诉人通知向最高司法法院上诉的文件。事后收到的书证也应当移交最高司法法院的书记室。

在最高司法法院提出上诉时,最高司法法院的书记室立即要求做出原审裁判的初审法院书记室移交案卷和与原审裁判有关的文件。

第 R19-5 条

被上诉人收到上诉书副本后,应当立即向最高司法法院的书记室递交答辩意见书并要求出具回执,或通过挂号信寄送答辩意见书。同时,把答辩意见书副本通知上诉人。

第 R19-6 条

当事人可以委托最高行政法院和最高司法法院的律师或其他人代理诉讼。如果各方当事人或一方当事人委托最高行政法院和最高司法法院的律师代理诉讼,不适用《民事诉讼法典》第 974 条至第 982 条。

当最高行政法院和最高司法法院的律师向最高司法法院表明代表一方当事人时,意见书副本的通知可以发送该律师,必要时采取律师间通知的方式。意见书副本递交律师并经签收回执和加盖书记室的日期印章,等同于通知的效力。

第 997 条至第 998 条 【保留】

第二节 职业性选举

第 999 条

向最高司法法院上诉的期间为十日,但有相反规定的除外。

向最高司法法院上诉,由当事人或取得特别授权的代理人书面或口头提出;向做出原审裁判的法院书记室递交上诉书或通过挂号信寄送上诉书。

第 1000 条

上诉书中除载明第 57 条的规定事项外，还应当指明被提起上诉的原审裁判。

第 1001 条

书记员对上诉进行登记，记明提出的日期并出具收据，或通过平信寄送收到上诉书的收据。收据中抄录第 1004 条和第 1005 条的规定。

第 1002 条

书记员立即向被上诉人通过有回执的挂号信寄送上诉书副本。

通知中抄录第 1006 条的规定。

第 1003 条

书记员向最高司法法院的书记室移交案卷，连同：

(1)上诉书副本；

(2)原审裁判的副本。

事后取得的书证也应当立即向最高司法法院书记室移交。

第 1004 条

如果向最高司法法院提交的上诉书没有包括对原审裁判不服提起上诉的理由，即使简要理由也没有写明，上诉人应当最迟在上诉书提交后一个月内向最高司法法院书记室提交一份包含上诉理由的意见书，否则法院依职权宣告不予接受。

此份意见书可以由当事人的委托代理人制作，不用另行取得特别授权。

第 1005 条

上诉人提交的补充上诉意见书应当在提出上诉后一个月内通过有回执的挂号信方式向被上诉人寄送副本，否则法院依职权宣告不予接受。

第 1006 条

被上诉人在收到上诉人的补充上诉意见书或第 1004 条规定的一个月期限届满后十五日内，向最高司法法院的书记室递交答辩意见书并要求出具收据，或通过挂号信寄送。

在相同期间内，被上诉人通过挂号信向上诉人寄送一份答辩意见书副本。

第 1007 条

如果最高行政法院或最高司法法院的律师向书记员表明代表一方当

事人,第 1005 条和第 1006 条规定的通知发送该律师,必要时可以采取律师间通知的方式进行。

意见书副本递交该律师并由其签收回执,加盖书记室的日期印章,等同于通知的效力。

第 1008 条

如果向最高司法法院上诉适用强制代理程序提出,无论此后进行的程序如何,上诉均可以受理,但保留第 1004 条第 1 款的适用。

被上诉人可以由最高行政法院和最高司法法院的律师或其他人代理诉讼。

第四章　共同规定

第 1009 条

最高司法法院第一院长或其代表,可以依据一方当事人的申请或依职权缩短提交意见书和书证的期间。

期间届满后,有管辖权的审判庭庭长确定庭审日期。

第 1009-1 条

除向最高司法法院上诉具有中止原审裁判执行的情形外,当上诉人不能证明已经执行被提起上诉的裁判时,最高司法法院第一院长或其代表有权依据被上诉人的申请,征询检察长和当事人的意见后决定注销案件,但其认为执行实质上产生过分严重的后果,或上诉人不可能执行裁判的除外。

被上诉人的申请应当在第 982 条和第 991 条规定的期间内提出,否则依职权宣告不予受理。

注销案件的申请具有中断第 982 条、第 991 条和第 1010 条为被上诉人指定期间的效力。

注销案件的裁判不具有中止第 978 条和第 989 条为上诉人指定期间的效力。

注销案件的裁判禁止对主上诉和附带上诉进行审查。

第 1009-2 条

诉讼时效自注销案件的裁判通知之日起计算。诉讼时效可以因明确表明执行意愿的文书而中断。

最高司法法院第一院长或其代表在确认诉讼时效逾期前,可以提请当事人提交他们的各自意见,甚至依职权进行。

第 1009-3 条

最高司法法院第一院长或其代表依据被提起上诉的裁判的执行证明,授权案件在法院重新登记,但确认诉讼时效逾期的除外。

第 982 条和第 991 条为被上诉人指定的期间自案件重新登记的通知之日起计算。

第 1010 条

向最高司法法院提起附带上诉或引发上诉,应当以意见书的形式提出,包含与上诉人提交的意见书的相同事项,否则法院依职权宣告不予接受。

意见书应当遵循下列规定,否则法院依职权宣告不予接受:

(1)在递交答辩意见书的期间届满前递至最高司法法院的书记室;

(2)在相同期间内,通知附带上诉中其他当事人的律师。在强制代理的情形中,如果被上诉人没有委托律师,意见书应当最迟在期间届满后一个月内通知被上诉人;在此期间如果被上诉人在意见书送达前委托律师,应当通知该律师。

附带上诉的被上诉人在收到通知后一个月内提交答辩意见书,必要时还应当通知其他当事人。

第 1011 条

除第 978 条规定的失权情形外,案件在上诉人递交上诉书或最迟在递交上诉书期间届满时进行分配。

第 1012 条

分配审理案件的法庭庭长指定该庭的一名审判法官或调查法官作为报告法官。

法庭庭长立即确定开庭审理的日期。

第 1013 条

分配审理案件的法庭组成有限人数的审判庭,在听取口头报告后做出裁判。

第 1014 条

递交意见书后,如果上诉不应受理或上诉的性质没有明显具备导致撤销的情形,审判庭认为对案件没有必要进行判决,应当做出说明理由的裁判。

如果上诉理由中的一项或多项不应受理,或其性质没有具备明显导致撤销的情形,审判庭认为对这些上诉理由无须回复时,应当做出说明理由的裁判。

第 1015 条

当审判庭庭长或报告法官依职权提出一个或多个理由,或以单独的法律理由替代错误的理由,或宣告不发回重审直接撤销时,应当通知和提请当事人在确定期间内提交各自意见。

如果在撤销后进行实体判决,也遵循上述规定。在此情形下,审判庭庭长或报告法官详细说明原审裁判主文中被撤销的事项和可能进行实体裁判的争点。必要时,应当要求当事人在遵守对审原则的前提下,依据确定的方式互相交换对实体裁判可能有用的书证。

第 1015-1 条

立案庭可以就上诉中涉及其他法庭管辖权限的法律问题听取这些法庭的意见。

立案庭庭长把上述事项通知各方当事人。各方当事人可以在被听取意见的其他法庭面前陈述自己的意见。

第 1015-2 条

当最高司法法院提请他人对依据《司法组织法典》第 L431-3-1 条决定的事项提交关于一般利益的意见时,此人可以提交书面意见并把意见发送各方当事人,或在当事人被传唤的庭审中当庭告知意见。法院应当给予各方当事人对此意见提交书面评论的期间。

第 1016 条

依据 1972 年 7 月 5 日第 72-626 号法律修改的第 11-1 条和第 11-2条,辩论必须公开进行。但是,公开辩论可能侵犯他人隐私或各方当事人提出要求,以及有可能扰乱法庭正常秩序时,最高司法法院可以决定辩论在评议室进行或继续。

裁判应当公开宣布,由书记室专门负责。

第 1017 条

报告应当在庭审中提出。

第 1018 条

在提出报告后,如果律师要求,应当听取其意见。经庭长准许后,也可以听取当事人的意见。

第 1019 条

最高司法法院在听取检察院意见后做出裁判。

第 1020 条

最高司法法院的裁判应当指明对原审裁判进行撤销所依据的法律条文。

第 1021 条

最高司法法院的裁判由庭长、报告法官和书记员签名。

第 1022 条

最高司法法院的裁判副本递交做出原审裁判的法院。

第 1022-1 条

在当事人免予委托最高行政法院和最高司法法院的律师强制代理的案件中,最高司法法院的书记室通过有回执的挂号信向当事人发送撤销裁判的通知;当事人没有最高行政法院和最高司法法院的律师辅助和代理时,驳回上诉的裁判和不发回重审直接撤销的裁判通过平信告知当事人。

第五章　其他规定

第一节　期间的延长

第 1023 条

第 978 条和第 989 条规定的期间,按照下列规定进行延长:

(1)如果向最高司法法院上诉的人居住在瓜德罗普岛、圭亚那、马提尼克岛、留尼旺岛、马约特岛、圣巴交莱弥、圣马丁、圣皮埃尔岛和密克隆岛、法属波利尼西亚、瓦利斯群岛和富图纳群岛、新喀里多尼亚、法属南半球和南极洲的领土,延长一个月。

(2)如果向最高司法法院上诉的人居住在外国,延长两个月。

第 982 条和第 991 条、第 1010 条最后一款规定的期间,依据向最高司法法院上诉的人居住在前款中列举的法属领土或外国,也相应延长一个月或两个月。

第二节　向最高司法法院撤回上诉

第 1024 条

向最高司法法院撤回上诉,如果包含保留事项或被上诉人已提起附带上诉,应当经对方接受后才能准许撤回。

第 1025 条

第 396 条、第 399 条、第 400 条和第 403 条的规定适用于向最高司法法院撤回上诉。

第 1026 条

向最高司法法院撤回上诉,由最高司法法院的第一院长或其代表、分配审理案件的法庭庭长做出裁定确认。必要时,确认撤回上诉的法官对依据第 700 条提出的诉讼请求进行裁判。

但是,向最高司法法院撤回上诉是在提交调查报告后提出,或在需经被上诉人接受的情况下提交调查报告后被上诉人才予以接受,应当对向最高司法法院撤回上诉做出判决进行确认。该判决等同于驳回上诉的判决,适用第 628 条和第 630 条的规定。

第三节　申请回避

第 1027 条

对最高司法法院法官的回避申请,提交至最高司法法院第一院长。

在强制代理的案件中,回避申请由一名最高行政法院和最高司法法院的律师提出。

第四节　书证伪造异议的提出

第 1028 条

对向最高司法法院提供的书证提出伪造异议时,应当向最高司法法院第一院长提交。

在强制代理的情形中,异议由一名最高行政法院和最高司法法院的律师签名后提交至最高司法法院的书记室。

第 1029 条

最高司法法院第一院长在听取检察长意见后做出裁判。

最高司法法院第一院长做出驳回异议裁定或准许异议裁定。

当异议被驳回时,异议的提出者将可能按照第 628 条规定被判处承担民事罚款。

第 1030 条

准许异议裁定在十五日内通知被申请人,并催促其声明是否打算援引被指控为伪造的书证。

在催告中,应当附上异议申请书和第一院长裁定的副本。

第 1031 条

被申请人应当在十五日内通知申请人其是否援引被指控为伪造的书证。

在上述情形中或在十五日内没有答复,第一院长将当事人移送指定的法院审理书证伪造事由。

第六章　请求听取最高司法法院的意见

第 1031-1 条

当法官考虑依据《司法组织法典》第 L441-1 条请求听取最高司法法院的意见时,应当通知当事人和检察院,否则不予受理。法官在确定的期限内收集当事人和检察院可能提出的书面意见,但他们对此已做陈述的除外。

法官收到书面意见或确定期限届满后做出不准许救济的决定,请求听取最高司法法院对其遇到的法律问题的意见。法官推迟审理案件,直至收到最高司法法院提出的意见或者第 1031-3 条规定的期限届满。

请求听取最高司法法院的意见被受理后,不妨碍法官命令采取必要的紧急措施或保全措施。

第 1031-2 条

请求听取最高司法法院意见的决定与可能提出的书面意见和诉讼意见书,由法院书记室寄送最高司法法院的书记室。上述决定和案卷移送日期通过有回执的挂号信通知当事人。同时,通知驻法院的检察院;当听取最高司法法院意见的请求不是由上诉法院提出时,也通知上诉法院第一院长与驻上诉法院的检察长。

第 1031-3 条

最高司法法院在收到案卷的三个月内提出意见。

第 1031-4 条

在强制代理的情形中,当事人可能提出的书面意见应当经一名最高行政法院和最高司法法院的律师签名。

第 1031-5 条

案件应当呈报驻最高司法法院的检察长。开庭日期应当通知该检察长。

第 1031-6 条

最高司法法院提出的意见中可以写明其将在《法兰西政府公报》上公

布。

第 1031-7 条

最高司法法院提出的意见递至提出请求的法院和驻该法院的检察院,以及在请求不是由上诉法院提出时也递至上诉法院第一院长和驻上诉法院的检察长。

上述意见也由最高司法法院的书记室通知各方当事人。

第七章　民事案件的重新审理

第一节　法院重新审理的程序

第 1031-8 条

通过向最高司法法院书记室提交申请书而提出重新审理请求。通过执达员送达方式告知第 1031-9 条第(4)项和第(5)项中提到的重新审理中的被申请人。

第 1031-9 条

请求重新审理的申请书应当包括下列事项,否则无效:

(1)申请人:指明姓名和住所。如果有利害关系的当事人死亡或宣告失踪,申请人应当指明该当事人的姓名、死亡日期或宣告失踪日期,详细说明自己的诉讼资格。

(2)被申请人为自然人:指明姓名和住所。被申请人为法人:指明法律形式、名称和总部所在地;如为行政机关或司法机关,指明名称和设立地点。

(3)申请人委托的最高行政法院和最高司法法院的律师。

(4)指明作为请求重新审理对象的实体法院或最高司法法院做出的民事裁判。

必要时,申请书中详细说明重新审理请求限定的原审裁判中的内容。

(5)指明欧洲人权法院做出的有关上述第(4)项民事裁判被判定违反《欧洲保障人权和基本自由公约》以及附属议定书的裁判。

申请书由一名最高行政法院和最高司法法院的律师签名。

第 1031-10 条

申请书递至书记室,同时按照被申请人的人数加上两份提交相应副本份数。

书记员收到申请书后在每份上签署日期和盖章,其中一份立即返还申请人。

第 1031-11 条

书记员立即以平信向被申请人发送申请书副本,并告知如果进行抗辩,应当委托一名最高行政法院和最高司法法院的律师。

平信退回书记室时,最高司法法院的书记员立即告知请求重新审理的申请人的律师,改用执达员送达方式再次发送。送达文书中告知被申请人如果进行抗辩,应当委托一名最高行政法院和最高司法法院的律师。而且,送达文书中应当详细说明被申请人向书记室递交答辩意见书的期间。

第 1031-12 条

请求重新审查的申请人应当最迟在向书记室递交申请书后两个月内,向重审法院的书记室递交包含支持重新审理请求理由的意见书,否则由重审法院院长裁定确认逾期失权,必要时依职权做出此裁定。在遵循相同惩罚措施的情形下,意见书应当在相同期间内通知其他当事人的律师。如果被申请人没有委托律师,在遵循相同惩罚措施的情形下,意见书应当最迟在委托律师期间届满后一个月内通知被申请人;但在此期间,如果被申请人在意见书送达前委托律师,则通知该律师。

意见书中的理由详细说明,根据案件的性质和严重性已经违反《欧洲保障人权和基本自由的公约》和附属议定书,对申请人造成损害后果,对此适用该公约第 41 条的公平补偿后仍不能弥补造成的损害。

意见书中指明是要求对生效民事裁判重新审理或只对向最高司法法院提起的上诉内容重新审理。

第 1031-13 条

下列文件,应当在递交意见书的期间内递至书记室,否则不予受理重新审理请求:

(1)第 1031-9 条第(4)项和第(5)项提到的裁判副本;

(2)向请求重新审理的被申请人发送上述裁判的送达文书副本。

上述文件的转交不完整或文件中存在实质错误时,由最高司法法院的报告法官依据第 1031-18 条规定的条件向申请人的律师发送确定补充文件期间的通知。

第 1031-14 条

申请人同时应当附上支持重新审理请求的书证以及重审当事人向做

出原审裁判的法院和欧洲人权法院提交的最终书面总结材料。当原审裁判由最高司法法院做出时,同时应当附上在实体法院审理中递交的最终诉讼意见书。

当重新审理请求由《司法组织法典》第 L452-2 条第(2)项提到的人提出时,申请人应当附上存在姻亲关系、血亲关系和继承法方面关系的证明材料。

第 1031-15 条

如果重新审理的被申请人没有委托律师,送达当事人本人。

送达文书向被申请人指明如果进行抗辩,应当委托一名最高行政法院和最高司法法院的律师。送达文书中同时说明被申请人向书记室递交答辩意见书的期间。

第 1031-16 条

重新审理的被申请人应当在申请人的意见书送达后两个月内,向最高司法法院书记室递交由一名最高行政法院和最高司法法院的律师签名的答辩意见书,并且以律师间通知的方式交至申请人的律师,否则法院依职权不予受理。

第 1031-17 条

递交意见书后或为此目的指定的期间届满后,重审法院的院长指定该院的一名法官担任报告法官。

第 1031-18 条

报告法官可以要求申请人的律师在确定期间提交有利于案件审前准备的所有书证。

第 1031-19 条

辩论依据第 1016 条、第 1017 条、第 1018 条和第 1019 条规定的条件进行。

第 1031-20 条

判决由庭长、报告法官和书记员签名,判决副本送交做出被请求重新审理的原审裁判的法院。

第 1031-21 条

第 1031-12 条、第 1031-13 条和第 1031-16 条规定的期间依据第 1023 条规定的条件进行延长。

第二节　重审法院的特别规定

第 1031-22 条

当重审法院支持申请人向最高司法法院上诉的重审请求时,程序应在重审法院的全体会议前进行。

第 1031-23 条

当重审法院把案件发回实体法院,案件的受理和程序适用撤销原审裁判后发回重审的法院的规则。

外国民事诉讼法译丛

法国民事诉讼法典

第八编　撤销原审裁判后案件移送法院审理的 特别规定

第 1032 条
受移送法院依据向书记室提交的申请书受理案件。

受移送法院应检察院的要求受理案件时,由驻该法院的检察院提出申请书,必要时由驻做出被撤销的原审裁判的法院的检察院提出申请书。

第 1033 条
申请书应包含在受移送法院递交起诉文书中的应载事项,并附上最高司法法院做出的撤销原审裁判的判决副本。

第 1034 条
申请书应当在向当事人通知撤销原审裁判的判决后两个月内提出,否则法院依职权不予受理,但受移送法院在没有事先通知的情形下已受理案件的除外。此期间也适用于做出通知的一方。

最高司法法院对第一审判决提出的上诉案件做出撤销判决时,如果在规定期间内没有提交申请书或提交的申请书不予受理,原第一审判决产生既判力。

第 1035 条
撤销判决的通知文书中,应当明确指明第 1034 条第 1 款规定的期间和受移送法院受理案件的方式,否则无效。

第 1036 条
受移送法院的书记员立即通过平信,向参与撤销判决程序的各方当事人寄送申请书副本,必要时同时指明当事人委托律师的义务。

在当事人不出席的情形下,按照做出被撤销的原审裁判的法院传唤被告的相同方式传唤缺席当事人。

第 1037 条
受移送法院的书记员,应当立即请求做出被撤销的原审裁判的法院书记室移交案卷。

第 1037-1 条
在案件移送上诉法院的情形下,适用普通程序时,依据第 905 条规定的条件在最短的期间内确定审理案件的庭审日期。在此情形下,不适用第 1036 条的规定。

申请人在法院书记室通知确定上述日期后十日内,把请求法院受理的申请书递交参与撤销判决程序的其他当事人。申请人必须遵守规定的期间,否则由法庭庭长或第一院长指定的法官依职权宣告申请书无效。

申请人的诉讼意见书应当在提出申请书后两个月内递至书记室和通知其他当事人。

在收到申请人的诉讼意见书通知后两个月内,对方当事人向书记室递交诉讼意见书,并通知其他当事人。

当事人之间诉讼意见书的通知依据第 911 条规定的条件进行,并且依据第 911-2 条延长期间。

当事人没有遵守上述期间时,视为坚持之前向做出被撤销的原审裁判的上诉法院提交的理由和诉讼请求。

第三人被强制参加诉讼时,在收到要求参与诉讼的申请书通知后两个月内递交和通知诉讼意见书。第三人必须遵守规定的期间,否则立案庭庭长或第一院长指定的法官依职权宣告诉讼意见书无效。自愿参加诉讼的第三人从自愿参与之日起遵循相同期间,否则接受相同惩罚。

法庭庭长或第一院长指定的法官认定请求受移送法院受理的申请无效,或不予受理自愿或强制参与诉讼的第三人提出的诉讼意见书所做出的裁定具有既判力。对这些裁定,依据第 916 条第 2 款和第 4 款的条件进行救济。

第三卷　特定案件的特别规定

第一编　人

第一章　自然人的国籍

第 1038 条

初审法院对与自然人的法国国籍或外国国籍有关的争议具有第一审专属管辖权,但《民法典》有关国籍的法条中涉及有刑事陪审团的刑事法院的特别规定除外。

关于国籍与外国人身份的抗辩以及相应的无管辖权抗辩,均具有公共秩序性质。此类抗辩可以于诉讼的任何阶段提出,并且应当由法官依职权提出。

第 1039 条

国籍存在争议的人居住地的初审法院,具有地域管辖权;如果此人没有居住在法国,巴黎初审法院具有管辖权。

第 1040 条

旨在宣告某人具有或不具有法国人身份的诉讼,均由检察官提出;或者,在不损害任何利害关系人参加诉讼权利的情况下,以检察官为被告提出此类诉讼。

第 1041 条

当法院依据附带诉讼请求受理其无管辖权但对争议解决有必要的国籍问题时,案件应当报送检察院。

检察院通过说明理由的书面意见向法院告知是否应把此列为先决问题。

第 1042 条

如果一方当事人在法院提出关于国籍的问题,而法院认为属于先决问题时,应当在一个月内移送有管辖权的初审法院,或在相同期限内由当事人向共和国检察官提交申请。国籍存在争议的当事人能提出法国国籍证明或国籍问题是法院依职权提出时,受理实体争议的法院也对共和国检察官规定一个月期限,由检察官提请有管辖权的初审法院做出处理。

如果没有遵守上述期限,诉讼程序继续。相反情形下,受理实体争议的法院可以延期审理,直至对国籍问题做出判决。

第 1043 条

在以本诉请求或附带诉讼请求提出国籍争议的诉讼中,提出国籍争议的传唤书副本,或必要时提出国籍争议的诉讼意见书副本,均送至司法部,司法部应当出具收据。对上述文件,也可以通过有回执的挂号信寄送。

民事法院在收到收据或回执后一个月内不得对国籍问题进行裁判。但是,如果关于国籍的争议在审理选举案件的法院属于先决问题,该期限为十日。

如果不能证明已进行前款规定的应当做出的努力,传唤书即失去效力,不予受理关于国籍争议的诉讼意见书。

本条规定适用于救济途径。

第 1044 条

共和国检察官收到行政部门的请求或在按照第 1042 条规定条件延期审理的法院提出国籍抗辩的第三人的请求时,应当按照第 1040 条规定的条件办理。

提出请求的第三人,应当参加诉讼。

第 1045 条

对国籍争议做出的判决,不具有预先执行的效力。

向最高司法法院上诉的期间中止上述判决的执行;在此期间内向最高司法法院提起上诉也具有中止效力。

第二章　身份证书

第一节　身份证书的撤销和更正

第一目　行政更正和撤销

第 1046 条

对身份证书上单纯事实方面的错误和遗漏进行行政更正以及取消不符合规定的身份证书,身份证书制作地的共和国检察官具有地域管辖权。

但是,下列检察官具有专属管辖权:

(1)外交部民事登记服务中心所在地的共和国检察官管辖该中心持有的身份证书事项;

(2)驻巴黎初审法院的共和国检察官管辖赋予难民、无国籍人或辅助保护的受益人身份证书的事项。

第 1046-1 条

具有管辖权的共和国检察官向错误文书或被撤销文书的登记处发出指示,同时向其他保留以错误文书或被撤销文书为基础制作的其他文书或包含同样错误的其他文书的机构发出指示。

共和国检察官把身份证书的更正和撤销事项告知与此身份证书有关的人以及法定代理人或依据《民法典》第 425 条承担保护职责的人。错误身份证书在制作时为两份时,则无须告知。

第 1047 条

由户籍管理官员更正下列适用《民法典》第 99-1 条产生的单纯实体方面的错误或遗漏:

(1)身份证书的错误或遗漏,由利害关系人及其父母或身份证书指定的其他人提供出生证书作为证据,而该出生证书由法国户籍管理官员持有;

(2)作为依据共和国检察官指示备注的例外,身份证书备注的记载或说明产生错误或遗漏,由提供包含涉及此错误或遗漏的文书、申请、决定予以证明时。例外情形包括:结婚证书中的错误或遗漏只能通过在结婚案卷中提供证明材料更正;在说明附加中的遗漏通过邮寄新的说明意见弥补;

（3）出生证书备注中的说明产生错误，户籍管理官员持有此说明的原始文件；

（4）对身份证书提到的住所或职业错误提供相应证明材料；

（5）身份证书中出生日期和死亡日期存在错误，提供分娩或死亡证明；

（6）制作身份证书的户籍管理官员造成的错误；

（7）出生证书提到的名字错误，提供分娩证明或由接生机构持有的出生登记副本；

（8）身份证书中由多个词组成的家族姓名的实体表述存在错误。

利害关系人及其法定代理人或依据《民法典》第 425 条承担保护职责的人，为支持提出的更正请求提供一份最近三个月的身份证书的完整副本。

保管包含原始错误的文书的户籍管理官员对文书中的错误进行更正。同时负责对包含相同错误的其他身份证书进行更正；如果该户籍管理官员不是保管者，把说明意见依据《民法典》第 49 条转交保管此类文书的其他户籍管理官员。

户籍管理人员把更正行为告知与该身份证书有关的人及其法定代理人或依据《民法典》第 425 条承担保护职责的人。

第二目　司法更正和撤销

第 1048 条

身份证书存在争议的人居住地的初审法院或其院长具有地域管辖权；如果此人居住在外国，巴黎初审法院及其院长具有地域管辖权。身份证书的制作或登记所在地的法院也具有地域管辖权。

下列情形的法院具有专属管辖权：

（1）外交部民事登记服务中心所在地的共和国检察官管辖该中心持有的身份证书事项；

（2）驻巴黎初审法院的共和国检察官管辖赋予难民、无国籍人或辅助保护的受益人身份证书的事项。

第 1049 条

任何有利害关系的人和检察官均可以提起诉讼。

第 1050 条

诉讼请求的提起、审理和裁判适用非讼程序。

外国民事诉讼法译丛

法国民事诉讼法典

第 1051 条

诉讼请求也可以通过任何方式向共和国检察官提出,由检察官呈请有管辖权的法院受理。

但是,如果共和国检察官反对此诉讼请求,则告知申请人自己通过传唤书向法院提起诉讼。

第 1052 条

法院把案件报送检察官并听取后者的意见。

当诉讼请求由共和国检察官或第三人提出时,法院听取身份证书受到质疑的人或其继承人的意见或传唤他们到场。诉讼请求中为此应当指明他们的姓名、住所、出生日期,并且包含第 54 条第(3)项规定的事项。

第 1053 条

法院有权命令任何利害关系人参加诉讼,并召集家庭理事会参加诉讼。

第 1054 条

法院支持诉讼请求时命令对身份证书采取旁白备注的方式进行修改,也包括在其管辖区域外制作或登记的身份证书。为此目的,法院裁判主文由共和国检察官转交保管修改文件的机构。对被撤销的文书不再更新。对被撤销的文书只能依据保管文件所在区域的共和国检察官的例外授权进行发放。

第 1054-1 条

法院做出的裁判不具有预先执行的效力。

第 1055 条

对适用非讼程序做出的裁判,准许依据第 950 条的规定提出上诉。同时,适用第 952 条的规定。对上诉案件,适用第一审程序进行审理和判决。

对适用争讼程序做出的裁判,准许依据第 917 条至第 925 条的规定提出上诉、审理和判决,除非上诉人在上诉书中提到存在风险。

在任何情形下,检察官均可以提起抗诉。

第二节(一)　改名程序

第 1055-1 条

依据《民法典》第 57 条第 3 款反对孩子父母在家事法官面前选择的名字,保管孩子出生证书所在地的共和国检察官具有地域管辖权。

当出生证书由外交机构或领事机构制作或登记时,外交部民事登记服务中心所在地的共和国检察官具有地域管辖权。

第 1055-2 条

当共和国检察官依据《民法典》第 60 条最后一款的规定反对改名时,针对该检察官提起的诉讼请求向检察官行使职权所驻的初审法院的家事法官提出。

第 1055-3 条

依据《民法典》第 60 条最后一款和第 57 条第 3 款的规定提出的诉讼请求适用初审法院的普通书面程序规则。

但是,裁判不具有预先执行的效力。

第 1055-4 条

命令改名的裁判主文立即由共和国检察官转交保管此裁判中提及的利害关系人身份证书的户籍管理官员。

第二节(二) 更改身份证书上记载的性别事项

第 1055-5 条

更改身份证书上性别的请求,必要时还包括更改姓名的请求,一并提交至利害关系人居住以及其出生证书制作或登记所在地的初审法院。

但是,对前款提及的第二种情形,下列法院具有专属管辖权:

(1)外交部民事登记服务中心所在地的共和国检察官管辖该中心持有的身份证书事项;

(2)驻巴黎初审法院的共和国检察官管辖赋予难民、无国籍人或辅助保护的受益人身份证书的事项。

第 1055-6 条

更改身份证书上性别的请求,必要时还包括更改姓名的请求,适用非讼程序。检察官可以对此提起抗诉。

第 1055-7 条

诉讼请求通过向书记室递交或寄送申请书提出。必要时,申请书详细说明是否同时请求更改姓名。

律师代理并非强制义务。

第 1055-8 条

听取检察官的意见后在评议室进行审理和辩论。裁判的宣布不公开进行。

第 1055-9 条

法院在征询利害关系人或其法定代理人的同意后,命令在配偶的身份证书上更改姓名,必要时还包括在子女的身份证书上更改姓名。

法院应当听取身份证书存在争议的人或其法定代理人的意见。

法院做出裁判后,更改姓名的受益人也可以申请驻该法院的共和国检察官更改姓名。

提出上述申请时,应当附上最终裁判主文和包含表示同意的文件。

配偶、成年人子女、未成年人子女的法定代理人可以在相同条件下请求共和国检察官修改在法院裁判后产生的文件。

在任何情形下,共和国检察官命令把姓名的更改张贴于有关文件中,并把前款提到的证明材料转交保管所附文件的户籍管理官员。

第 1055-10 条

法院的裁判不具有预先执行的效力。

第三节 裁判在户口登记本上的记载和登记

第 1056 条

在户口登记本上记载和登记的任何裁判应当在主文中写明当事人的姓名,视情况还应当写明登记地,或在备注栏内记载各项证书的制作地点和日期。

把裁判主文转交户口登记本的保管者。裁判主文的登记与记载立即进行。

第 1056-1 条

请求司法宣告出生的诉讼适用第 1049 条至第 1055 条的规定。

裁判主文应当包含《民法典》第 57 条的事项,立即由共和国检察官转交户籍管理官员。

第 1056-2 条

外交部民事登记服务中心所在地的共和国检察官有权对法国人在外国结婚的效力提出异议。

上述检察官对在法国民事登记册中抄录外国婚姻证书具有专属宣告权,以及对撤销此外国婚姻证书具有专属起诉权。

外国婚姻证书已记载于法国领事机构的登记册中,即使上述检察官事先没有受理有关此外国婚姻证书的登记,也对撤销此外国婚姻证书具有专属起诉权。

第三章(一)　民事登记册

第 1057 条

民事登记册由登记的全部诉讼请求、文书和判决节录组成。民事登记册按照特别条文以及相关规定进行分类并保存在初审法院的书记室。

上述节录应当在登记册上逐日按照编号登记。

第 1058 条

上述节录的分类与保管由当事人出生地的初审法院书记室进行；如果当事人出生在外国,由民事登记服务中心进行。

第 1059 条

诉讼请求、文书和裁判记载于当事人出生证书的备注栏内进行公告。初审法院的书记员负责上述记载,或必要时由民事登记服务中心负责。记载事项应当指明民事登记册,然后写明保存诉讼请求、文书和判决的说明事宜。

记载的日期应当在法院书记室或民事登记服务中心保存的前述节录中记明和添加。

第 1060 条

在出生证书的备注栏中,除载明驳回某项诉讼请求的判决或在民事登记册上终止记载某项措施的判决外,应当依职权补充指明其意味着撤销先前的记载。

在当事人提出证据证明诉讼程序终结的情况下,撤销先前记载的说明应当写在第 1292 条和第 1300-4 条所指的记载之后。

第 1061 条

在民事登记册上保存的节录复印本可以提供给任何利害关系人。

但是,依据前条规定在出生证书备注栏中已写明撤销事项时,只有经共和国检察官批准才能提供节录复印本。

第三章(二)　葬礼

第 1061-1 条

最先行动的一方当事人依据第 750 条规定的方式提出申请时,初审法院受理关于葬礼条件的争议。

初审法院应当在二十四小时内做出裁判。

对上述裁判不服应当在裁判做出后二十四小时内向上诉法院第一院长提出上诉。上诉法院第一院长或其代表可以依据任何方式受理上诉和立即裁判。当事人无须委托律师。

依据原件具有执行力的裁判通知负责执行的市长。

第四章　失踪

第一节　推定失踪

第 1062 条

推定失踪的请求向被推定失踪的人住所地或最后居住地的初审法院的监护法官提出。

否则,申请人住所地的初审法院的监护法官有管辖权。

第 1063 条

诉讼请求的提起、审理和裁判适用成年人监护适用的规则。

第 1064 条

确认推定失踪的裁判节录本,或为被推定失踪的人指定代理人和财产管理人,以及变更或取消已经采取的措施的裁判节录本,均递至被推定失踪的人出生地的初审法院书记室保存于民事登记册,并且按照第1057 条至第 1061 条规定的方式在被推定失踪的人出生证书的备注栏记明进行公告。对出生在外国的人,应当向民事登记服务中心转交上述裁判。

第 1065 条

当裁判由监护法官做出时,由初审法院的书记员在救济期限届满后十五日内转交。

当裁判由上诉法院做出时,由该法院书记室在裁判做出后十五日内转交。

第二节　宣告失踪

第 1066 条

宣告失踪的请求,向被宣告失踪的人住所地或最后居住地的初审法院提出。否则,申请人住所地的初审法院具有管辖权。

第 1067 条

诉讼请求的提起、审理和裁判适用非讼程序规则。

第 1067-1 条

判决不具有预先执行的效力。

第 1068 条

宣告失踪判决节录本的公告期间自判决宣告之日起不得超过六个月；该期间在提交公告的节录本上记明。

第 1069 条

上诉的提出、审理和裁判适用非讼程序规则。

收到判决通知的当事人和第三人应当在法院规定完成《民法典》第127条中公告期限届满后一个月内提出上诉。

向最高司法法院上诉的期间中止宣告失踪判决的执行。在此期间内向最高司法法院上诉也具有中止效力。

第五章(一)　家事案件的程序

第一节　一般规定

第 1070 条

下列家事法官具有地域管辖权：

(1)家庭居住地的法官；

(2)如果父母分居，共同行使亲权中未成年子女经常居住的一方父母居住地的法官，或单独行使亲权的一方父母居住地的法官；

(3)其他情形下，没有提起诉讼的一方父母居住地的法官。

在共同起诉时，依据当事人的选择确定一方居住地的法官具有管辖权。

但是，当纠纷仅涉及抚养费、与子女的见面和子女教育、婚姻责任或抚养费赔偿问题时，作为债权人的配偶所在地或承担抚养未成年子女以及成年子女主要义务的一方父母所在地的法官具有管辖权。

地域管辖权依据提出诉讼请求当日的居住地确定。

第 1071 条

家事法官应当尝试促进当事人的和解。

受理案件后，家事法官可以提议进行调解，并且在征询当事人同意后指定一名家事调解员进行调解。

对适用《民法典》第 255 条和第 373-2-10 条做出的命令当事人与一名家事调解员见面的决定,不准许提起救济。

第 1072 条

如果法官认为提交材料不充分可以命令采取社会调查,甚至依职权做出;但不能损害其他调查取证措施的实施,同时保留《民法典》第 373-2-12 条第 3 款条文的适用。

社会调查是指对家庭情况进行调查,必要时也对父母双方或一方实施亲权行使方案的可能性进行调查。

在社会调查结束后应当出具一份报告,记录调查者的确认事项和提出的解决方案。

法官把报告交给各方当事人,并确定准许他们请求补充调查和进行新调查的期间。

第 1072-1 条

当家事法官对亲权的行使做出裁判或依据第 1143 条、第 1565 条及以下条文规定的程序受理批准请求时,法官应当确认教育辅助程序是否对未成年人开放。家事法官可以依据第 1187-1 条规定的方式请求儿童事务法官转交正在进行的案卷中的书证副本。

第 1072-2 条

教育辅助程序对未成年人开放后,家事法官的决定副本转交儿童事务法官并附上后者认为有用的其他材料。

第 1073 条

必要时,家事法官也是审前准备法官。

家事法官也行使紧急审理法官的权限。

在法律或条例规定的情形中,家事法官适用实体审理加速程序做出裁判。

第 1074 条

诉讼请求的提出、审理和裁判在评议室进行,但另有规定的除外。

对姓名和离婚做出的裁判应当公开做出。

第 1074-1 条

家事法官做出的终结诉讼程序裁判不具有预先执行的当然效力,但另有规定的除外。

但是,对亲权的行使、抚养费、与子女的见面和子女教育、婚姻义务承担,以及依据《民法典》第 255 条采取的所有措施所做出的裁判均具有预先执行的法定效力。

第二节(一)　诉讼离婚和分居

第一目　一般规定

(一)诉讼请求

第 1075 条

在诉讼程序开始时,如有必要,夫妻双方应当告知各自参加的医疗保险机构、家庭补助、退休金或其他养老待遇的部门或组织以及它们的名称,同时提供有关各自身份的事项。

第 1075-1 条

向法官提出补偿性给付请求或在协议中约定补偿性给付时,夫妻双方提供《民法典》第 272 条所指的名誉声明。

第 1075-2 条

法官提出要求时,夫妻双方应当证明各自的负担和收入,特别是通过提供收入申报单、税收通知单和纳税单证明。

法官还可以要求夫妻双方提供财产和生活条件的证明材料,作为确定赔偿补助的名誉声明的补充材料。

第 1076 条

起诉离婚的一方配偶可以在诉讼中的任何阶段,甚至在上诉审中,以分居之诉替代离婚之诉。

但是,禁止以离婚之诉替代分居之诉。

第 1076-1 条

在一方当事人仅请求支付抚养费或分担婚姻负担时,法官在没有提请当事人对补偿性给付的支付做出说明前不得宣告离婚。

第 1077 条

诉讼请求的提出只能基于《民法典》第 229 条第 3 款至第 6 款中的情形。基于其他情形提出的附带诉讼请求不予受理。

除《民法典》第 247 条至第 247-2 条规定的情形外,在诉讼程序进行中,不能把以《民法典》第 229 条第 3 款至第 6 款规定的离婚情形为依据提出的诉讼请求替代为以其他情形为依据提出的诉讼请求。

第 1078 条

必要时,诉讼请求中要写明在起诉时有关配偶的保护裁定正在执行中。此裁定及其通知的证明材料附于诉讼请求中。

（二）补偿性津贴

第 1079 条

补偿性津贴不能预先执行。

但是,宣告离婚判决已产生既判力时,如果不执行补偿性津贴对提出请求的债权人造成明显过分后果,则可以全部或部分预先执行补偿性津贴。

预先执行只能在宣告离婚判决具有既判力之日起生效。

第 1080 条

当按照《民法典》第 274 条第（2）项以补偿性津贴的名义对财产或权利进行分配时,司法确认的协议或宣告离婚判决应当具体说明上述财产和权利的价值。

分配的财产或权利应当进行不动产公告时,司法确认的协议或宣告离婚判决应当依据 1955 年 1 月 4 日第 55-22 号《关于不动产公告改革的法令》中规定的形式,具体说明上述财产或权利的所有证书公开的必要事项。

（三）判决的公开与证明

第 1081 条

裁判主文写明提出离婚请求的日期。

第 1082 条

依据只包括主文的裁判节录本和符合第 506 条取得执行效力的证明文件,在结婚证书和夫妻双方各自出生证书的备注栏中记载离婚或分居。

在外国举行结婚而法国主管机构没有保存结婚证书时,如果夫妻双方的出生证书保存于法国的登记机关,裁判主文则记载于出生证书的备注栏中。否则,裁判节录本保存于 1965 年 6 月 1 日第 65-422 号《关于设立外交部民事登记服务中心的法令》第 4-1 条提到的登记册中。

但是,2007 年 3 月 1 日后,只有在外国婚姻举行地完成身份证书的记载后,才能记载于夫妻一方法国人的出生证书中。

第 1082-1 条

向第三人证明离婚或分居时,只要提供做出宣告的仅包含主文的裁判节录本并附上取得第506条执行效力的证明文件。

(四)辅助措施的变更

第1083条

当准许对宣告离婚判决提起上诉时,在发生新事实的情况下,依据第1074-1条变更预先执行的辅助措施只能向上诉法院的第一院长或审前准备法官提出。

第1084条

在宣告离婚后,有关亲权行使、抚养费、与子女的见面、子女教育的诉讼请求,依据本章第三节规定的方式向家事法官提交,即使已向最高司法法院上诉的也应当如此。

当离婚判决已取得既判力时,关于补偿性津贴的诉讼请求也应当如此。同时,适用本法典第1075-1条和第1075-2条。

第1085条

法官有权要求做出宣告离婚的法院转交案卷。

(五)向最高司法法院上诉

第1086条

向最高司法法院上诉的期间中止宣告离婚裁判的执行。在此期间内,向最高司法法院上诉也具有中止效力。

第1087条

向最高司法法院上诉以及此期间的中止效力,不适用于裁判或司法确认的协议中涉及抚养费、与子女见面和子女教育、亲权行使的内容。

第二目　合意离婚

第1088条

合意离婚适用非讼程序。

第1089条

合意离婚请求由夫妻双方共同提交的申请书提出。

第1090条

申请书中没有指明离婚请求的事实时,应当包含下列事项,否则不予受理:

(1)夫妻双方的姓名、职业、居所、国籍、出生日期;结婚的日期与地点；相应情况下，应当写明各子女的相同事项；

(2)第1075条所指的情况；

(3)指明向哪个法院提出合意离婚请求；

(4)夫妻各自委托律师的姓名或共同委托律师的姓名。

夫妻双方和各自律师应当在申请书上签名并注明日期，否则不予受理。

第1091条

必要时，申请书还应当包含下列附件，否则不予受理：记载未成年子女请求被听取意见的表格，并由其签名和注明日期；夫妻双方及其律师签名和注明日期的全面处理离婚后果的协议，尤其是夫妻共同财产清算书或没有必要进行财产清算的声明。当清算涉及应当进行不动产公告的财产时，夫妻共同财产清算书应当制作成公证书。

第1092条

家事法官依据向法院书记室递交的申请书受理案件，申请书等同于诉讼意见书。

依据第一卷第九编(二)规定的条件听取未成年子女的意见后，或在子女缺乏辨别能力时依据第338-4条和第338-5条规定的条件拒绝听取子女意见时，家事法官于确定的听取意见日期至少提前十五日通过平信传唤夫妻双方。法官也告知他们的律师。

第1093条至第1098条　【保留】

第1099条

在确定的日期，法官依据《民法典》第250条至第250-3条规定的方式办理；法官对是否受理申请书进行审查；应当确保夫妻双方的离婚意愿是自由明确的，并且提请夫妻双方注意承担责任的重要性，尤其是行使亲权的重大责任。

经双方当事人同意，并且律师在场，法官撤销或变更协议中认为侵犯子女或夫妻一方利益的条款。

法官当场做出判决，确认离婚协议并宣告离婚。

第1100条

如果法官认为协议未能充分保护子女或一方配偶的利益，可以拒绝确认此协议，当场做出裁定不予宣告离婚和推迟做出裁判，直至提出新的协议。

法官告知夫妻双方应当在六个月内提交新协议。在裁定中应当记载此告知内容。

在裁定中还应当具体写明新协议得到确认以及随后宣告离婚应当具备的担保或条件。

必要时,裁定中还应当包含法官适用《民法典》第 250-2 条批准的临时措施。

第 1101 条

如果当事人提起上诉,中止提交新协议的六个月期间。

如果在确定期间内未提交新协议,法官依职权裁定确认离婚请求的无效。

当夫妻双方提交新协议时,依据第 1092 条规定的方式传唤当事人。如果法官拒绝确认新协议,做出裁定确认离婚请求的无效。

第 1102 条

对家事法官做出的裁判,准许提起上诉,但宣告离婚裁判除外。

上诉期间为十五日,自裁判做出之日起计算。

第 1103 条

向最高司法法院上诉的期间为十五日,自有关确认夫妻签订协议和宣告离婚的裁判做出之日起计算。

第 1104 条

夫妻双方的债权人可以请求宣告法院确认的协议对自己不具有对抗效力,并且有权在完成《民法典》第 262 条规定手续的一年内对有关确认协议的裁判提出第三人异议。

第 1105 条

诉讼费用由夫妻双方均等承担。但是,当夫妻一方接受法律援助时,在遵守 1991 年 12 月 19 日第 91-1266 号法令第 123-2 条的前提下,夫妻双方签订的协议可以约定其他比例。

第三目　诉讼离婚的其他程序

(一)起诉和离婚程序

第 1106 条

在遵守本章第一节和第二节规定的前提下,离婚诉讼程序的启动、审理和裁判适用初审法院的普通书面程序。

外国民事诉讼法译丛

法国民事诉讼法典

第 1107 条

离婚诉讼请求通过传唤书提出,或通过当事人共同向书记室递交、寄送起诉书提出;离婚诉讼请求中包含案件导向庭审的日期、时间和地点以及临时措施,否则无效。

法院依据司法部决议确定的条件通过任何方式把上述日期告知起诉人。

依据《民法典》第 242 条提出离婚请求时,提起诉讼的文书既不指明法律依据也不指明作为原由的事实,将不予受理。

第 1108 条

家事法官依据一方当事人向法院书记室递交的提起诉讼文书副本受理案件。

提起诉讼文书副本应当在法院依据第 748-1 条规定的方式告知庭审日期后两个月内递交。

但是,下列情形中应当最迟在庭审日期十五日前递交提起诉讼的文书:

(1)庭审日期由法院依据第 748-1 条规定以外的其他方式告知;

(2)法院依据第 748-1 条规定的方式告知庭审日期后,不足两个月即开庭的。

递交提起诉讼的文书应当在前款规定的期间内进行,否则家事法官依职权或依据一方当事人申请裁定无效。

被告应当在收到传唤书后十五日内委托律师。

当事人共同提交起诉书,或被告完成委托律师,或没有委托律师时在委托律师期间届满后,家事法官行使审前准备法官的职权。

第 1109 条

作为第 1107 条和第 1108 条的例外,在紧急情形下家事法官依据起诉书受理案件时,在第 840 条第 2 款和第 3 款以及第 841 条规定的条件下,准许夫妻一方传唤另一方离婚,确定在最短期间内进行案件导向与采取临时措施的庭审。

向法院书记室递交传唤书副本和被告委托律师,应当最迟在庭审前一日完成。如果没有向法院书记室递交受理文书,家事法官依职权裁定无效。

在确定庭审日期时,审前准备法官应当确保给予对方当事人自收到传唤书至庭审之间有充足时间准备抗辩。

如果法官不支持此请求,把依据第 1107 条确定的庭审日期告知原告。

第 1110 条至第 1114 条 【保留】

第 1115 条

依据《民法典》第 252 条提出的配偶金钱利益处理方案,应当包括对夫妻财产的简要说明,并具体说明原告对夫妻共同财产和共有财产清算的意愿,必要时还包括对财产分配的意图。

上述方案不构成本法典第 4 条所指的诉讼请求。

《民法典》第 252 条规定的不予受理情形应当在实体抗辩前提出。

第 1116 条

《民法典》第 267 条第 2 款所指的诉讼请求只有在当事人通过任何方式证明存在分歧时才能予以受理。《民法典》第 267 条第 4 款所指的公证计划可以随后附于关于清算和分担的诉讼请求的诉讼意见书中。

《民法典》第 267 条第 3 款所指的有关接受的共同声明,应当由夫妻双方和各自律师共同签名的书面文件提出。共同声明中提到的分歧点不构成本法典第 4 条所指的诉讼请求。

(二)临时措施

第 1117 条

向审前准备法官提出的有关《民法典》第 254 条至第 256 条规定的临时措施的受理请求,在实体诉讼请求之外单独提出,或在请求法院受理的文书中提出,或依据第 789 条规定的条件提出,否则不予受理。

各方当事人或在只有一方当事人时,如果放弃提出《民法典》第 254 条规定的临时措施请求,应当在案件导向庭审前或当日向法官声明。但是,各方当事人在符合第 789 条规定的条件下,直至辩论结束,保留向审前准备法官首次请求采取临时措施的权利。

《民法典》第 254 条至第 256 条所指的一种或多种临时措施由至少一名当事人提出时,审前准备法官做出裁判。

在庭审中审理临时措施时,当事人在律师的辅助下出庭或由诉讼代理人出庭。

当事人可以口头陈述诉讼请求和支持理由。同时,适用第 446-1 条第 1 款的规定。

法官命令采取临时措施时可以考虑夫妻之间已经做出的安排。

法官具体说明临时措施的生效日期。

第 1118 条

在出现新事实时,法官有权取消、变更和补充原来做出的临时措施,直至法院终止对案件的管辖。

第 1119 条

在提起上诉时,如果出现新事实,变更临时措施的请求只能根据具体情况提交至上诉法院的第一院长或审前准备法官。

第 1120 条

《民法典》第 255 条第(9)项中专业人士的指定和报酬方式以及任务开展,适用鉴定人规则。

第 1121 条

《民法典》第 255 条第(10)项中公证员的指定方式和任务开展适用本法典第 233 条至第 237 条、第 239 条、第 245 条、第 264 条至第 267 条、第 273 条、第 275 条、第 276 条、第 278 条至第 280 条,同时不违反职业规则。

如果公证员制作分担婚姻义务的文书,应当报送法官。

(三)救济

第 1122 条

受保护的成年人对离婚判决的承认或放弃上诉,必须有监护法官的准许。

(四)同意离婚的特别规定

第 1123 条

在诉讼程序的任何阶段,夫妻双方均可以接受婚姻破裂的原则,无须考虑引起婚姻破裂的事实。

在对临时措施审理的庭审中,夫妻双方的接受可以立即记载于法官制作的诉讼笔录中,由夫妻双方和各自律师签名。

在诉讼程序的进行中,依据《民法典》第 247-1 条提出的诉讼请求应当在当事人的诉讼意见书中明确且一致性提出。夫妻双方在诉讼意见书中附上接受婚姻破裂原则的声明,并亲笔签名或附上第 1123-1 条亲笔签署的文书副本。

诉讼笔录或书面声明中应当重申《民法典》第 233 条第 4 款的事项,否则无效。

第 1123-1 条

在提出离婚请求前六个月或在诉讼程序中,当事人可以通过亲笔签署且由律师共同签名的文书,表明在不考虑起因事实下接受婚姻破裂原则。

如果上述文书在提出离婚请求前完成,应当附于当事人共同提起诉讼的申请书中。在诉讼程序中,上述文书转交审前准备法官。

上述文书应当重申《民法典》第 233 条第 4 款的事项,否则无效。

第 1124 条

家事法官宣告夫妻双方均同意离婚,无须说明其他理由。

第 1125 条

诉讼费用以及宣告离婚的传唤书费用由夫妻双方均等承担,但法官另有决定的除外。

(五)因夫妻关系最终破裂而离婚的特别规定

第 1126 条

在保留第 472 条的规定下,法官不能依职权援引《民法典》第 238 条第 1 款规定的两年期间未届满的理由。

第 1126-1 条

基于《民法典》第 238 条第 2 款规定条件中夫妻关系最终破裂提出离婚请求时,对离婚事项的裁判不得在一年期间届满前做出,同时符合第 238 条最后一款的规定。

第 1127 条

诉讼费用由提出离婚请求的夫妻一方承担,但法官另行决定的除外。

(六)因过错离婚的特别规定

第 1128 条

如果夫妻双方希望家事法官在裁判主文中不写明配偶过错与侵害,应当在夫妻双方的诉讼意见书中明确且一致性提出此项请求。

家事法官仅限于确认《民法典》"离婚"一编中第一章第四节离婚原因的构成事实。

第四目 分居

第 1129 条

分居程序遵循离婚程序的规则。

第 1130 条

恢复夫妻共同生活的声明,应当在结婚证书和夫妻双方出生证书的备注栏内记明。

公证员在制作确认恢复夫妻共同生活的文书时也应当做相同记明。

第五目 由分居转为离婚

第 1131 条

除基于夫妻共同合意宣告分居外,由分居转为离婚的请求的提出、审理和裁判适用普通书面程序。任何反诉请求均不予受理,但对离婚后果提起的反诉请求除外。

第 1132 条

在夫妻合意提出分居的情形中未成年人请求法官听取其意见时,基于《民法典》第 230 条提出的由合意分居转为合意离婚的请求应当包含第 1090 条要求的事项,并指明已宣告分居的裁判并附有关离婚后果的协议,否则不予受理。申请书和协议均应当由夫妻双方和各自律师签名和注明日期,否则不予受理。

第 1133 条

在前条规定的情形中,法官可以不听取夫妻双方意见,只和他们的律师审查协议。

在没有争议的情况下,法官确认上述协议和宣告离婚。

存在争议时,法官可以不经任何形式要求夫妻双方在一个月内修改协议和重新提出申请书;如果没有按照要求办理,法官做出拒绝确认协议的裁定。

裁定中写明上诉期间以及计算的起点日期。

第 1134 条

对上述裁定不服,准许在裁定做出后十五日内提起上诉。

上诉的提出、审理和裁判适用非讼程序规则。

第 1135 条

案件的审前准备和听取夫妻双方意见,在任何情形下仅限于裁判的后果。

第 1136 条

由分居转为离婚的诉讼费用,如同在分居诉讼中,由夫妻双方分担。

与上诉程序有关的费用按新诉讼程序的费用处理。

第二节(二)　基于同居互助协议或同居关系产生的夫妻共同财产和共有财产的运作、清算和分配

第 1136-1 条

家事法官受理有关基于同居互助协议或同居关系产生的夫妻共同财产和共有财产的运作的诉讼请求,以及有关夫妻、同居互助协议中当事人、同居人员之间家产利益的清算和分配的诉讼请求,适用初审法院的普通书面程序规则。在遵守第 435 条的情形下,进行公开辩论。裁判应当公开宣告。

对《民法典》第 373-2-9-1 条第 3 款中家庭住所享受的临时分配进行延长的请求,提出、审理和裁判适用前款规定的程序。

第 1136-2 条

在保留《民法典》第 267 条适用的情形下,第三卷第三编第二章第六节的规定适用于夫妻、同居互助协议中当事人、同居人员之间家产利益的分配。

为适应共同财产分配的需求,家事法官适用第三卷第三编第二章第一节中加盖印章和描述状况的程序。

第二节(三)　采取保护暴力受害人措施的程序

第 1136-3 条

在《民法典》第 515-9 条和第 515-13 条规定的情形中,法官依据向书记室递交和寄送的起诉书受理案件。

起诉书中除载明法典第 57 条的规定事项外,还应当包含支持诉讼请求理由的简要说明,并附上相应书证。否则起诉书无效。

法官立即做出确定庭审日期的裁定。

法院书记员应当立即把起诉书的提交和家事法官确定的庭审日期报送检察官,但由检察官起诉的除外。

上述裁定详细写明通知的各种方式。

裁定书副本应当采取下列方式通知至相关人员:

（1）向原告发出的通知，由法院书记室通过能够记载确定日期的任何方式进行，或亲手交给原告并由原告签名或出具收据。

（2）向被告发出的通知采取送达：当原告由一名律师辅助或代理时，由原告采取送达；当原告没有由一名律师辅助或代理时，由法院书记室采取送达；当检察官提起诉讼时，由检察官采取送达，同时把裁定送达处于危险状态的人员。

（3）在存在严重且急迫的危险情形下对有关人员做出的保护裁定或不存在其他通知方式时，对当事人的传唤采用行政途径。

向被告的送达应在确定日期的裁定做出后两日内发出，以便法官能在《民法典》第515-11条确定的六日内保证遵循对审原则和抗辩权利的条件下做出裁判。

送达文书副本最迟在庭审时提交给法院书记室。

裁定书的通知等同于传唤当事人。

在所有情形下，裁定书应当附上一份起诉书副本和相应书证。

此裁定是司法行政措施。

第1136-4条　【保留】

第1136-5条

原告依据《民法典》第515-11条第（6）项请求准许隐蔽自己的居所或住所，无须在起诉书中指明地址，但该地址应当告知辅助自己的律师或代理人以及居住地的驻初审法院的共和国检察官。文书记明选择的住所。

律师或选择住所所在地的共和国检察官应当立即把原告地址告知法官。书记室和因程序需要而知晓地址的人不得将之告知被告及其诉讼代理人。

第1136-6条

当事人可以自行抗辩。他们有权委托一名律师辅助或代理诉讼。

案件在征询检察官意见后在评议室审理和辩论。

程序口头进行。

法官确保在传唤和庭审之间留有足够时间使被告能充分准备抗辩。

在诉讼程序的任何阶段，法官通过在案卷中简要记明命令一方当事人亲自到场，法官对当事人单独听取意见或在另一方当事人在场的情形下进行。

在庭审中，法庭听取当事人的陈述。法官可以决定单独听取当事人的陈述，或依据一方当事人的请求进行。此决定简要记明于案卷中。

第 1136-7 条

对保护暴力受害人措施的诉讼请求做出的裁定具有预先执行效力，但法官另有处理的除外。

上述裁定确定《民法典》第 515-11 条和第 515-13 条中措施的实施期间。否则，这些措施在裁定通知后六个月后失效，但保留第 1136-13 条和第 1136-14 条的规定；在通知文件中予以记明。

第 1136-8 条

依据《民法典》第 515-11 条第（6）项授权在之后的民事诉讼程序中隐蔽住所或居所，应当遵循第 1136-5 条的条件和方式。

在拒绝授权的情形下以及为执行裁判需要，律师以及收到原告请求或知晓选择住所所在地的共和国检察官，依据被告和代理律师采取任何形式提出的请求立即告知原告地址，或视情况由执达员告知。

第 1136-9 条

裁定采取送达方式通知；但是法官可以依职权或依据一方当事人申请做出决定，由书记室通过有回执的挂号信通知；在存在严重且急迫危险时做出确保人员安全的保护裁定，或不存在其他通知方式时，采用行政途径通知。向检察官的通知以签收回执或有回执收据的寄送方式进行。

宣告采取保护措施裁定的通知中抄录《刑法典》第 227-4-2 条和第 227-4-3 条的条文，并且重申本法典第 1136-13 条和第 1136-14 条的规定。

第 1136-10 条

行政机关依据书记员的请求采取行政方式对确定庭审日期的裁定和保护裁定进行通知，在送交时应当要求收件方出具收据。

行政机关在最短期间内告知书记员已采取的措施和递交收据。

第 1136-11 条

对保护裁定不服，准许在收到通知后十五日内提起上诉。

第 1136-12 条

请求撤销或变更保护裁定，临时免除部分义务，废除裁定或宣告采取新措施，提出、审理和裁判适用最初起诉书的相同条件。

但是，当提起上诉时，诉讼请求通过向上诉法院书记室递交或寄送申请书提出。视情形，由上诉法院的第一院长、审前准备法官或合议庭做出裁判。

第 1136-13 条

当离婚或分居请求在保护措施届满前提出，或在离婚或分居程序进行中做出保护裁定的宣告,保护裁定中的措施继续产生效力,直至对离婚或分居请求做出的裁判产生既判力,但受理该请求的法官或审前准备法官另有决定的除外。在后者情形中,自审前准备法官裁定通知之日起,离婚程序的临时措施取代适用《民法典》第515-11条第(3)项和第(5)项采取的措施,被取代的措施终止效力。

离婚或分居程序启动后,向受理请求的法官提交采取保护措施的诉讼请求和第1136-12条第1款提到的诉讼请求。诉讼请求的提出、审理和裁判依据本节规定进行,法官做出单独的裁判。

第1136-14条

当有关行使亲权的诉讼请求在保护措施期间届满前提出,或在有关亲权行使的诉讼程序中宣告保护裁定,保护裁定的措施继续有效,直至有关亲权行使请求的裁判产生既判力,但受理请求的法官另有决定的除外。但是,适用《民法典》第515-11条第(5)项采取的与亲权行使方式和子女见面、子女教育有关的措施,并且宣告于有关亲权行使的裁判前,即使是在临时性裁判前,自裁判通知之日起终止效力。

有关亲权行使的诉讼程序启动后,向受诉法官提交旨在采取保护措施的诉讼请求和第1136-12条第1款提到的诉讼请求。诉讼请求的提出、审理和裁判依据本节规定进行,法官做出单独的裁判。

第1136-15条

当法官驳回保护裁定请求时,应紧急情形的需求或依据一方当事人提出的请求,法官仍可以做出确定庭审日期的裁定,将对案件中亲权的行使方式、与子女的见面和子女教育进行实体审理。法官应保证被告于庭审前有充足时间准备抗辩。此裁定即告法官受理,案件的审理适用第1179条及以下条文规定的程序。

第二节(四)　裁定采用以保护暴力受害人为目的的防止靠近的移动电子设备

第1136-16条

当一方当事人请求采用《民法典》第515-11-1条规定的防止靠近的移动电子设备端口时,应当附上支持诉讼请求的有关双方当事人的家庭、物质和社会情况的信息,法官据此决定本法典第1136-17条确定的警告和预警告的距离。

当法官裁定采用防止靠近的移动电子设备端口时,法官应当确保当事人,特别是作为被请求方的当事人,在表明明确和清晰的同意之前有充足的思考时间。

第 1136-17 条

法官做出采用防止靠近的移动电子设备端口的裁定时,应当确定适用期间和实施条件,特别写明分隔双方当事人的警告和预警告的距离。

警告距离表现为千米的整数,不得低于 1 千米,也不得高于 10 千米。预警告距离是警告距离的两倍。

为确定警告距离,法官应综合考虑对人身受到威胁的人员的保护必要性,同时尊重佩戴电子手镯人员的尊严、权利和隐私、家庭和职业生活。法官应确保上述设备端口的实施不妨碍该人员的社会融合,特别是考虑到当事人各自的住所和工作场所的位置、他们的移动方式以及他们在城市或乡村生活地点的类型。

家事法官可以在裁定中详细写明允许佩戴手镯人员在确定的时间和地点出现,包含处于受害人或申请人移动的警告区域或预警告区范围内的地点。

在佩戴防止靠近的电子手镯时,向被佩戴人递交上述裁定书副本,即为通知。

第 1136-18 条

命令采用防止靠近的电子设备端口的家事法官,根据提出请求的当事人的保护需求和具体情况确定适用期间,不得超过六个月。

在重新采用上述端口或依据第 1136-13 条或第 1136-14 条延长保护裁定时,应当重新征询当事人的同意。

第 1136-19 条

当事人在表明同意采用防止靠近的移动电子设备端口前,应由家事法官告知其下列信息:

(1)作为被请求方的当事人事先表明同意采用防止靠近的电子手镯,拒绝佩戴时构成对保护裁定中规定义务的违反,将可能依据《刑法典》第227-4-2 被进行刑事追诉。

(2)作为被请求方的当事人如果不遵守预警告距离,授权控制防止靠近的移动电子设备端口的人员将与之联系,警告其不得靠近受害人和存在可能违反警告距离的危险;但是,违反预警告距离不会引起《刑法典》第227-4-2 条的惩罚。

(3)作为被请求方的当事人违反警告距离自行靠近受害人时,构成对保护裁定中规定义务的违反,将可能依据《刑法典》第 227-4-2 条被进行刑事追诉。

(4)必要时,授权控制防止靠近的移动电子设备端口的人员与受保护人员进行联系,确保其安全情况,根据需要和确定的程序告知警察和宪兵以确保安全。

(5)应当把当事人每次违反警告距离的情形告知检察官,必要时由检察官依据《刑法典》第 227-4-2 条进行刑事追诉。

(6)佩戴防止靠近的电子设备手镯的当事人应当定期充电确保手镯正常运行,违反此义务也可能依据《刑法典》第 227-4-2 条被进行刑事追诉。

第 1136-20 条

在采用《民法典》第 515-11-1 条规定的防止靠近的移动电子设备端口存在困难时,家事法官可以适用《民法典》第 515-12 条规定的条件,随时受理一方当事人或检察官的请求,修改保护裁定中确定的全部或部分措施。

当防止靠近的移动电子设备端口的采用,因为不能归责于佩戴手镯的人员的过错而产生的必然移动和对受保护人的靠近,以及警告的数量,对佩戴人员的隐私和家庭生活构成过度的侵犯之时,佩戴人员和检察官可以要求重新审查警告距离和预警告距离,或者解除禁止靠近和佩戴电子手镯的命令。

如果上述设备的佩戴经过医生鉴定给佩戴人员带来不适时,佩戴人员和检察官也可以要求结束对防止靠近的移动电子设备端口的采用。

本条中上述请求的提出、审理和裁判适用与最初起诉书相同的方式。

第 1136-21 条

作为第 1136-12 条的例外情形,家事法官根据第 1136-20 条受理有关修改保护裁定中采用《民法典》第 515-11-1 条规定的防止靠近的移动电子设备端口的请求,在 10 日内对此请求做出裁判。

第 1136-22 条

《民法典》第 515-11-1 条第 2 项提到的个人信息自动处理和定名为"防止靠近手镯",适用《刑事诉讼法典》第 R61-43 条至第 R61-51 条的规定。

第 1136-23 条

在刑事诉讼程序中依据《刑事诉讼法典》第 138-3 条或《刑法典》第

132-45-1 条确定佩戴防止靠近的电子手镯义务后,适用《刑事诉讼法典》第 R24-23 条的最后一款规定采用禁止靠近措施的过程中,也可以依法取得依据《民法典》第 515-11-1 条对采用措施进行解除的请求权利。

第三节　属于家事法官管辖权限的其他程序

第 1137 条

法官依据采用符合第 751 条规定条件的执达员传唤至告知原告的庭审日期受理案件。

在证明存在紧急情形时,家事法官依据起诉书受理案件,可以准许传唤至最短期间内的庭审日期。

在上述两种情形中,应当最迟在庭审日期的前一日向书记室递交传唤书和被告委托律师文书。如果没有在规定期间内递交传唤书,家事法官依职权或依据一方当事人的申请裁定确认传唤书无效。

法官也可以依据各方当事人共同或一方当事人向书记员递交或寄送的起诉书受理案件。起诉书应当写明当事人的姓名和地址,必要时写明知晓的被告最后地址。当事人为法人时,写明法律形式、名称、机构所在地和法定代表机构。起诉书包括诉讼请求的标的和理由的简要说明。起诉书由提交的当事人或其律师签名和写明日期。

第 1138 条

在提交起诉书后十五日内,书记室通过有回执的挂号信传唤被告到庭。

但是,当起诉书写明被告的地址是知晓的最后地址时,书记室告知原告通过送达方式寄送。

书记室通过任何方式把庭审的地点、日期和时间告知原告。

传唤书或传唤通知书中写明第 1139 条至第 1141 条的规定事项,否则无效。

第 1139 条

当事人可以自行抗辩,也可以委托一名律师辅助或代理诉讼。

提出修改补偿性津贴的诉讼请求时,当事人必须委托律师代理诉讼。

第 1140 条

程序口头进行。

提出修改补偿性津贴的诉讼请求时,诉讼程序的启动、审理和裁判依据初审法院适用的普通书面程序进行。

第 1141 条

依据《公共卫生法典》第 L6145-11 条或《家庭与社会救助法典》第 L132-7 条提出诉讼请求时,当事人证明开庭前已通过有回执的挂号信把诉讼请求告知对方当事人时,可以在诉讼程序过程中通过向法官寄送信件说明诉讼请求的理由。

选择上述权利的当事人可以不亲自到庭。在此条件下做出的裁判是对审裁判。

但是,法官始终有权命令当事人出庭。

第 1142 条

当法官已经依据起诉书受理案件,可以依职权或依据一方当事人请求,决定由书记室通过有回执的挂号信通知判决。

第 1143 条

当父母请求适用《民法典》第 372-2-7 条确认协议时,法官依据共同起诉书受理。

法官不能修改提交的协议条款。

法官可以不经辩论做出裁判,但其认为有必要听取当事人意见的除外。

如果法官支持诉讼请求,任何利害关系人可以向做出裁判的法官提出紧急审理请求。

对拒绝确认协议的裁判不服,准许提起上诉。通过向上诉法院书记室提交单独上诉书提出上诉。上诉案件的审理适用非讼程序。

第五章(二)　　由夫妻双方律师共同签署且经公证的合意离婚和分居

第 1144 条

通过表格把《民法典》第 229-2 条第(1)项所指信息发送各未成年子女,提醒其具有在《民法典》第 388-1 条规定条件下要求被听取意见的权利,以及他们的选择对于后续程序的后果。

表格的模板由司法部决议确定。

第 1144-1 条

律师共同签署的合意离婚协议,详细写明公证员的姓名和负责存放公证书原件的公证机构的法人名称。

第 1144-2 条

必要时,离婚协议还写明在未成年子女不具备辨别能力时未向其提供《民法典》第 229-2 条第(1)项的信息。

第 1144-3 条

离婚协议详细写明补助性津贴的财产和权利的价值。

当上述财产和权利进行不动产公告时,由公证员制作的公证文书实施并附于协议后。

第 1144-4 条

以终生年金形式确定抚养费或补助性津贴的离婚协议,重申收取方式和债权修改的规则,以及未给付时可能承担的刑事惩罚手段。

第 1144-5 条

当夫妻一方受益于法律援助时,保留 1991 年 12 月 19 日第 91-1266 号法令第 123-2 条的规定,离婚协议确定夫妻之间诉讼费用的分配。

在没有协议约定时,离婚的诉讼费用由夫妻双方均等承担。

第 1145 条

离婚协议由夫妻双方和各自律师共同签名,一式三份;或在相同条件下,采取电子签名。

必要时,附上各未成年子女签名和写明日期的表格,经公证的分配方案的清算状态,不动产公告中财产归属的公证书。

夫妻各方保留有四个签名的协议原件,必要时还包括相应附件。第三份原件存放于公证员处。

必要时,在相同条件下制作第四份原件,符合登记的形式。

第 1146 条

由最先行动的一方当事人的律师依据当事人的请求在协议签署后七日内,把离婚协议和附件转交公证员,存放于公证员原件保管处。

如果协议和附件是外文,应当附有 2007 年 8 月 10 日第 2007-1205 号法令第 7 条规定的有资格的翻译人出具的翻译件。

协议应当在公证员签署接收协议后十五日内存放。

第 1147 条

利害关系人或其律师提出请求时,依据公证员出具的存放证明,在夫妻双方的结婚证书和出生证书的备注栏中记载离婚事项。证明中写明夫妻各自的身份事项和存放日期。

在外国举行结婚而法国主管机构没有保存结婚证书时,如果夫妻双方的出生证书保存于法国的登记机关,裁判主文则记载于出生证书的备注栏中。否则,裁判的节录本保存于 1965 年 6 月 1 日第 65-422 号《关于设立外交部民事登记服务中心的法令》第 4-1 条提到的登记册中。

但是,2007 年 3 月 1 日后,只有在外国婚姻举行地完成身份证书的记载后,才能记载于夫妻一方法国人的出生证书中。

第 1148 条

向第三人提供公证员出具的存放证明或副本,即可证明《民法典》第 229-1 条中合意离婚的存在。

第 1148-1 条

对《民法典》第 229-1 条规定的解除和撤销担保,因离婚进行的记载、翻译或公告,可以向任何利害关系人提交经认证与原件相符的离婚协议副本,必要时还包括附件或节录本的副本。

第 1148-2 条

当未成年子女表明希望法官依据《民法典》第 388-1 条规定听取意见的意愿时,法院可以依据第 1088 条至第 1092 条规定的方式受理。

夫妻双方在离婚协议存放于公证员原件保管处前,可以依据第 1106 条和第 1107 条规定的条件向法院递交分居或离婚的诉讼请求。

第 1148-3 条

本章的规定适用于由夫妻双方律师共同签署且经公证的合意分居。

第六章　亲子关系与抚养费

第一节　一般规定

第 1149 条

有关亲子关系与抚养费的诉讼在评议室进行审理与辩论。
判决公开宣告。判决不具有预先执行效力。

第 1149-1 条

变更亲子关系时成年子女更改姓名的同意由户籍管理官员、公证员、法国外交人员或领事人员、宣告承认其为婚生子女的法院受理;在最后情形中,应当在裁判主文中写明。

第 1150 条

向最高司法法院上诉的期间中止建立或变更亲子关系裁判的执行。在该期间内向最高司法法院上诉,也具有中止效力。

第 1151 条

在确认父子关系的诉讼中,被认为是父亲的人没有继承人或继承人放弃继承时,由检察院代表国家。

第 1152 条至第 1155 条　【保留】

第二节　抚养费

第 1156 条

社会救助儿童部门、慈善机构或法院指定的收取抚养费的代理人,代位取得债权人的权利。

给予子女的款项应尽快并最迟在收到后一个月内转给其法定代理人。

第三节　　【保留】

第 1157 条至第 1157-1 条　【保留】

第四节　医疗辅助生育的同意

第 1157-2 条

在《民法典》第 311-20 条所指的情形中,寻求必须有第三方捐赠者参与的医疗辅助生育的配偶或同居者,向公证员提交表明同意的共同声明。

共同声明在没有第三人在场时制作成公证书。

公证书的副本或复印本只能出具给对医疗辅助生育表明同意的人。

第 1157-3 条

在征得同意前,公证员向做出表明的人告知下列事项:

(1)不能在捐赠者和生育而成的孩子之间建立亲子关系,以及不能针对捐赠者提出要求承担责任的诉讼;

(2)禁止以由此出生的子女名义提起旨在确立或反对亲子关系的诉讼,除非该子女不是由医疗辅助生育诞生或同意医疗辅助生育失效;

(3)同意医疗辅助生育失效的其他情形;

(4)对同意医疗辅助生育但不承认由此出生的子女的人,可以请求法院确认其与子女之间的非婚生父子关系,并且提起要求承担责任的诉讼。

第 1157-2 条规定的文书应当写明已经告知上述事项。

第七章 【保留】

第 1158 条至第 1164 条 【保留】

第八章 收养

第一节 同意收养

第 1165 条

有资格接受表明收养同意的人,应当告知同意收养子女的人可以撤回同意和撤回方式。

《民法典》第 348-3 条所指文书中应当写明已完成上述告知义务。

第二节 收养程序

第 1166 条

向初审法院提出收养子女的申请。

下列法院具有地域管辖权:

(1)申请人居住在法国时,由申请人住所地的法院管辖;

(2)申请人居住在外国时,由被收养人住所地的法院管辖;

(3)申请人与被收养人都居住在外国时,由申请人在法国选择的法院管辖。

第 1167 条

收养子女申请的审理适用非讼程序。

第 1168 条

通过申请书提出请求。

如果被收养人在年满十五岁前已被接纳进入收养申请人的家庭,申请人可以向共和国检察官寄送简单申请书自行提出收养请求,由检察官转交法院。

第 1169 条

申请书应当具体说明收养是指完全收养或不完全收养。①

第 1170 条

经听取检察官意见后,案件在评议庭进行审理和辩论。

第 1171 条

法院应当在收养申请提交后或在第 1168 条第 2 款所指情形下转交后的六个月内审查是否具备收养的法定条件。如有需要,法院可以委托任何有资格的人员进行调查。法院可以委派一名医生进行其认为必要的一切检查。

法院可以在《家庭与社会救助法典》第 L221-7 条和第 L221-8 条规定的条件下收集由政府与社会团体收养的儿童的有关情况。

第 1172 条 【保留】

第 1173 条

法院可以经申请人同意宣告不完全收养,即使受理时为完全收养申请。

第 1174 条

判决公开宣告。判决主文应当具体写明是完全收养或不完全收养,并且写明第 1056 条的规定事项。此外,在依据《民法典》第 356 条第 2 款宣告完全收养的情形下,判决还应当写明被收养人原有亲子关系的夫妇的姓名。

第 1175 条

如有必要,法院以相同形式对被收养人改名做出裁判,以及在不完全收养的情形下对被收养人改名做出裁判。

---

① 法国的收养制度分为两种,一种称为"完全收养"(adoption plénière),另一种称为"不完全收养"(adoption simple)。完全收养的对象只能是十五周岁以下的儿童,如果被收养人在十五周岁前已实际开始与收养人共同生活或被不完全收养,则被收养人的年龄可推迟至二十周岁。在完全收养的情况下,被收养人与亲生父母断绝了所有法律上的联系。被收养人应当与收养人一起生活,采用收养人的姓。被收养人在收养家庭中被视作合法子女,与婚生子女享有同等的权利和义务。不完全收养是在保留被收养人原有家庭的关系上建立新的亲属关系。不完全收养在重组家庭中尤其经常被使用。重新组合的配偶可通过不完全收养的方式收养配偶的子女。如果被收养人超过十五岁,完全收养就不再可能,只能进行不完全收养。

第 1176 条

检察院有权提起上诉。

第三节　撤销不完全收养的程序

第 1177 条

诉讼程序适用普通书面程序的规则。听取检察院意见后,案件的审理和辩论在评议室进行。判决公开宣告。

第 1178 条

对判决不服,依据争讼程序提出上诉。对上诉案件依据第一审程序规则进行审理和裁判。

第四节　共同规定

第 1178-1 条

有关收养的裁判不具有预先执行效力。

向最高司法法院上诉的期间中止收养裁判的执行。在该期间内向最高司法法院上诉也具有中止效力。

第九章　亲权

第一节(一)　与子女人身有关亲权的行使

第 1179 条

属于家事法官管辖权限内与亲权行使有关的诉讼请求,提出、审理和裁判在符合本节规定适用的情形下依据本编第五章进行。

第 1179-1 条

第三人适用《民法典》第 373-2-8 条和第 373-2-13 条通过简单申请书向共和国检察官提出请求,该检察官可以收集其认为对了解未成年人及其家庭状况有用的情况。

第 1180 条

依据《民法典》第 371-4 条和第 373-3 条第 2 款提出的诉讼请求适用初审法院的普通书面程序规则,在听取检察官意见后做出裁判。

第 1180-1 条

依据《民法典》第 365 条和第 372 条提出的共同申请书,向子女住所地的初审法院的书记室主任递交或采用挂号信寄送三份。

共同申请书应当附上下列文件：

（1）子女出生证书的全文复印本，必要时还包括宣告对子女不完全收养的判决；

（2）父母双方出生证书的全文复印本，公共行政机构出具的包含姓名、出生日期、地点、照片和签名的官方文件复印本。

书记室主任在每份共同申请书上签署和注明日期。并依据第 665 条至第 670-3 条规定的条件通过挂号信向父母双方寄送一份样本，书记室保留一份。

第 1180-2 条

依据《民法典》第 373-2-9 条第 2 款做出的确定子女住所的临时裁定，除写明实行该措施的期间外，还应当写明重新对子女居住地做出审理而开庭的地点、日期和时间。

第 1180-3 条

当家事法官适用《民法典》第 373-2-6 条宣告或修改禁止未成年子女在没有双方父母授权下离开法国领土的措施时，家事法官的书记室立即通知共和国检察官把此项措施登记于寻人名册或对登记事项进行修改。

当离婚或分居请求提到正在执行中的保护裁定，包含禁止未成年子女在没有双方父母授权下离开法国领土的措施时，家事法官的书记室应当立即报送共和国检察官。检察官在确保全部符合第 1136-13 条规定的条件时，对保护措施有效期限内寻人名册的登记内容进行修改。

第 1180-4 条

（1）家事法官适用《民法典》第 373-2-6 条采取禁止未成年人子女离境措施时，禁止未成年子女在没有父母双方授权情形下离境，但可以在依据本条（2）（3）和（4）规定的方式由父母双方共同表明同意的情形下离境。

（2）父母共同或分别向司法警官或其下属提交授权子女离境的声明，详细说明授予离境的期间和去往的目的地。此份声明应当最迟在子女离境日期提前五日做出，但离境计划的理由是子女家庭成员去世或存在正当理由证明的其他情形除外。

在提供声明时，司法警官或其下属审查提供者的身份以及作为子女父母的资格。

司法警官或其下属制作笔录并签名，提供声明的父母在笔录上签名后取得收据。

外国民事诉讼法译丛

法国民事诉讼法典

司法警官或其下属把笔录转交共和国检察官。检察官立即把有用信息告知寻人名册的管理部门登记在册。

(3)上述(2)中条文不适用于未成年子女在父母双方陪同的情形下出国旅行。

(4)当未成年人由父母一方陪同旅行时,上述(2)中的程序规则不适用于对陪同离境的父母一方授权的收集。在未成年子女离境前,事先对父母另一方授权的收集依据上述(2)中的程序规则进行。

第 1180-5 条

法官在对访问权和留宿权做出临时裁判或实体裁判时,决定在依据《民法典》第 373-2-1 条或第 373-2-9 条指定的见面场所实现访问权或把孩子送到此场所,同时确定此项措施的实施期限以及见面的周期和期间。

法官可以随时依职权,依据当事人的共同申请或单独申请,或应检察官要求,修改或撤回上述决定。

在实施措施的过程中遇到困难时,见面场所的管理人员应当通过紧急审理程序立即告知法官。

第 1180-5-1 条

当法官依据《民法典》第 373-2-1 条或第 373-2-9 条决定委托一名能够信任的第三人陪同送回儿童时,法官依据父母的共同建议或父母一方的建议指定承担委托任务的人员,并要求此人员出具书面同意。法官确定此措施的实施方式和期间。

同时法官也可指定作为备用措施的见面场所,确保在此第三人不能承担任务之时儿童能够安全送回父母双方或一方。

法官随时可以依职权,或依据当事人的共同申请或一方当事人的申请,或检察院的要求,修改或撤回上述决定。

第一节(二)　监护法官在法律管理方面的介入

第一目　起诉

第 1180-6 条

未成年人经常居住地的监护法官具有地域管辖权。

第 1180-7 条

法官依据向初审法院书记室递交或寄送的申请书受理案件。申请书应当指明申请人的姓名和住所、与未成年人的关系、未成年人及其父母的身份和地址,否则无效。

依据《民法典》第 387-3 条第 2 款提出申请书时,应当写明前款要求的事项,并且详细说明在性质上对未成年人继承的财产利益造成严重损害的事实或明显可能造成实体损害的事实,以及为证明这些事实附上的证明材料,否则无效。

第二目 审前准备

第 1180-8 条

法官可以依职权,依据当事人的申请或应检察官要求,命令采取任何调查取证措施。

第 1180-9 条

法官依据《民法典》第 388-1 条规定的条件听取未成年人意见。法官也可以在其认为合适的情形,听取父母或其他人的意见。

听取意见不公开进行。对听取意见应当制作笔录。

第 1180-10 条

了解未成年人情形的监护法官,可以和儿童事务法官一样审查教育救助程序是否开放,并依据第 1187-1 条的方式要求儿童事务法官转交正在进行的案卷中的书证。

第 1180-11 条

监护法官得知教育救助程序向未成年人开放后,依据儿童事务法官的要求转交其认为有用的书证副本。

第三目 查询案卷和发送副本

第 1180-12 条

在对申请书做出裁判前,申请人、具有辨别能力的未成年人、父母以及代理或辅助他们的律师可以去书记室查询案卷。

适用《民法典》第 387-3 条、第 387-4 条或第 387-5 条时,具有辨别能力的未成年人或父母一方及其咨询顾问,可以在诉讼程序的任何阶段要求查询案卷。

具有辨别能力的未成年人,只能在父母双方或一方或其律师的陪同下查询案卷。父母拒绝时,如果利害关系人没有委托律师,法官向律师协会提出指定一名律师辅助未成年人。

当法官认为查询案卷本质上可能造成严重损害时,在律师缺席的情形下可以做出有理由的决定,拒绝申请人或未成年人查询案卷中部分或全部书证的请求。

在任何情形下,案卷的查询只能在法官确定的日期和时间进行。

第1180-13条

未成年人的律师或未成年人父母的律师可以要求复印案卷中书证的全部或部分。律师不能把这些复印本告知和再次复印给未成年人或第三人。

当父母或年满十六岁的未成年人提出请求并且证明有法定事由时,法官可以向其授权发放案卷中一份或多份书证的副本。法官的决定是一项司法行政措施。

第四目　监护法官的裁判

第1180-14条

法官依据任何利害关系人的请求或依职权命令采取辩论方式对申请书进行审查,特别是涉及《民法典》第387条、第387-3条、第387-4条和第387-5条的适用。

在此情形,法官在听取或召集法定行政机构后做出裁判。

如果当事人委托律师辅助或代理诉讼,法官应当听取律师的意见。

第1180-15条

案件的审理和裁判在评议室进行。

第五目　裁判的通知和副本

第1180-16条

法官做出的裁判由书记室通知申请人和父母,必要时还要通知专门行政机构。

通过平信告知年满十六周岁的未成年人,但其状况不准许采用此方式的除外。

通知采取有回执的挂号信进行。但是法官可以决定采用执达员文书进行通知。

需要向利害关系人告知救济途径和因滥用救济判处的惩罚措施时,由书记室发送经认证与原件相符的监护法官裁判副本,由利害关系人签署且注明日期的收据等同于通知。

第 1180-17 条

法官的裁判副本只能向申请人及其父母出具,必要时包括专门行政机构。

有利害关系的未成年人成年时,可以取得与之有关的裁判副本。

证明具有法定利益的其他人,可以经法官准许后取得裁判节录本。法官的决定是一项司法行政措施。

第六目　上诉

第 1180-18 条

除有相反规定外,对法官的裁判不服,准许提起上诉。

上诉的提起、审理和裁判适用第 1239 条至第 1247 条的规定。

第七目　民事罚款

第 1180-19 条

《民法典》第 387-6 条规定的民事罚款不得超过 10000 欧元。

第二节(一)　教育救助

第 1181 条

教育救助措施按照不同情况由父母一方、未成年人的监护人或受托照管儿童的人或机构所在地的儿童事务法官采取。

如果前面所指人员变更居住地,受理法官终止对案件的管辖,由新居住地的法官受理,但做出有说明理由的裁定除外。

依据《家庭与社会救助法典》第 L228-4 条,在变更省份时应当向旧居住地和新居住地的省议会主席告知变更管辖的事项。

第 1182 条

法官向共和国检察官通知程序的开始;当儿童的父母、监护人、受托照管儿童的人或机构不是申请人时,也告知他们。

法官应当听取父母双方、监护人、受托照管儿童的人或机构、具备辨别能力的未成年人的意见,并告知受理申请的理由。

法官有权听取其认为有用的人的意见。

向父母双方、监护人、受托照管儿童的人或机构、未成年人发送的程序开始通知书和传唤通知书中,应当写明各方当事人有选择咨询顾问的权利或根据第 1186 条请求法院指定一名咨询顾问的权利。上述通知书中还应当告知当事人有权依据第 1187 条查询案卷。

第 1183 条

法官可以依职权,依据当事人的请求或应检察官要求,命令采取任何与未成年人和父母的品格、生活条件有关的信息调查措施,特别是采取社会调查、医疗检查、心理或精神鉴定、教育调查和导向措施。

第 1184 条

《民法典》第 375-5 条第 1 款的临时性措施和本法典第 1183 条的信息调查措施,只能在依据第 1182 条听审父母双方、监护人、受托照管儿童的人或机构、具备辨别能力的未成年人后才能采取,但有特别说明的紧急情形除外。

当法官未经听审当事人即采取紧急安置措施时,法官应当在做出决定后十五日内传唤各方当事人,否则未成年人按照其父母、监护人、受托照管儿童的人或机构的要求送回。

共和国检察官已经命令采取临时紧急安置措施,并且依据《民法典》第 375-5 条第 2 款提请法官受理案件时,法官应当在受理后十五日内传唤当事人和做出裁判,否则未成年人按照其父母、监护人、受托照管儿童的人或机构的要求送回。

如果紧急情形需要,在不影响《民法典》第 375-5 条第 2 款的前提下,由未成年人被找到地的儿童事务法官采取临时性措施并在一个月内终止管辖,之后由具有地域管辖权的法官接手。

第 1185 条

实体裁判应当在命令采取临时性措施的决定做出后六个月内做出,否则应当按照其父母、监护人、受托照管儿童的人或机构的要求送回未成年人。

如果审前准备在前款规定的期间内没有完成,法官可以在听取共和国检察官意见后延长期间,不得超过六个月。

第 1186 条

具备辨别能力的未成年人、父母、监护人、受托照管儿童的人或机构有权选择咨询顾问或请求法官向律师协会提出为自己指定一名律师。指定应当在提出请求后八日内完成。

此权利在首次听审时向利害关系人再次申明。

第 1187 条

通知程序开始后直至听审或庭审前,未成年人的律师,或父母双方或一方、监护人、受托照管儿童的人或部门的律师可以在书记室查询案卷。律师可以要求发放案卷材料的全部或部分副本,但只能用于教育救助程序的专项用途。该律师不得把副本转交或再次复印给他的客户。

依据父母、监护人、受托照管儿童的人或部门、具备辨别能力的未成年人的请求,直至听审或庭审前,他们可以在法官确定的日期和时间查询案卷。

具备辨别能力的未成年人只能在父母双方或一方,或其律师的陪同下查询案卷。在父母拒绝并且没有委托律师时,法官向律师协会提出指定一名律师辅助未成年人或授权负责教育救助措施实施的教育服务机构陪同查询案卷。

当法官认为查询案卷可能对未成年人、一方当事人或第三人造成身体上或心理上的危害时,在律师缺席的情形下可以做出有理由的决定,拒绝父母、监护人、受托照管儿童的人或部门、未成年人查询案卷中的部分或全部证据材料。

在相同条件下,本法典第 1183 条和《民法典》第 375-2 条和第 375-4 条规定的负责措施实施的服务机构也可以查询案卷。

审前准备结束后,案卷转交共和国检察官;检察官应当在十五日内转交法官,附上对结果的书面意见或希望在庭审中提交此意见的说明。

第 1187-1 条

在家事法官或监护法官审理的程序中,当事人依据第 1187 条有资格提出查询案卷时,儿童事务法官依据上述法官的要求移送书证。如果书证的提供可能对未成年人、当事人或第三人构成身体上或心理上的危害时,儿童事务法官可以拒绝移送。

依据第 1072-2 条、第 1180-11 条和第 1221-2 条规定的条件,家事法官或监护法官把裁判副本转交儿童事务法官,并附上后者认为有用的证据材料。

第 1188 条

开庭审理在儿童事务法庭所在地进行,或在传唤通知书中指明的邻近法庭所在地进行。

对父母、监护人、受托照管儿童的人或机构的传唤,必要时还有对未成年人的传唤,应当至少在开庭审理八日前进行;同时,通知各方当事人的顾问。

第 1189 条

在庭审中,法官听取未成年人、父母、监护人、受托照管儿童的人或机构的意见,以及认为有用的其他人的意见。法官可以免除未成年人亲自出庭的义务,或命令其在辩论的全过程或部分环节退出法庭。

各方当事人的顾问也可以做出说明。

在听取检察院的意见后,案件的审理和裁判在评议室进行。

第 1190 条

法官的任何决定在八日内通知父母、监护人、受托照管儿童的人或机构;如果为未成年人指定顾问,还应当通知其顾问。

裁判主文应当通知年满十六周岁的未成年人,但其状况不允许通知的除外。

但是,适用第 1187 条第 4 款排除部分书证查询的决定,应当在八日内通知提出查询案卷请求的当事人。

在所有情形下,通知书均应当送交共和国检察官。

第 1191 条

下列人员有权对裁判提起上诉:

(1)父母双方或一方、监护人、受托照管儿童的人或机构在裁判通知后十五日内;

(2)未成年人在裁判通知后十五日内,或没有通知的情形下在知晓裁判后十五日内;

(3)检察院在收到通知后十五日内。

第 1192 条

上诉按照第 931 条至第 934 条提出。

书记员通过平信把上诉事项告知没有提起上诉的父母、监护人、受托照管儿童的人或机构、年满十六岁的未成年人,并且告知他们随后将被传唤到庭。

第 1193 条

上诉法院中负责未成年人案件的法庭按照儿童事务法官适用的程序规则,优先在评议室对上诉案件进行审理和裁判。

对儿童事务法官依据《民法典》第 375-5 条做出的临时安置决定不服而提起上诉时,上诉法院应当在受理上诉请求后三个月内做出裁判。

第 1194 条

上诉法院的裁判,按照第 1190 条进行通知。

第 1195 条

传唤通知书和通知由书记员通过有回执的挂号信寄送。但是,法官有权决定采取执达员文书发出,必要时由书记室负责或采取行政途径。

递交裁判副本并取得经签名和注明日期的收据,即等于通知。

第 1196 条

检察院有权向最高司法法院提起上诉。

第 1197 条

当父母不能完全承担应当负担的诉讼费用时,法官确定他们能负担的部分。

第 1198 条

依据《民法典》第 375-3 条和第 375-5 条规定对未成年人采取安置措施,法官有权走访或派人走访。

第 1199 条

法官可以将自己的权限委托未成年人自愿接受安置地的法院行使,或依据法院决定的被安置地点的法官行使,以便实施《民法典》第 375-2 条和第 375-4 条的措施并跟踪执行。

第 1199-1 条

负责执行安置措施的机构或部门应当按照裁判规定的时间,定期向做出裁判的法官或接受委托授权的法官寄送有关儿童情况与变化的报告;如无定期的要求,则为每年寄送一份报告。

安置期间为两年以上时,采取相同规定。没有寄送报告时,儿童事务法官传唤当事人至庭审中,以便制定被安置的未成年人情况的总结报告。

第 1199-2 条

依据《民法典》第 375-7 条第 4 款最后一段的规定,儿童事务法官为指定见面场所可以进行事先调查。

第 1199-3 条

法院在决定中对第三人在场的访问次数进行确定;或者,在法官的审查下,由父母和受托照管儿童的机构或部门共同对访问权行使的条件商量确定。

第 1200 条

在教育救助措施适用中,应当考虑未成年人及其家庭的宗教信仰与哲学信仰。

第 1200-1 条

依据《民法典》第 375 条第 3 款,由儿童事务法官按照本节规定的条件对教育救助措施进行延期。

安置期间为两年以上时,儿童事务法官在相同条件下至少每隔三年传唤当事人至庭审。

第二节(二)　家庭预算管理的辅助司法措施

第 1200-2 条

因为未成年人而有权领取或享受家庭补助的人居住地的儿童事务法官,具有命令采取《民法典》第 357-9-1 条中家庭预算管理的辅助司法措施的管辖权限。

如果领取或享受家庭补助的人变更居住地,适用第 1181 条第 2 款和第 3 款。

第 1200-3 条

儿童事务法官可以因下列人员的申请而受理案件:

(1)未成年人的法定代理人之一;

(2)因为未成年人而有权领取和享受家庭补助的人;

(3)共和国检察官;

(4)依据《民法典》第 375-9-2 条规定,因为未成年人而有权领取和享受家庭补助的人居住地的社区区长或未成年人居住地的社区区长以及家庭补助的发放机构。

但是,儿童事务法官也可以依职权受理案件。

省议会主席可以向共和国检察官指出按照当前社会经济和家庭经济情况给予的补助不足够。省议会主席确保此情形在《民法典》第 357-9-1 条适用的范围内。

第 1200-4 条

当下列人员没有申请启动程序时,儿童事务法官应当告知他们:

(1)未成年人的法定代理人;

(2)因为未成年人而有权领取和享受家庭补助的人;

(3)共和国检察官;

(4)家庭补助的发放机构;

(5)领取和享受家庭补助的人员居住地的省议会主席。

通知中也告知领取和享受家庭补助的人有选择律师或请求法官依据第 1200-5 条为自己指定一名律师的权利。法官同时也告知其依据第 1200-6 条有查询案卷的权利。

在收集全部有用信息后,法官至少于开庭日期八日前传唤领取和享受家庭补助的人,同时通知知晓的当事人委托或指定的律师。

在每次传唤中,均向领取和享受家庭补助的人告知与程序启动的相同事项,包括获得律师辅助庭审和查询案卷的权利。

儿童事务法官也可以传唤其认为有用的任何人至庭审中。

第 1200-5 条

领取和享受家庭补助的人可以自行选择律师或要求法官向律师协会提出为自己指定一名律师。指定应当在提出请求后八日内完成。

在首次庭审时,向利害关系人重申委托律师辅助的权利。

第 1200-6 条

告知程序启动后直至庭审前,律师可以在书记室查询案卷。律师可以要求发放案卷材料的全部或部分副本,但只能用于家庭预算管理的司法辅助措施程序的专项用途。该律师不得把副本转交或再次复印给他的客户。

领取和享受家庭补助的人提出请求时,也可以在庭审前直接查询案卷。案卷的查询在法官确定的日期和时间进行。如果法官认为查询案卷可能侵犯当事人或第三人的隐私,在律师缺席时可以通过有理由的决定拒绝对案卷中部分或全部书证的查询。

在前款规定的条件下,法官指定的家庭补助的代理人也可以查询案卷。

拒绝部分查询案卷请求的决定,应当在八日内通知提出请求的人员,同时报送共和国检察官。

第 1200-7 条

案件在庭审前转交共和国检察官;检察官至少于开庭日期八日前向法官提交对结果的书面意见并指明是否在庭审中提交意见。当法官因检察官起诉而受理案件时,在首次开庭前不需要询问检察官意见。

第 1200-8 条

案件在评议室审理和裁判。

庭审在传唤通知书中指明的儿童事务法庭所在地或辖区内邻近法庭所在地进行。

在庭审中,法官听取领取和享受家庭补助的人的意见并告知受理案件的原因。法官听取其认为有用的其他人的意见。领取和享受家庭补助的人的律师也提交说明。

第 1200-9 条

儿童事务法官以不同于教育救助裁定的单独裁定对家庭预算管理的司法辅助措施进行宣告。

家庭预算管理的司法辅助措施可以随时因下列情形进行修改或撤回：

(1)法官依职权进行；

(2)依据共和国检察官的要求；

(3)依据第 1200-3 条第(1)项、第(2)项和第(4)项请求法官受理案件的人提出请求；

(4)家庭补助代表的请求。

第 1200-10 条

儿童事务法官做出的裁判在八日内通知当事人；在任何情形下，还通知可能指定的家庭补助代表和发放机构。

通知书也发送共和国检察官。

第 1200-11 条

对儿童事务法官的裁判不服，当事人和家庭补助代表在收到通知或递交后十五日内提起上诉。

依据第 931 条至第 934 条提出上诉。书记员通过平信告知没有提起上诉的当事人，并且告知他们之后会被传唤到上诉法院。

第 1200-12 条

第 1193 条、第 1195 条和第 1196 条的规定适用于家庭预算管理的司法辅助措施。

第 1200-13 条

上诉法院的裁判依据第 1200-10 条进行通知。

第三节　亲权的委托、全部或部分撤销，亲权放弃的司法宣告

第 1201 条　【保留】

第 1202 条

撤销全部或部分亲权的诉讼请求，向被起诉的直系尊血亲住所地的初审法院提出。

委托亲权的诉讼请求，向未成年人住所地的家事法官提出。

放弃亲权的诉讼请求，向未成年人住所地的初审法院提出。当诉讼请求由儿童社会扶助部门提出时，起诉至未成年人被收留地所在省的省

会初审法院。

第 1203 条

法院或法官依据向书记室递交或寄送的申请书受理案件。当事人必须委托律师,但委托亲权的诉讼除外。申请书可以提交至共和国检察官,由其转交法院或法官。

申请书除包含第 57 条的规定事项外,应当指明未成年人的住所地,必要时还要指明亲权行使者的住所地和起诉理由,否则不予受理。

第 1204 条

对下列人员至少应在开庭审理的八日前,通过有回执的挂号信传唤到庭并附申请书:

(1)申请人;

(2)未成年人的父母;

(3)收留儿童的人、机构或服务部门;

(4)必要时,未成年人的监护人;

(5)诉讼请求是委托亲权时,包括受托亲权的候选第三人。

同时,把庭审日期告知当事人委托辅助或代理的顾问和检察院。

传唤通知书和通知书中告知被通知者可以依据第 1208-1 条查询案卷。

第 1205 条

法院或法官采取或者派人采取所有有用的调查,特别是第 1183 条规定的信息调查措施;上述措施也可以由法院或法官依职权进行。法院或法官可以委派儿童事务法官实施。

第 1205-1 条

当对一个或多个儿童实施教育救助程序时,儿童事务法官依据第 1187-1 条确定的条件把案卷转交法院或法官。儿童事务法官对依据第 1187 条排除查询的书证不予转交。

在所有情形下,对儿童事务法官提交其意见。

法官或法院把裁判副本转交儿童事务法官,并附上后者认为有用的证据材料。

第 1206 条

共和国检察官可以收集其认为有用的关于未成年人家庭和父母道德的情况。

第 1207 条

对正在进行的诉讼,法院或法官可以命令采取有关亲权行使的任何预先执行措施。

第 1208 条

法院或法官听取父母、监护人、受托照管儿童的人或机构代表的意见，以及其认为有用的人的意见。

在父母失踪的情形下，法院或法官可以为家庭利益进行搜查；在此情形下，法院或法官推迟裁判，推迟的期间不得超过六个月。

第 1208-1 条

申请人、父母、监护人、受托照管儿童的人或机构、委托辅助或代理的律师，在庭审前可以向法院书记室查询案卷。律师可以要求发放案卷材料的全部或部分副本，但只能用于本程序的专项用途。该律师不得把副本转交或再次复印给他的客户。

第 1208-2 条

听取检察院意见后，案件的审理和裁判在评议庭进行。程序口头进行。

第 1208-3 条

法官或法院做出的裁判在八日内采用有回执的挂号信通知申请人、父母、监护人、受托照管儿童的人或机构、受托第三人。但是，法官或法院可以决定采用执达员文书进行通知，必要时由书记室进行或通过行政途径。

在所有情形中，通知书也发送共和国检察官。

第 1208-4 条

受理司法宣告放弃亲权的诉讼请求的法院，采用相同形式对委托亲权行使做出裁判。

第 1209 条

下列人员对法官或法院做出的裁判不服时可以提起上诉：

(1)受到裁判通知的人自通知之日起十五日内；

(2)检察院自通知之日起十五日内。

第 1209-1 条

上诉依据第 931 条至第 934 条的规定提出。

书记员采用平信把上诉事项告知受到裁判通知但未提起上诉的人和部门，同时告知他们事后将被传唤至上诉法院。

上诉案件由负责未成年人案件的上诉法院依据第一审诉讼程序在评议室审理和裁判。

上诉法院的裁判依据第 1208-3 条进行通知。

第 1209-1-1 条

有关撤销全部或部分亲权和司法宣告放弃亲权的诉讼请求,提出上诉适用强制代理规定。

第 1209-2 条

检察院有权向最高司法法院提起上诉。

第 1210 条

请求归还委托的亲权或恢复被撤销的权利,向受托行使监护权的人住所地的法院或法官提起诉讼。法院书记员把起诉通知受托人。此外,起诉应当遵守受托行使亲权的规则。

请求归还曾宣告遗弃的儿童也适用本章规定。

第四节　专门管理人的规定

第 1210-1 条

当法院适用《民法典》第 383 条和第 388-2 条指定专门管理人时,如果为保护儿童的利益不能选择家庭的内部成员或未成年人的亲属,则可以在《刑事诉讼法典》第 R53 条所指的人员名单中指定专门管理人。

第 1210-2 条

对专门管理人的指定不服,未成年人的法定代理人可以在十五日内提起上诉。上诉不具有中止效力。

上诉的提出、审理和裁判适用非讼程序规则。

第 1210-3 条

当在《刑事诉讼法典》第 R53 条所指的人员名单中指定一名专门管理人时,除给予其按照司法部国家文职人员出差标准计算的出差费用补贴外,另外给予补贴。

如果专门管理人因为外在原因不能完成自己任务,在提供已经完成工作内容的报告后依据《刑事诉讼法典》第 R53-8 条列举的条件获得缺勤补助。

补助数额由司法部连同预算部门共同发布的决议确定。

国库依据刑事罚款的程序和担保条件对承担诉讼费用的当事人征收报酬费用。在不存在判处诉讼费用承担的情形中,这些费用由指定专门管理人的法官向指明的当事人征收。

第五节　非法国际转移儿童

第 1210-4 条

在有关非法国际转移儿童的国际条约和欧盟条约框架内指定的中央机构,向依据《司法组织法典》第 L211-12 条具有地域管辖权的驻初审法院的共和国检察官,提交与其受理案件有关的儿童归还请求。

(1)请求归还被拐卖或扣留在法国的儿童时,共和国检察官在收到请求后命令采取全部有用的行动安置儿童或确认儿童的方位。如果法院已经实体受理行使亲权的请求,共和国检察官把归还儿童的请求告知法院。

共和国检察官也可以:

①采取任何措施确保自愿归还儿童,特别是听审被指控为转移或扣押儿童的人并要求其自愿归还儿童,或促使协商解决纠纷;

②命令采取任何认为有必要的调查、审查或鉴定措施;

③要求具有管辖权的法官命令采取法律规定的临时性措施,必要时把上述必要信息转交具有地域管辖权的驻初审法院的共和国检察官,由其采取相同措施;

④启动司法程序促使归还儿童。

(2)请求归还被拐卖至外国或在外国扣押的儿童时,共和国检察官可以命令采取任何调查措施,按照外国中央机构的要求收集有关儿童及其所处的物质、家庭和社会环境的信息。

共和国检察官还可以采取适当的措施,确保儿童在返回后得到保护;必要时,把相关信息转交至具有地域管辖权的驻初审法院的共和国检察官,由其采取相同措施。

第 1210-5 条

根据有关非法国际转移儿童的国际条约和欧盟条约提起的诉讼,向依据《司法组织法典》第 L211-12 条具有地域管辖权的初审法院的家事法官提交。

当前款所指的法官受理儿童归还请求或请求由共和国检察官依据第1210-4 条提出时,法官同时受理禁止儿童在没有父母双方授权下离境的请求。

第 1210-6 条

依据 1980 年 10 月 25 日《关于儿童国际绑架民事方面的协议》而产生的归还儿童请求,提出、审理和裁判适用实体审理加速程序。

第 1210-7 条

在找到儿童所在辖区内依据《司法组织法典》第 L211-12 条特别指定的驻初审法院的共和国检察官,收到关于儿童归还的裁判的通知后负责执行,可以着手或委托他人听审儿童被找到时所在家庭的成员。

第 1210-8 条

为确保儿童归还裁判的执行采取最适合于当前形势的方式,负责执行的共和国检察官可以:

(1)请所有合适人士提供服务,以促进友好执行决定,并确定儿童返回的方式;

(2)要求任何合适人士查明裁判中提到的儿童的物质、家庭和社会情况;

(3)派人对儿童进行必要的医疗、健康和心理检查。

第 1210-9 条

在儿童归还裁判不能自愿履行的情形下,有管辖权的共和国检察官,即在找到儿童所在辖区内依据《司法组织法典》第 L211-12 条特别指定的驻初审法院的共和国检察官,依据 1995 年 1 月 8 日第 95-125 号法律第 34-1 条直接要求动用公共力量强制执行。如有可能,上述检察官把要求动用公共力量执行归还儿童裁判的意图告知在找到儿童所在辖区内驻初审法院的共和国检察官,并且向后者收集任何有用的信息,尤其是有关裁判执行可能导致的风险。

第 1210-10 条

依据 1980 年 10 月 25 日海牙条约设立的法国中央机构提出要求时,共和国检察官依据第 1210-4 条、第 1210-7 条、第 1210-8 条和第 1210-9 条进行的程序中取得的书证副本应当向此机构转交。

除共和国检察官明确拒绝外,本条第 1 款提到的书证副本可以由法国中央机构交给上述条约指定的其他中央机构、父母双方或一方、监护人、受托照管儿童的人和服务机构。

第 1210-11 条

依据 2003 年 11 月 27 日欧盟理事会第 2003-2201 号《关于夫妻财产诉讼和父母责任诉讼的管辖、承认和执行裁判的条例》第 11 条第六段,外国法院把拒绝归还儿童的裁判和附件转交已经受理当事人提出的亲权行使请求的法院,否则转交依据《司法组织法典》第 L211-12 条在提出归还儿童请求的父母一方在法国居住地辖区内具有地域管辖权的家事法官。

当上述裁判和附件转交已经受理请求的法院时,该法院的书记室通知当事人。在转交后,一方当事人提出新诉讼请求要求依据欧盟理事会第 2003-2201 号条例中第 11 条命令归还儿童,受理法院如有需要可以终止管辖,转由在同一上诉法院辖区内依据《司法组织法典》第 L211-12 条特别指定的家事法官管辖。

当上述裁判和附件转交依据《司法组织法典》第 L211-12 条具有管辖权的家事法官时,家事法官的书记室通知亲权行使者在三个月内依据第 1137 条提出请求。

第 1210-12 条

对非法国际转移儿童的裁判不服,向最高司法法院上诉的期间为十五日。

第十章　未成年人和成年人的法律保护

第一节　法官宣告措施的规定

第一目(一)　一般规定

第 1211 条

将受保护人或受保护人经常居住地以及监护人住所地的监护法官具有地域管辖权。

第 1212 条

监护法官和共和国检察官有权派医生检查《民法典》第 416 条所指的成年人。

第 1213 条

依据任何利害关系人的请求或依职权,特别是适用《民法典》第 217条、第 219 条、第 397 条第 2 款、第 417 条、第 459 条第 4 款、第 459-2 条、第 469 条第 2 款和第 3 款、第 483 条第 4 项、第 484 条或第 494-10 条,监护法官可以命令对申请书的审查采取对审辩论。

第 1214 条

在启动、修改或撤销保护措施的诉讼程序中,将受保护的成年人或受保护的成年人可以选择一名律师或请求受理法院向律师协会要求为自己指定一名律师。指定律师在提出请求后八日内完成。

在传唤通知书中应当向利害关系人告知上述权利。

第 1214-1 条

依据本法典第 424 条、第 426 条至第 428 条,向检察官报送成年人法律保护案件。

第 1215 条

当司法代理人保护的成年人去世时,如无已知的继承人,司法代理人请求死者的公证员解决继承问题;如果死者没有委托公证员,则向省公证员协会的主席请求指定一名公证员。

如果负责解决继承纠纷的公证员不能确定继承人,司法代理人经监护法官或公证员授权依据 2006 年 6 月 23 日《关于继承和捐赠改革的法律》第 36 条规定的条件发出寻找继承人的委托书。

第 1216 条

《民法典》第 411-1 条和第 417 条规定的民事罚款不得超过 10000 欧元。对宣告民事罚款的决定不能提起救济。

第一目(二) 在监护法官受理前向共和国检察官提交的信息

第 1216-1 条

向共和国检察官提交的旨在要求监护法官受理的请求,包括将受保护人的身份和依据《民法典》第 428 条请求保护的事实说明。

第 1216-2 条

请求中也包括下列已知和有用的信息,并具体说明收集过程:

(1)将受保护人的家庭组成、生活条件、生活地点和社会环境;

(2)家产中的保留部分、收入、开支和债务,以及必要时为将受保护人的利益可以动用的补助清单;

(3)只能根据将受保护人的日常生活的自我组织能力、完成行政活动和管理预算而对其独立性进行评估。

第 1216-3 条

社会救助的区级和省级服务部门,残疾人的省级服务部门,实施《家庭与社会救助法典》第 L113-3 条所指事项的机构、社会服务和医疗社会服务机构、卫生机构等向共和国检察官转交第 1216-1 条和第 1216-2 条所指的信息。

必要时,上述机构和服务部门的负责人具体说明为将受保护人的利益已提起和准备提起的诉讼。

第二目　监护法官实施的程序

（一）申请

第 1217 条

除《民法典》第 390 条、第 391 条、第 442 条、第 485 条、第 494-3 条第 3 款规定的情形外，法官依据向第一审法院书记室递交或寄送的申请书而受理案件。

当申请书的目的是延展家庭授权时，应当附上指定被授予资格人员的决定书副本。

第 1218 条

请求宣告采取成年人保护措施的申请书应当包含下列事项，否则无效：

（1）《民法典》第 431 条规定的详细阐述的医疗证明；

（2）将受保护人的身份和依据《民法典》第 428 条和第 494-1 条提请保护的事实说明。

第 1218-1 条

第 1218 条中请求保护成年人的申请书同样要提到《民法典》第 430 条第 1 款和第 494-1 条列举的将受保护的成年人周围亲近的人，以及申请人可能知晓的治疗该成年人的医生姓名。申请人要尽可能详细说明成年人的家庭、社会、财政和家产情况以及其他情况，特别是有关成年人独立自主的情况。

书记员把提起的程序通知共和国检察官，但由检察官提起申请的除外。

第 1219 条

《民法典》第 431 条规定的详细医疗证明应当包括：

（1）详细描述将受保护和正受保护的成年人能力恶化的情形；

（2）向法官提交关于此恶化的可能预见的发展趋势的信息；

（3）详细说明恶化的后果，要求为成年人提供在日常生活中行为，包括财产和人身方面辅助或代理的必要性。

医疗证明应当指明听审成年人是否可能对其健康造成损害或其能否表达自己意愿。

医疗证明由医生以封口信件提交给申请人，专门抬头写给共和国检察官或监护法官。

第 1219-1 条

共和国检察官向监护法官提交的申请书中包含第 1216-1 条至第 1216-3 条规定的事项。

(二)审前准备

第 1220 条

在监护法官有义务或认为有用的情形下,需要听取将受保护和正受保护的人的意见时,自行前往上诉法院辖区内的任何地方或其执行职责的相邻省份。相同规则也适用于受理救济请求的上诉法院法官。

第 1220-1 条

听审,可以在法院、被听审人的经常居住地、治疗或收留机构所在地以及其他合适的场所进行。

听审不公开进行。

法官在认为合适时要求治疗医生或其他人参加听审。

听审的日期和地点应告知将受保护和正受保护的人的律师。

对听审的过程,应当制作笔录。

第 1220-2 条

依据《民法典》第 432 条第 2 款或第 494-4 条,法官对将受保护和正受保护的人做出不听审决定后通知申请人,必要时还通知成年人的律师。

通过相同决定,法官命令要通过适合于成年人状况的方式让其知晓正在进行的程序。

决定的执行在案卷中注明。

第 1220-3 条

提出有关被保护成年人的申请和人身保护的申请时,监护法官只有在听取或传唤该成年人后才能做出裁判,但庭审可能对其健康造成伤害或其无法表达意愿的除外。

第 1220-4 条

法官认为合适时听审《民法典》第 430 条、第 494-1 条和第 494-10 条所列举的人。听审也可以依据申请执行保护措施的人提出的请求进行。

依据《民法典》第 494-4 条第 2 款的规定,法官在听取《民法典》第 494-1 条第 2 款所指的人的意见或书面询问后,确认他们参加或不提出法定异议。

第 1221 条

法官可以依职权，依据当事人的申请或应检察院要求，命令采取任何调查取证措施。法官可以委派选择的人进行社会调查或对某些情形进行确认。

第 1221-1 条

知晓未成年人情况的监护法官可以在儿童事务法官之外审查是否启动教育救助措施，并依据第 1187-1 条规定的条件要求儿童事务法官转交正在进行程序的案卷和书证副本。

第 1221-2 条

监护法官知晓教育救助程序已经对未成年人启动后，依据儿童事务法官的请求转交后者认为有用的所有书证副本。

（三）查询案卷和发送副本

第 1222 条

在宣告启动程序决定或授权决定前以及对要求变更保护措施和变更、续延授权的请求做出裁判前，申请人可以去书记室查询案卷。《民法典》第 430 条和第 494-1 条中列举的人在证明存在合法利益时，依据受理法院的授权可以在相同条件下查询案卷。

如果上述人员委托律师，其律师享有上述权利。

第 1222-1 条

在诉讼程序的过程中，将受保护和正在受保护的人，必要时由其律师或负责保护的人提出书面申请，在证明提供查询服务的必要性后即可前往保留案卷的法院查询案卷。

当将受保护和正在受保护的成年人提出查询案卷请求，如果查询可能对其造成严重心理伤害，法官可以通过有理由的裁定拒绝查询全部或部分材料的请求。

第 1222-2 条

申请人、监护人、父母，或必要时他们的律师，在对申请书做出裁判前可以去书记室查询受监护的未成年人的案卷。

在执行措施的实施过程中，具备辨别能力的未成年人、监护人或父母一方可以请求查询案卷。

具备辨别能力的未成年人只能在监护人或律师的陪同下查询案卷。在监护人拒绝陪同并且未成年人没有律师时法官向律师协会提出为其指定一名律师陪同查询案卷。

法官如果认为查询对申请人或未成年人可能造成严重损害,在没有委托律师时通过有理由的裁判拒绝查询案卷的全部或部分请求。

在所有情形下,查询案卷只能在法官确定的日期和时间进行。

第 1223 条

将受保护和正在受保护的成年人、未成年人或其父母的律师可以复印案卷中的全部或部分材料。律师不得把获得的副本复制给将受保护和正在受保护的成年人、未成年人或第三人。

第 1223-1 条

在保留《民法典》第 510 条中管理账户来往的规定下,宣告保护判决后,受保护的成年人、年满十六周岁的未成年人或执行保护措施的人证明具有合法利益时,监护法官授权向其发放案卷的部分书证副本。

第 1223-2 条

家庭理事会的评议记录或有关保护措施的裁判的副本,只能发放给当事人以及评议记录和裁判中授予监护职能的人。

其他人在证明具有合法利益后,经监护法官许可后可以取得上述文件的节录本。

未成年人在成年后可以取得上述评议记录和裁判的副本。

第 1224 条

第 1222 条、第 1223-1 条和第 1223-2 条中监护法官的决定是司法行政措施。

(四)传唤至庭审

第 1225 条

当下列人员没有收到传唤通知书时,书记室应当向他们寄送一份参加庭审的传唤通知书:将受保护和正在受保护的成年人,但法官适用《民法典》第 432 条第 2 款和第 494-4 条第 1 款决定不听审他们的除外;负责执行保护措施的人;如果法官认为有用,还包括《民法典》第 430 条和第 494-1 条提到的一个或多个亲属。传唤通知书通过有回执的挂号信寄出。

但是,申请书中提及只知道将受保护和正在受保护的人的最后住址时,书记室要求申请人通过执达员送达。

有关宣告、变更或修改保护成年人措施的庭审地点、日期和时间由书记室通过任何方式告知申请人。同时通知检察官。检察官可以依职权或应监护法官要求向书记室寄送其本人对保护可能性和保护方式的观点或意见。

（五）监护法官的裁判

第 1226 条

在庭审中，法官听取提请启动保护措施的申请人意见以及将受保护的成年人意见，但法官适用《民法典》第 432 条第 2 款或第 494-4 条的除外；必要时还要听取检察院的意见。

如果当事人委托律师，其律师也可以做出说明。

案件的审理和裁判在评议室进行。

第 1227 条

如果监护法官在受理请求保护成年人的申请书后一年内没有宣判，申请书即告无效。

第 1228 条

当适用《民法典》第 442 条或第 494-6 条第 5 款时，法官应当依据本法典第 1220 条至第 1220-2 条规定的条件听取或传唤受保护人，以及收集负责保护措施实施的人的意见后做出决定。决定依据本法典第 1230 条至第 1231 条规定的条件进行通知。

但是，当需要适用《民法典》第 442 条第 4 款加强保护措施时，可以依据本法典第 1218 条、第 1220-3 条至第 1221 条、第 1225 条和第 1226 条的规定进行。

第 1229 条

除法官依据第 1213 条命令对审辩论的情形外，法官对宣告采取保护措施后受保护的成年人或负责保护的人提出的申请书做出裁判；申请书应当在收到宣告采取保护措施的通知后三个月内提交，必要时需要收集信息，提供补充书证，求助于调查取证措施或其他调查手段。在此情形中，法官提醒申请人并告知做出裁判的预估日期。

（六）通知

第 1230 条

法官做出的任何裁判由书记室通知申请人、负责保护的人、法定管理人、权利或义务因保护措施发生变更的人。

上述裁判也通知年满十六周岁的未成年人，但其状况不准许接收的除外。

并且在《民法典》第 502 条规定的情形中应当通知监护人的监督者。

第 1230-1 条

有关启动成年人保护措施请求或给予成年人家庭授权令的裁判通知受保护人,同时报送共和国检察官。

但是,如果法官认为上述裁判通知受保护人可能对其健康造成伤害,可以做出有特别理由的裁判决定不予通知。在此情形下,如果受保护人委托律师,则通知发送给律师;或者,发送给法官认为有资格接受此通知的人。

如果法官认为有用,也通知在法律授予行使救济权利的人员中指定的人。

第 1231 条

由书记室负责发送的通知通过有回执的挂号信发出;但法官可以决定通过执达员文书发送。

经认证与法官裁判或家庭理事会评议记录原件相符的副本,由书记室发送;当利害关系人知晓救济途径或滥用救济可能承受的惩罚措施时,经签收且注明日期的回执等同于通知。

(七)裁判的执行

第 1232 条 【保留】

第 1233 条

对成年人的财产管理或监护措施的启动以及范围或期间的变更或撤销所做出的裁判节录本,通过任何方式转交受保护人出生地的初审法院书记室,依据本编第三章规定的方式保存于民事登记册和备注于出生证书旁白处予以公开。

裁判由监护法官做出时,在救济期间届满后十五日内由初审法院书记室转交。

裁判由上诉法院做出时,在裁判做出后十五日内由上诉法院书记室转交。

保护措施在确定期间届满时终止或因为《民法典》第 494-11 条第 1 款规定的理由终止时,初审法院的书记室依职权或依据任何利害关系人的请求,通过任何方式和以任何目的提交至受保护人出生地的初审法院书记室。

外国民事诉讼法译丛　法国民事诉讼法典

第三目　家庭理事会

（一）未成年人和成年人适用的共同规定

第 1234 条
家庭理事会由监护法官发出传唤通知书。

下列人员提出要求时，召开家庭理事会的集合会议：

（1）家庭理事会的两名成员；

（2）监护人或监护人的监督者；

（3）年满十六周岁的未成年人；

（4）受保护的成年人。

家庭理事会的集合会议也可以应未满十六周岁但具备辨别能力的未成年人提出要求而召集，但法官做出说明理由的相反决定的除外。

第 1234-1 条
传唤通知书应当至少在举行集合会议日期的八日前发出。

第 1234-2 条
家庭理事会的成员必须亲自参加集合会议。对于没有亲自参加集合会议的成员，如无正当理由，可以依据《民法典》第 396 条撤销受托的监护资格。

第 1234-3 条
家庭理事会必须在至少半数成员到场时才能决议。如果人数不够，法官推迟会议；或在紧急情形下，法官自行裁判。

第 1234-4 条
如果监护法官认为家庭理事会无须举行集合会议便可决议，应当向各成员发出决议信件并附上有用的材料说明。

各成员应当在确定期间内按照法官指定的方式寄回投票情况；否则，可能依据《民法典》第 396 条被撤销受托的监护资格。

第 1234-5 条
家庭理事会的决议依据投票结果的大多数意见决定。

第 1234-6 条
家庭理事会的集合会议不公开进行。家庭理事会的成员应当向第三人保守秘密。

第 1234-7 条
未成年人或受保护的成年人可以参加家庭理事会的集合会议，但法官认为与其利益相悖的除外；未成年人或受保护的成年人参加时，只限于提供自己的意见。

第 1235 条

家庭理事会的决议应当说明理由。如果无法达成一致意见，各成员的意见记载于诉讼笔录中。

（二）未成年人适用的规定

第 1236 条

在未成年人的家庭理事会集合会议召开前，法官依据《民法典》第388-1 条规定的条件自行或派人听审具备辨别能力的未成年人。

（三）成年人适用的规定

第 1237 条

法官依据《民法典》第 457 条做出决定，授权家庭理事会在法官未到场的情形下集合和评议。此决定是一项司法行政措施。书记室把此决定通知家庭理事会成员。

第 1237-1 条

家庭理事会集合会议结束后，各成员在决议上签名。

家庭理事会主席应当在八日内把决议递交书记室或采用有回执的挂号信寄送。

第 1238 条

法官对评议结果存在异议时，在收到后十五日内做出不准许救济的裁定。

家庭理事会的成员也可以在评议后十五日内，通过向法院递交申请书对决议提起异议。

在所有情形下，法官通过同一裁定在一个月内召集家庭理事会的集合会议并出席会议；家庭理事会对同一事项重新决议。

第 1234-1 条至第 1235 条、第 1239-3 条适用于此情形。

第四目　上诉

第 1239 条

除有相反规定外，对监护法官的裁判和家庭理事会的决议不服，准许提起上诉。

在不影响第 1239-1 条至第 1239-3 条规定的情形下,《民法典》第 430 条和第 494-1 条中列举的人也可以提起上诉,即使他们没有参与到第一审程序中。

上诉期间为十五日。

当事人没有强制委托律师的义务。

第 1239-1 条

在《民法典》第 507 条所指的友好分担框架内,监护人、家庭理事会成员和其他与分担有利害关系的当事人可以对家庭理事会的决议和法官的裁判提起上诉。

第 1239-2 条

对拒绝采取成年人保护措施的裁判不服,只能由申请人提起上诉。

第 1239-3 条

在保留第 1239-1 条规定的情形下,家庭理事会所有成员和监护法官,无论其是否在决议中提出自己的意见,均可以对家庭理事会的决议提起上诉。

第 1240 条

检察院可以在收到家庭理事会决议或法官裁判后十五日内提起上诉。

第 1241 条

对采取成年人保护措施裁判的上诉期间,按照下列情形开始计算:

(1)对受保护的成年人,自第 1230-1 条所指的通知之日起;

(2)对收到判决通知的人,自通知之日起;

(3)对其他人,自做出判决之日起。

第 1241-1 条

对监护法官做出的裁定的上诉期间,按照下列情形开始计算:

(1)对应当收到裁定通知的人,自通知之日起;

(2)对其他人,自做出裁定之日起。

第 1241-2 条

对家庭理事会决议的上诉期间,自决议做出之日起计算;但是,在第 1234-4 条规定的情形中,家庭理事会成员提起上诉的期间自决议通知之日起计算。

第 1242 条

提起上诉时,向第一审法院书记室递交或通过有回执的挂号信寄送上诉书。

书记员登记上诉日期后出具或通过平信寄回收到上诉书的收据。

书记员立即把案卷副本移交上诉法院。

第 1242-1 条

当上诉由监护法官提出时,监护法官在案卷中附上上诉的理由说明。

第 1243 条

当上诉人对宣告保护措施之外的其他裁判争点提起上诉时,应当详细说明。

第 1243-1 条

对成年人法律保护案件提起的上诉,由书记员报送检察长,但检察长是上诉人的除外。

在上诉法院,向检察院报送成年人法律保护案件,适用本法典第 424 条、第 426 条至第 428 条的规定。

第 1244 条

上诉法院的书记员传唤下列人员到庭审中参加辩论:

(1)如果申请人委托律师,通过任何方式传唤该律师;

(2)通过有回执的挂号信传唤上诉人和已收到裁判或决议通知的人,必要时包括其律师。

第(2)项中的人员有权参与到上诉程序中。

同时报送检察官。检察官可以依职权或应上诉法院要求,提交其对保护的可能性和保护方式的观点或意见。

第 1244-1 条

为辩论而举行的庭审日期确定后,至少提前十五日通过有回执的挂号信寄送传唤通知书。传唤通知书的副本采用平信寄送相关人员。

传唤通知书等同于传票。

第 1245 条

上诉的审理和裁判在评议室进行。

程序口头进行。

当事人的诉讼请求或对已书面提出的诉讼请求的参照,记录于案卷或保存于笔录中。

在庭审中,上诉法院听取上诉人、将受保护或正在受保护的成年人的意见,但《民法典》第 432 条第 2 款或第 494-4 条的规定除外,必要时还要听取检察院的意见。

如果当事人委托律师,律师也可以做出说明。

第 1245-1 条

除案件在第一次庭审中做出裁判外,书记员应当把之后的每次庭审日期通知没有口头听讯的被传唤人。

第 1246 条

上诉法院做出新裁判取代监护法官的裁判或家庭理事会的决议;上述新裁判也可以由法院依职权做出。

直至上诉法院辩论终结前,监护法官和家庭理事会为保护受保护人的权利和利益,有权做出任何有必要的裁判或决议。第一审法院的书记室立即把裁判或决议的副本移交上诉法院书记室。

第 1246-1 条

上诉法院的裁判由其书记室负责通知。

案卷连同经认证与上诉法院裁判原件相符的副本,立即返还第一审法院的书记室。

第 1247 条

如果对监护法官裁判和家庭理事会决议提起的上诉被驳回,除法官外的上诉人可能被判处承担诉讼费用和损害赔偿费用。

第五目　司法保护

第 1248 条

依据《公共卫生法典》第 L3211-6 条提出的请求司法保护声明,转交治疗地的共和国检察官。共和国检察官在必要时通知受保护的成年人经常居住地的共和国检察官。

第 1249 条

监护法官依据《民法典》第 433 条决定给予成年人司法保护的裁判,通知申请人和受保护的成年人,并转交共和国检察官。必要时,还告知利害关系人的经常居住地或治疗地的共和国检察官。

对此裁判,不准许提起任何救济。

第 1250 条

第 1230 条和第 1230-1 条所指人员可以对监护法官适用《民法典》第 437 条第 2 款指定专门代理人或变更专门代理人权限的裁判提起救济。

第 1251 条

共和国检察官收到《公共卫生法典》第 L3211-6 条所指的司法保护请

求或第 1249 条所指的监护法官裁判后,登记于专门的目录索引中。

中断保护的请求以及监护法官做出的终止保护或撤销保护的裁判,也登记于上述目录索引中。

更新的请求在提出之日登记于上述目录索引中。

第 1251-1 条

下列人员可以从共和国检察官处取得第 1251 条第 1 款中司法保护请求和第 1249 条中监护法官裁判的副本:

(1)司法机关;

(2)依据《民法典》第 430 条有资格请求启动保护措施的人员;

(3)证明此请求与职能行使过程中的某项文书具有联系的律师、公证员和执达员。

第 1252 条

当处于司法保护下的成年人财产面临危险时,共和国检察官或监护法官采取保全措施,特别是征用或命令密封保存。在遇到困难时,执达员告知监护法官或共和国检察官。

因上述措施产生的费用等同于《刑事诉讼法典》第 R93 条第(3)项规定的诉讼费用。

第 1252-1 条

财产依据其稳定状况不能密封保存时,共和国检察官或监护法官要求执达员、警察局局长、宪兵特警队队长或市长制作一份动产描述状况的记录;地方无人占用时,确保封锁和保存好钥匙。

在受保护的成年人回到上述地点时,向其归还钥匙后由其出具收据。钥匙向其他人的交付,只能依据共和国检察官或监护法官的授权进行。

第六目　财产管理人和监护人

(一)未成年人和成年人适用的共同规定

第 1253 条

《民法典》第 503 条所指的制作财产清单,如果受保护人的状况或年龄准许,在其到场时完成,必要时律师也在场;如果不是由公务人员或司法助理人员进行,还需两位成年人在场见证,这两位见证人不能是受保护人服务部门的人和执行保护措施的人。

财产清单包括家具描述,不动产和价值超过 1500 欧元的动产的估价,识别现金种类、银行帐目报表、投资及其他证券。

清点的财产清单由到场人员签名和写明日期。

第 1254 条

在管理帐户年度审计和核准任务结束时,负责人把一份样本放入法院的案卷中。

第 1254-1 条

为保障《民法典》第 511 条的适用,在受保护人的收入能够支付的情形下,书记室主任认为有用时可以提请一名执达员帮助审计账户,执达员费用由受保护人承担。上述事项通过任何方式告知受保护人和被指定执行保护措施的人;他们可以向监护法官提出异议,监护法官做出不准许提起救济的裁定。执达员可以前往保留案卷的法院书记室查询受保护人案卷中提到的账户的全部材料,仅需证明查询的必要性即可;同时,执达员还可以为执行职责保存必要的副本,但不得向第三人展示。

(二)成年人适用的规定

第 1255 条

《民法典》第 448 条所指的先行指定财产管理人和监护人,只能依据经公证的申请书或由与本案有关的成年人亲自书写全部内容且签名和写明日期的文书进行。

第 1256 条

共和国检察官要求或监护法官命令提供《民法典》第 431 条中医疗证明和第 426 条、第 432 条中医疗意见时,依据《刑事诉讼法典》第 R93 条第(3)项的条件制作,并且依据刑事罚款的程序和担保收取制作成本。

第 1257 条

当处于财产管理的成年人请求补充授权时,监护法官只能在听取财产管理人的意见或传唤财产管理人后做出裁判。

第二节　未来保护令状

第 1258 条

为实施依据《民法典》第 477 条第 1 款制作的未来保护令状,受托人在委托人的陪同下,亲自出现在委托人居住地的初审法院书记室,但有医疗证明受托人因健康状况不适宜在法院出现的除外。

受托人向书记员出示下列文件:

(1)由委托人和受托人签名的委托书原件或经认证的副本,;

(2)《民法典》第431条列举的医生名单中的医生在两个月内出具的医疗证明,证明委托人属于《民法典》第425条规定的情形之一;

(3)委托人和受托人各自的身份证明;

(4)委托人经常居住地的证明。

第1258-1条

为实施依据《民法典》第477条第3款制作的未来保护令状,受托人在令状受益人的陪同下,亲自出现在令状受益人居住地的初审法院书记室,但有医疗证明受托人因健康状况不适宜在法院出现的除外。

受托人向书记员出示下列文件:

(1)由委托人和受托人签名的经认证的委托书副本;

(2)委托人的去世证明,或《民法典》第431条列举名单中的医生在两个月内出具的医疗证明,证明委托人属于《民法典》第425条规定的情形之一;

(3)《民法典》第431条列举名单中的医生在两个月内出具的医疗证明,证明被指定的委托人的成年子女作为令状受益人属于《民法典》第425条规定的情形之一;

(4)受托人和令状受益人各自的身份证明;

(5)令状受益人经常居住地的证明。

第1258-2条

书记员对提供的书证进行下列审查:

(1)委托人和受托人在制作令状时是成年人或被解除监护的未成年人;

(2)受托人活动的审查方式已经明确;

(3)律师在依据《民法典》第492条制作的令状上共同签名;

(4)如果委托人说明存在财产管理情形,财产管理人在令状上的共同签名;

(5)如果受托人为法人,受托人证明其在《家庭与社会救助法典》第L471-2条所指的名单中。

第1258-3条

如果上述要求的条件全部符合,书记员签署令状的每页,并在最后写明文书自提交书记室之日起生效,同时书记员在令状上盖章,连同提供的材料归还受托人。

外国民事诉讼法译丛

法国民事诉讼法典

如果书记员认为未满足上述要求的条件，其不盖章便直接把令状和附同的书证一并归还受托人。

在此情形下，受托人可以向法官提出申请书请求受理。法官不经辩论做出裁判，对此裁判不准许提起救济。如果法官认为所有条件已满足，书记员依据受托人的请求按照本条第 1 款进行。

第 1258-4 条

委托人或令状受益人没有出现在法院书记员面前时，受托人通过有回执的挂号信告知其未来保护令状的效力。

第 1259 条

《民法典》第 431 条列举名单中的医生在出具医疗证明确认被保护人不再属于《民法典》第 425 条规定的情形之一后，由令状受益人、委托人或受托人在两个月内提出恢复受保护人的个人权利。

令状受益人、委托人或受托人可以随时出现在初审法院书记室，依据上述医疗证明确认令状的终结。

如果满足第 1 款条件，书记员在令状上注明上述人员出现在书记室的日期即为终止日期，盖章后连同提供的证明并返还出现在他面前的人员。

如果书记员认为条件未满足，其不盖章便把令状和提供的证明返还出现在他面前的人员。

在此情形，令状受益人、委托人或受托人可以通过申请书请求法院受理。法院不经辩论做出裁判，对此裁判不准许提起救济。如果法官认为已符合所有条件，书记员依据令状受益人、委托人或受托人的请求按照本条第 3 款进行。

第 1259-1 条

如果令状受益人、委托人或受托人未出现在法院书记员面前，由出现在法院书记员面前的人通过有回执的挂号信告知令状终结。

第 1259-2 条

法官有权在启动司法保护措施的决定中，中止未来保护令状的效力；如果法官在启动后知晓令状的存在，通过在执行措施中做出的决定中止令状。

书记员采用平信把中止事项告知受托人和处于司法保护下的人。

司法保护措施终结时未来保护令状生效，但法官撤销该令状或启动法律保护措施的除外。书记员通过任何方式通知受托人和终结被采取司法保护措施的人。

第 1259-3 条

适用《民法典》第 479 条、第 480 条、第 484 条或第 493 条时,法官依据向书记室递交或寄送的申请书受理案件。申请书指明委托人和受托人的姓名和地址;如果令状受益人不是委托人,还包括令状受益人的姓名和地址。

委托人经常居住地的法官具有地域管辖权;如果令状受益人不是委托人时,令状受益人经常居住地的法官具有地域管辖权。

提交申请书后十五日内,书记室采用有回执的挂号信向委托人和受托人寄送传唤至庭审的通知书,并附申请书副本;如果令状受益人不是委托人,向令状受益人寄送。

但是,只知晓委托人和受托人的最后地址时,书记室要求申请人采取执达员送达;如果令状受益人不是委托人,送达至令状受益人的最后地址。

书记室通过任何方式告知申请人庭审的地点、日期和时间。

当事人可以自行抗辩,并有委托律师辅助或代理的权利。

程序口头进行。

第 1231 条和第 1239 条适用于此。

第 1259-4 条

当法官做出终结未来保护令状的裁判时,通过有回执的挂号信通知受托人、委托人或令状受益人。

第 1259-5 条

当法官依据《民法典》第 485 条和第 493 条对授权未来保护的受托人或专门受托人完成令状中没有包括的行为做出裁判时,只能由委托人、不是委托人的令状受益人、受托人、负责监督令状执行的人、权利或义务受到变更的其他人提起救济。

第 1260 条

第 1253 条适用于未来保护令状。

第三节　国家抚养的孤儿

第 1261 条

作为第 1242 条规定的例外,对国家抚养孤儿的家庭理事会决议提起救济时,通过向上诉法院书记室递交或采用有回执的挂号信寄送有一名律师签名的申请书提出。

适用第 1244 条至第 1245-1 条规定的程序。

第 1261-1 条

对《家庭与社会救助法典》第 L224-4 条和第 L224-8 条所指的接纳为国家抚养孤儿的决议,向决议做出地的初审法院提出救济请求。

书记员通过有回执的挂号信传唤利害关系人。

第 1203 条第 1 款、第 1208-2 条和第 1208-4 条适用于上述请求和诉讼程序。

判决公开宣告。判决由书记员通知申请人、监护人和省议会主席。

救济途径适用第 1209 条和第 1209-1 条。

第十一章　司法协助措施

第 1262 条

共和国检察官在收到《家庭与社会救助法典》第 L271-6 条中的报告后,请求监护法官受理,监护法官通过任何方式通知省议会主席。如果监护法官认为不应当受理,也采取相同处理。

第 1262-1 条

领取社会补助人员经常居住地的监护法官,具有地域管辖权。

第 1262-2 条

监护法官依据共和国检察官的申请书受理案件,并附上第 1262 条提到的报告。

法官收集所有有用的信息。书记员通过有回执的挂号信传唤领取社会补助人员至庭审中,还有法官认为对听审有用的其他人。

直至法官做出裁判前,领取社会补助人员提起书面申请后可以前往书记室查询案卷,无其他限制条件,仅需证明查询的必要性即可。

第 1262-3 条

庭审不公开进行。

第三人在证明其正当利益后,经监护法官授权可以取得裁判的副本。

第 1262-4 条

法官在收到申请书后一个月内做出裁判。

对此裁判,不准许提起缺席判决异议。

第 1262-5 条

向领取社会补助人员通知裁判,必要时还通知被指定的保护成年人的司法受托人。

同时,报送共和国检察官、省议会主席,必要时还有社会补助给付机构。

第 1262-6 条

当法官依据《民法典》第 495-4 条第 2 款做出裁判时,适用本法典第 1262-3 条至第 1262-5 条。

第 1262-7 条

领取社会补助人员以及共和国检察官有权提起上诉。

上诉的提起、审理和裁判,适用非强制代理程序。

上诉期间为十五日。

上诉法院的裁判应当通知领取社会补助人员,必要时还应当通知社会补助被指定的保护成年人的司法受托人。同时,报送共和国检察官、省议会主席,必要时还应当报送社会补助给付机构。

第 1262-8 条

当监护法官宣告法律保护措施时,通过任何方式告知实施司法协助措施的保护成年人的司法受托人。

第 1263 条

第 1215 条的规定适用于司法协助措施。

第十二章　　因歧视引起的诉讼

第 1263-1 条

以与歧视抗争为章程宗旨并且正常运营五年以上的协会可以依据 2008 年 5 月 27 日第 2008-496 号《关于支持受歧视的被害人的法律》提起诉讼。

协会应当证明在取得利害关系人的书面同意前已告知下列事项:

(1)将要提起的诉讼的性质和标的;

(2)协会对将要提起的诉讼可以自行提起救济;

(3)利害关系人可以随时介入协会提起的诉讼程序或终结诉讼程序。

第二编　财产

第一章　　【保留】

第 1264 条至第 1267 条　【保留】

第二章　提供账目与孳息清算

第 1268 条

提供账目的诉讼请求,向会计师住所地的法院提出;但是会计师由法院委派时,则向做出委派的法院提出。

第 1269 条

任何修改账目的请求均不予受理,但更正账面错误、遗漏或不准确事项的除外。

在应当归还孳息时,孳息清算适用相同规则。

第三章　用益权人经法院准许订立租约

第 1270 条

用益权人依据《民法典》第 595 条提出只限于授权订立租约的诉讼请求,提出、审理和裁判适用于确定日期程序。

第四章　属于受监护的未成年人或成年人的不动产和商业资产的出售

第 1271 条

对属于受监护的未成年人或成年人的不动产和商业资产,只能根据家庭理事会做出的说明财产性质与大致估价的决议进行司法出售。

如果上述财产同时属于有能力的成年人并由其出售时,无须家庭理事会的决议。在此情形下,应当遵守司法分配财产的规则。

第 1272 条

根据监护人或其监督人的申请,财产拍卖的公开竞价由初审法院委派的公证员接收,或由该法院指定的法官在竞价拍卖会上接收。

被监护人住所地的初审法院具有管辖权。

如果财产位于多个行政区,法院可以在每个行政区委派一名公证员,并且对财产所在地的各法院发出委托书。

第 1273 条

法院确定每项待出售财产的作价以及出售的主要条件。法院可以明确规定,在没有任何竞价达到作价时按照法院确定的较低价格出售财产。

如果财产的价值或内在性质证明上述方式可行,法院可以对财产进行全面或部分估价。

第 1274 条

法院按照财产的价值、性质和地点确定公告方式。

第 1275 条

受委派的公证员或律师应当编制财产出售细则。如果财产在公开竞价会上出售,财产出售细则应当存交至法院书记室。

财产出售细则应当指明命令出售财产的判决,说明出售的财产,写明各项财产的价格和出售条件。在出售商业资产时,财产出售细则应当特别说明商业资产及各组成部分的性质和地点,并且规定财产取得人应当承担的责任,特别是对场所内现存商品应当承担的责任。

第 1276 条

财产出售细则的制作人应当负责按照《民法典》第 459 条第 1 款的规定,至少提前一个月召唤监护监督人参加财产出售,并且告知即使其不在场也能进行财产出售。

第 1277 条

如果没有任何竞价达到财产的作价数额,法官或公证员可以视情况确认当前的最高出价并按此拍卖财产。

除出售人放弃外,原来确定作价的法院根据公证员、律师或任何利害关系人提出的申请宣告已经最终实现财产拍卖或命令重新出售。在后一种情况下,法院应当确定重新出售财产的期限,期限不得少于十五日;同时确定财产的作价和公告方式。

第 1278 条

《民事执行法典》第 R322-39 条至第 R322-49 条、第 R322-59 条、第

R322-61 条、第 R322-62 条、第 R322-66 条至第 R322-72 条适用于本章。

但是,如果拍卖中的竞价由公证员接收,竞价的提出无需律师的协助。

在公证员拍卖财产的情形下,如果踊跃竞价,在法院进行拍卖。确认中标人没有履行财产出售条件的证明书由公证员出具。拍卖笔录存至法院书记室。

第 1279 条

在最终拍卖后的十日内,任何人可以按照《民事执行法典》第 R322-50 条至第 R322-55 条规定的手续与期间提出第十日竞价。

在公证员进行拍卖的情形下,法院通过确认更高竞价有效的判决,要求同一公证员按照原先已经制作的财产出售细则重新拍卖。

当第二次拍卖是在竞价后进行时,对同一财产的其他竞价视为未曾提出。

第 1280 条

《民法典》第 459 条第 2 款所指的竞价在拍卖后十日内通过向进行财产出售的公证员居住地的法院书记室递交或寄送申请书提出。

在旧《民事诉讼法典》第 709 条规定的期间内把申请书告知中标人或向其住所通知。

第 1279 条规定也适用于此。

第 1281 条

不得违反公务人员在商业资产出售方面的管辖权限。

第五章　在执行程序外分配现金

第 1281-1 条

如果有必要在任何执行程序之外在债权人之间分配一笔款项,除款项来源于不动产出售的情形外,最先行动的一方当事人可以向债权人所在地的初审法院院长提出紧急审理请求,由该院长指定一人负责此项分配事务。

负责此项分配事务的人是争议资金的保管人,但命令寄存款项的除外。

第 1281-2 条

负责分配款项的保管人对纳入分配的款项应当提供交款担保。

第 1281-3 条

法院书记员用平信向负责分配款项的人寄送法院院长的裁定；如果已命令寄存，则应当向信托寄存处寄送上述裁定。

负责分配款项的人采用有回执的挂号信通知各债权人，告知他们应当在一个月期限内向自己寄送一份申报表；申报表应当写明要求支付款项的本金、利息或其他附带数额的明细项目。必要时，申报表应当写明与债权相关的优先权和担保。同时附交证明文件。

债权人在前款所指的期限内没有提出申报即丧失参与分配款项的权利。

第 1281-4 条

负责分配款项的人应当在提出第 1281-3 条第 2 款所指的最后通知后两个月内制定分配方案。

负责分配款项的人采用有回执的挂号信把款项分配方案通知债务人和各债权人。

通知应当向债务人和各债权人指明下列事项，否则无效：

(1)债务人和各债权人在收到信件后十五日内通过有回执的挂号信向负责分配款项的人提出说明理由的异议，并附上必要书证；

(2)如果在规定期间内没有答复，视为债务人和各债权人已经接收分配方案，并且如果没有提出异议，分配方案视为最终方案。

在发生困难的情况下，初审法院院长依据负责分配款项的人提出的简单申请书延长本条第 1 款所指的期间。

第 1281-5 条

如果在第 1281-4 条第 2 款所指的最后通知后十五日内没有提出异议，分配方案即告最终确定。

如果负责分配款项的人掌管拟分配的款项，可以在十五日内向债权人支付。

如果拟分配的款项已寄存，负责分配款项的人将最终确定的分配方案通知信托寄存处在十五日内支付。

第 1281-6 条

在提出异议时，负责分配款项的人通过有回执的挂号信传唤各方当事人，试图促进和解。和解应当在第一次异议提出后一个月内进行。

传唤通知书应当抄录第 1281-7 条第 2 款的规定。

第 1281-7 条

如果达成和解协议，应当制作一份文书；文书副本交给或通过平信寄送各方当事人。在此情况下,按照第 1281-5 条第 2 款和第 3 款的规定进行支付。

如果经合法手续传唤的人不到场,视为接受和解协议。

第 1281-8 条

在没有达成和解协议时,负责分配款项的人制作写明各种分歧意见的文书。

如果投入分配的款项尚未按照负责分配款项的人做出的决定寄存,应当立即寄存。

最先行动的一方当事人可以向初审法院提出分配款项请求。

第 1281-9 条

如果在规定期间内没有提出分配方案,按照第 1281-8 条第 2 款和第 3 款的规定办理。

第 1281-10 条

向信托寄存处通知已产生既判力的判决后,应当最迟在十五日内支付。

第 1281-11 条

负责分配款项的人的报酬从拟纳入分配的资金中先期支付,并由债权人按照各自应得份额承担。

提出异议时,由初审法院院长确定报酬数额。

第 1281-12 条

在商事案件中,归属于初审法院及其院长的管辖权由商事法院及其院长行使。

第六章　第三方持有人消除抵押和特权

第 1281-13 条

第三方持有人采取执达员文书进行《民法典》第 2478 条中的通知。

第 1281-14 条

债权人依据《民法典》第 2480 条请求拍卖不动产时,采用执达员文书通知该条中提到的拍卖请求书。拍卖请求书中写明申请人委托的律师,否则无效。

拍卖请求书包括由债权人律师出具的《民法典》第 2480 条第 5 项中列举的不可撤销的银行担保或相等担保的证明。

外国民事诉讼法译丛

法国民事诉讼法典

第 1281-15 条

对不动产拍卖请求书的异议,可以通过传唤书向不动产所在地的初审法院提出。

传唤书应当在拍卖请求书通知后十五日内提出,否则不予受理。

如果异议被接受,宣告拍卖请求书无效,第三方持有人保留持有的权利,但由其他债权人另行提出拍卖的除外。

第 1281-16 条

异议期间届满时,法院院长依据提出申请的债权人的请求在裁定做出后的两至四个月内确定拍卖的庭审日期。

书记室通过有回执的挂号信把裁定通知第三方持有人和债务人。

第 1281-17 条

提出申请的债权人请求时,依据《民事执行法典》第 R322-30 条至第 R322-38 条和《民法典》第 2206 条规定的条件进行公告,具体说明拍卖的金额。

第 1281-18 条

依据《民事执行法典》第 R322-39 条至第 R322-63 条的条件进行竞买拍卖。

任何竞买的高价均不接受。

依据《民事执行法典》第 R322-66 条至第 R322-72 条的条件重新进行竞买。

第 1281-19 条

在提出申请的债权人或第三方持有人没有提出请求时,由按照《民事执行法典》第 R311-9 条规定的形式进行注册的债权人代位提出。

虽有上述代位行使,但提出申请的债权人仍需保留自己的担保。

第 1282 条至第 1285 条 【保留】

第三编　夫妻共同财产——继承和赠与

第一章　夫妻的权利和共同财产

第一节　批准和授权

第 1286 条

依据法律请求批准或授权,特别是依据《民法典》第 217 条、第 1426 条第 2 款、第 2405 条、第 2406 条和第 2446 条请求批准或授权,向家事法官提出申请。

依据《民法典》第 217 条和第 219 条提出请求批准或授权时,如果配偶无法表达自己意愿,向监护法官提出申请。

第一目　家事法官适用的程序

第 1287 条

第 1286 条第 1 款所指的请求按照非讼案件审理和判决,适用初审法院的非讼程序规则。

但是,当提出批准请求的目的是推翻配偶的拒绝,适用第 840 条至第 844 条的规定。法官应当听取配偶的意见,但在配偶收到符合规定的传唤仍不到庭的除外。案件在评议室进行审理和判决。

第 1288 条

上诉的提出、审理和判决,根据情况适用非讼程序或争讼程序。案件在评议室进行审理和判决。

第二目　监护法官适用的程序

第 1289 条

第 1286 条第 2 款所指的请求及其上诉适用非讼案件的程序规定。

第 1289-1 条

配偶提出的申请应当附有足以确认另一方不能表达自己意思的各项材料,或者在另一方配偶不能表达自己意思属于医疗原因时应当附有一份医疗证明。

法官可以依职权或依据各方当事人的请求命令采取任何调查取证措施。

法官在庭审上听取配偶的陈述。但是,法官也可以依据医疗证明决定不进行听审。

第 1289-2 条

法官可以按照相同的形式终止监护法官适用《民法典》第 219 条给予的一般授权。

第二节　紧急措施

第 1290 条

《民法典》第 220-1 条所指的紧急措施,由家事法官适用紧急审理程序做出或需要时依据申请书做出裁定。

第三节　管理权的司法转让和参与性债权的提前清算

第 1291 条

《民法典》第 1426 条第 1 款和第 3 款、第 1429 条和第 1580 条所指的诉讼,适用于财产分割诉讼的规则。

第四节　财产的司法分割

第 1292 条

财产分割诉讼提交至家庭居住地的家事法官。财产分割诉讼适用第 1136-1 条。

诉讼请求的节录本由申请人的律师提交至夫妻一方出生地的初审法院;由初审法院保存于民事登记册中,并按照本卷第一编第三章规定的方式记载在出生证书备注栏内。

诉讼请求的节录本也可以在受理法院辖区内的一份报纸上公告。

第 1293 条

只有在夫妻双方各自出生证书的备注栏内进行前条所指记载后一个月内才能做出判决;如果出生证书不保存在法国的登记处,只有在 1965 年 6 月 1 日第 65-422 条《关于设立外交部民事登记服务中心的法令》第 4 条所指的民事登记册上进行上述事项的记载后一个月内才能做出判决。

第 1294 条

宣告财产分割的判决在做出判决的法院辖区内报纸上进行公告。

判决主文,应当通知结婚举行地的户籍管理官员在结婚文书上记载。

如果在外国结婚并在法国登记册上制作或抄录结婚证书,判决主文应当通知掌管此登记册的机关进行记载。

如果夫妻签订婚姻财产协议,判决主文通过有回执的挂号信通知保管此协议原件的公证员。公证员应当在原件上记载判决内容,并且无论判决是否具有执行力,均不得再提交任何没有此项记载的婚姻财产协议副本,否则承担损害赔偿责任。

在第二款和第三款的情形中,通知时应当附上依据第506条取得裁判执行力的证明。

第 1295 条

第1294条规定的手续由申请人负责完成。

第 1296 条

驳回财产分割请求的判决按照第1292条第2款的规定进行公告。

第 1297 条

如果在完成第1294条所指各项手续前执行裁判,对夫妻各方的债权人不产生对抗效力。

第 1298 条

在完成上述手续后的一年内,夫妻各方的债权人可以对财产分割判决提出第三人异议。

第 1299 条

作为被告的一方配偶的自认不能作为证据,即使其没有债权人。

第五节　夫妻财产制的变更

（一）一般规定

第 1300 条

《民法典》第1397条第2款中的信息应当通知婚姻财产协议的当事人,必要时还要通知当事人各自的成年子女或处于法律保护下的成年子女的代理人,以及代理未成年子女的监护人。

上述信息的内容以及《民法典》第1397条第3款所指的通知内容由司法部决议确定。

第 1300-1 条

《民法典》第1397条第2款和第3款所指人员提出异议时,通知制作协议的公证员告知夫妻双方。

在提出异议时,由夫妻双方依据本节(二)规定的形式提交申请书。

第 1300-2 条

由公证员提出在结婚证书的备注栏内记载夫妻财产制的变更。

公证员向户籍管理官员寄送结婚证书节录本,具体说明完成规定手续的日期、公告变更事项和没有提出异议的证明。

第 1300-3 条

如有必要,确认夫妻财产制变更的文书需要进行不动产公告时,完成此公告手续的期间自《民法典》第 1397 条第 2 款和第 3 款规定的三个月期间届满后计算。

进行公告的文书应当附上第 1300-2 条所指的证明。

(二)夫妻财产制变更的司法确认

第 1300-4 条

确认夫妻财产制变更的诉讼请求向家庭居住地的家事法官提出。

诉讼请求的节录本由申请人的律师呈至夫妻一方出生地的初审法院保存于民事登记册中,并按照本卷第一编第三章规定的方式在出生证书备注栏内记载。

第 1301 条

确认夫妻财产制变更之诉适用非讼程序规则,并遵守初审法院的非讼程序规则。

第 1302 条

变更或完全改变夫妻财产制的公证书副本附于申请书中。

第 1303 条

确认夫妻财产制变更的文书如有必要需要进行不动产公告时,完成此公告手续的期间自确认裁判产生既判力之日起计算。

第六节　国际公告

(一)在婚姻期间指定夫妻财产制的适用法律

第 1303-1 条

当结婚证书保存于法国主管机构时,该机构应夫妻双方或一方的请求在结婚证书的备注栏内记载指定夫妻财产制适用法律的文书,此文书适用《民法典》第 1397-3 条进行公告。

当结婚证书没有保存于法国主管机构或指定夫妻财产制适用法律的文书没有在法国制作成公证书时,如果夫妻一方是法国人,由有权限的人提交确定夫妻财产制适用法律的文书或确认文书证明,应夫妻双方或一方的请求登记于 1965 年 6 月 1 日第 65-422 条《关于设立外交部民事登记服务中心的法令》第 4-1 条所指的民事登记册上进行保存。

第 1303-2 条

当婚姻财产协议在法国订立时,夫妻双方或一方采用有回执的挂号信向持有协议原本的公证员寄送指定夫妻财产制适用法律的文书。如果婚姻财产协议由法国外交或领事人员制作,夫妻双方或一方应当将此事由通知外交部长。

公证员、法国外交或领事人员或外交部长将指定的适用法律记载于婚姻财产协议的原本;如果不复制此记载事项,不能提交该协议的任何复印本或节录本。

(二)适用外国法律变更夫妻财产制

第 1303-3 条

当婚姻财产协议保存在法国主管机构,因为适用调整该协议之效力的外国法律而获准变更协议时,应当在婚姻财产协议的备注栏内做出记载。

当结婚证书没有保存于法国主管机构时,如果变更婚姻财产协议要经法国法院做出判决或要在法国制作公证书,或者夫妻一方是法国人,此项变更事项应当记载于 1965 年 6 月 1 日第 65-422 号《关于设立外交部民事登记服务中心的法令》第 4-1 条提到的民事登记册中进行保存。

第 1303-4 条

如果变更婚姻财产协议要经法国法院做出判决,此项变更事由应当按照第 1294 条第 2 款、第 3 款和第 4 款的规定在婚姻证书的备注栏内进行记载或登记于上述民事登记册中。其他情况下,依据夫妻双方或一方的请求,结婚证书保存地或民事登记册所在地的共和国检察官应当进行此项记载或登记。

第 1303-5 条

婚姻财产协议在法国订立时,夫妻双方或一方采用有回执的挂号信向持有协议原本的公证员寄送按照第 1303-3 条与第 1303-4 条制作的结婚证书的复印本或节录本,或者 1965 年 6 月 1 日第 65-422 号《关于设立外交部民事登记服务中心的法令》第 4-1 条提到的民事登记册上登记的证明书。如果婚姻财产协议由法国外交或领事人员制作,夫妻双方或一方应当将此事由通知外交部长。

公证员、法国外交或领事人员、外交部长将变更夫妻财产制事项记载于婚姻财产协议的原本;如果不复制此记载事项,不能提供该协议的任何复印本或节录本。

(三)根据法国法律在外国变更夫妻财产制

第 1303-6 条

本节(二)中规定的公告措施也适用于根据法国法律在外国变更夫妻财产制。

第二章 继承和赠与

第一节 继承开始后采取的保全措施

第 1304 条

执达员可以实施在死者去世后采取的保全措施。根据在现场找到的财产价值,保全措施包括封签和描述状况。

如果现场的家具明显失去商品价值,执达员制作一份价值缺失笔录。

在制作财产清单时,不能命令采取本节规定的保全措施,但无人提出异议的除外。

第 1305 条

下列人员可以请求采取保全措施:

(1)配偶或同居互助协议的签订者;

(2)主张享有继承权的人员;

(3)遗嘱执行人或由继承管理者指定的受托人;

(4)检察官;

(5)房屋的所有人;

(6)持有执行依据的债权人或证明债权明显存在的债权人;

(7)在没有配偶或继承人以及在继承人中存在无法定代理人的未成年人,由曾与死者一起生活的人、市长、警察分局局长或宪兵队队长提出。

第 1306 条

向继承开始地的初审法院院长提出请求,适用依据申请书做出裁定的程序。此程序中不强制要求律师代理。

支持请求的决定指定一位执达员完成本节规定的措施。在遵守诉讼费用特别规定的前提下,实施保全措施的成本费用由申请人预付。

第一目　封签

(一)封签的张贴

第 1307 条

执达员提请提出封签请求的申请人参与封签的张贴;申请人不能前往时,应当向执达员交付自己持有的钥匙。

第 1308 条

执达员可以采取与张贴封签有关的必要措施。执达员使用自己印章张贴封签。

第 1309 条

场所关闭时,如果申请人没有要求打开,执达员把封签张贴在场所的大门上。

在相反情形下,执达员可以通过任何方式进入,由镇长、市议员或专门委派的市公务员、警察或宪兵陪同,见证张贴封签的过程;如果没有上述人员陪同,可以由两位非执达员的成年人在表明与享有继承权的人无关系的前提下进行见证。

第 1310 条

鉴于财产的稳定性或明显的价值需求,执达员指定一位封签的看护人。

当提出请求的人居住在封签所在地时,执达员从中指定一位看护人。

执达员应当取得被指定为看护人的人的同意。

第 1311 条

如果发现有遗嘱,执达员同在场的人员一起签名画押。执达员随后把遗嘱交给公证员。

第 1312 条

如果发现有文件,必要时把文件存放于被张贴封签的家具内。

第 1313 条

对票据、钱款、有价证券、珠宝首饰或其他贵重物品张贴封签不足以保证安全时,执达员应当交给负责处理继承的公证员;如果没有公证员,则存放于自己的事务所或银行机构。执达员也可以把折现后的现金寄存于信托寄存处。

第 1314 条

对于没有打开的文件或包裹,依据上面写明的地址或其他书写文字属于第三人时,执达员应当存放于自己的事务所并传唤第三人在确定期间内过来协助打开。

如果打开后发现文件或包裹与继承无关,执达员把它们交给利害关系人。如果利害关系人不到场或文件、包裹与继承有关,执达员交给负责处理继承的公证员,如果没有公证员则自己保管。

第 1315 条

张贴封签的笔录由执达员签名和注明日期。张贴封签的笔录应当写明下列事项:

(1)重申执达员进行封签所依据的决定;

(2)简述在场的人所作的声明以及在相应情形下对此声明的答复结果;

(3)指明封签张贴的地点和家具;

(4)简要写明没有张贴封签的物品;

(5)指出为保护现场与物品以及为保护家禽、家畜采取的措施;

(6)写明已经完成的手续,必要时包括完成第 1311 条至第 1314 条规定的手续;

(7)指明参与封签张贴的人的姓名和资格,上述人员应当在原件上签名;如果拒绝签名,应当把此情况写明于文书中;

(8)必要时,还应当写明指定的看护人并记载该看护人的同意声明。

(二)封签的解除

第 1316 条

有资格请求张贴封签的人可以申请撤销封签;负责管理遗产的公共财产管理部门也可以申请撤销封签。

第 1317 条

申请人向执达员提交一份名单,指出在撤销封签时应当被传唤到场的人,其中包括原来申请张贴封签的人和依据第1329条被传唤参与制作财产清单的人,必要时还有负责管理遗产的公共财产管理部门。

执达员确定撤销封签的日期与时间。

执达员依据第1329条最后一款的条件传唤相关人员协助撤销封签。

第1318条

执达员在其事务所把撤销封签告知提出说明理由的书面声明的人,以及要求参与撤销封签的书记室。

第1319条

当所有被传唤的当事人到场或派代表到场时,均不表示反对,撤销封签后可以不清点财产。

相反情况下,由执达员依据本章第二节规定的条件清点财产;但是,有资格被传唤参与清点财产的人可以合意选择另一名公务人员或司法助理人员清点财产,或依据第1333条指定另一名公务人员或司法助理人员清点财产。

第1320条

执达员在撤销封签的笔录上签名和写明日期。撤销封签的笔录应当写明下列事项:

(1)撤销封签的申请,执达员确定撤销封签的日期和时间;

(2)申请人的姓名和地址;

(3)亲自到场、派人到场或被传唤的当事人的姓名和住址;

(4)确认封签完整无损,或如不完整,说明其损坏状况;

(5)申请人或到场当事人的意见,以及在相应情况下对意见的回复结果;

(6)指明清点财产的发起人。

第1321条

撤销封签应当分先后,并随即制作清点财产目录;每次拍卖后,仍应当对财产重新加封。

第1322条

紧急情形下,执达员可以临时开启封签,但紧急情况结束后即应当重新加封。

执达员制作活动笔录。

临时开封并随即再行加封,不受第1316条至第1321条规定的约束。

第二目　描述状况

第 1323 条

适用第 1313 条提取贵重物品后,留在现场的财产所呈现的稳定性证明不需要张贴封签时,有管辖权的执达员制作一份描述动产状况的说明;在继承人不到场的情形下,执达员确保在无人占用时封闭现场和保管钥匙。第 1309 条、第 1311 条、第 1313 条和第 1314 条的规定适用于此。

如果留在现场的人需要使用或不能张贴封签时,执达员制作一份描述状况的说明。

所有继承人在执达员当面确认各项物品均无短缺后,对描述状况中的动产进行解封时可以取回钥匙。在相同条件下,经初审法院院长准许,钥匙交给受理和支配全部继承财产的受遗赠人。

负责管理遗产的公共财产管理部门在被指定管理继承财产时可以要求取得钥匙。

第三目　共同规定

第 1324 条

如果租赁合同终结时没有知晓的继承人,初审法院院长或其代表依据第 1325 条第 1 款规定的条件准许业主转移动产,存放于另一场所或死者曾占据场所的部分区域。转移和保存动产的费用由业主预付。

执达员参与动产的转移并制作笔录。

如果已经张贴封签,执达员撕掉封签后在动产重新安置和固定的地方依据第 1322 条规定的条件张贴。

执达员制作描述状况的记录后,确保关闭存放或固定动产的场所并保管钥匙。

第 1325 条

本节规定的措施实施中存在困难时,当事人或执达员向初审法院院长提交简单申请书。此程序中不强制要求律师代理。

如果当事人之间产生争议,最先行动的一方当事人请求初审法院院长受理该争议。争议的提出、审理和裁判适用实体审理加速程序。

第 1326 条

本节规定适用于民事案件中适用特别规定采取的张贴封签,但与案件不适合或有相反规定的除外。

第 1327 条　【保留】

第二节　清点财产

第 1328 条

清点财产可以由请求张贴封签的人提出要求,必要时也可以由无人继承的财产管理人要求。

第 1329 条

应当召集下列人员参加清点财产:

(1)配偶或同居互助协议的签订者;

(2)主张享有继承权的人;

(3)知晓遗嘱时,遗嘱执行人;

(4)继承管理部门指定的受托人。

申请人最迟在清点财产日期的二十日前召集上述人员参加,但上述人员明确表示不参加的除外。

第 1330 条

财产清单根据不同情况应当写明法律或条例规定司法拍卖估价人、执达员或公证员制作文书的记载事项;还应当包括下列事项:

(1)申请人、到场的人或被代表的人的姓名、职业和住址,必要时还有司法拍卖估价人和鉴定人的姓名、职业和住址;

(2)指明清点财产的地点;

(3)对财产的说明和估价,指明折算现金的价值;

(4)所有文件、提交的证券和票据、申请人和到场人的声明中提到的积极继承和消极继承情况;

(5)财产清点结束时,清点前占有财产的人或在被清点财产所属的不动产内居住的人对没有转移财产或转移时不知晓做出的宣誓;

(6)如有必要,物品和文件交给合意选择的人员;如果没能合意选择此人,交给由初审法院院长或其委派代表任命的人。

第 1331 条

适用《民法典》第 789 条制作的财产清单包含继承财产组成部分的数字目录。

第 1332 条

公证的财产清单还包含:

(1)对共同财产或继承财产主张的资格和权利;

(2)必要时,向公证员提交的所有文件、证券和票据,以及申请人和到场人的声明中提到的共同财产中积极和消极的一致情况。

第 1333 条

在制作财产清单时产生困难,由最先行动的一方当事人请求初审法院院长受理,适用实体审理加速程序做出裁判。

第三节　继承的选择

第一目　参与净资产继承的接受

第 1334 条

向初审法院书记室或公证员提交接受参与净资产继承的申报书,并指明继承人的姓名、职业、选择的住所以及参与继承的资格。

接受申报书的公证员告知继承人承担第 1335 条第 3 款所指的公开义务。在提出申报书的一个月内,公证员向继承开始地的初审法院寄送一份申报书副本。

书记室把申报书登记于专门制作的登记册中,并向申报人或公证人出具收据。书记室告知继承人承担第 1335 条第 3 款所指的公开义务。

共同继承人、遗产债权人和受遗赠人在证明资格后可以查询与存在争议的继承有关的记载事项。

第 1335 条

《民法典》第 788 条、第 790 条和第 794 条规定的公开事项要求公布于民商事通告的公报上。

电子方式的公开方式由司法部决议确定。

在提出《民法典》第 788 条所指的申报书后一个月内,继承人依据本条第 1 款的公开形式把通知公布于管辖法院辖区内发行的法律通知公报上。

第 1336 条

接受参与净资产继承的继承人针对继承提出的请求,以其他继承人为被申请人提出。没有其他继承人或由所有继承人提出请求时,则以按照指定无人继承的财产管理人的相同方式指定的财产管理人为被申请人。

第 1337 条

《民法典》第 792 条所指的十五个月期间结束时,对所有提出主张的债权人进行清偿后,或者资产消耗和向债权人分配相应款项后,继承人或负责处理继承的公证员向书记室提交一份管理账目。

提交的管理账目依据第 1335 条规定的条件进行公开。

第 1338 条

继承人向法院书记室预付公告费用。

上述费用包括在继承财产中。但是,当继承人表示保管继承财产时,与此财产有关的申报的公告费用由其承担。

依据《民法典》第 790 条最后 1 款制作的财产清单副本的发放费用,由提出请求的债权人或受遗赠人承担。

第二目　放弃

第 1339 条

放弃继承财产的声明,由继承人或公证员提交或寄送初审法院的书记室,并指明具有继承资格的人的姓名、职业、住所以及参与继承的资格。

书记室把此声明登记于专门制作的登记册中,并向做出声明的人或公证员出具收据。

第 1340 条

明确撤回放弃继承财产的声明依据第 1339 条规定的相同形式和相同登记方式提出。

第三目　幸存配偶的选择

第 1341 条

在《民法典》第 758-3 条规定的情形中,通过有回执的挂号信提请有继承资格的配偶行使《民法典》第 757 条为其保留的选择权。

第四节　无人继承和国家继承

第一目　无人继承

(一)财产管理的启动

第 1342 条

《民法典》第 809-1 条、第 809-2 条、第 810-5 条、第 810-7 条规定的公开要求通告在管辖法院辖区内发行的法律通知公报上进行公布。

(二)财产管理人的职责

第 1343 条

财产管理人的职责由财产管理裁定确定。

《民法典》第 810-1 条提到的期间结束后,如果没有人提出异议,财产管理人发放死者同意遗赠的全部遗产或特定遗产。

第 1344 条

财产清单包括下列事项:

(1)指明把无人继承遗产的财产管理权托付于承担管理职责的公共行政部门的裁定;

(2)指明财产清单制作的地点;

(3)对财产的说明和估价,指明折算现金的价值;

(4)所有文件、证券和票据中提到的继承资产和债务情况。

财产清单由制作人签名和写明日期。

第 1345 条

依据《民法典》第 809-2 条第 3 款制作的财产清单副本的发放费用由提出要求的债权人和受遗赠人承担。

第 1346 条

通过平信向债权人或受遗赠人告知发布新公告的信息。

第 1347 条

债权声明通过有回执的挂号信提出或在递交后要求出具收据。

第 1348 条

当继承范围内的财产没有按照《公众人物财产法典》中有偿让与国有不动产或动产的形式出售时,依据第 1271 条至第 1281 条出售不动产,或者依据《民事执行法典》第 R221-33 条至第 R221-38 条和第 R221-39 条出售动产。

第 1349 条

在计划采取协商变卖时,财产管理人通过有回执的挂号信告知已提出声明的继承财产的债权人。

债权人依据《民法典》第 810-3 条第 3 款提出的请求在收到上述告知后一个月内送达财产管理人。

（三）提交账目和终结财产管理

第 1350 条

债权人或继承人提出的出示账目请求,通过有回执的挂号信寄送财产管理人。

第 1351 条

剩余资产的实现方案通过有回执的挂号信通知已知继承人。

继承人提出的异议也通过相同方式通知财产管理人。

第 1352 条

如果没有已知继承人,等到财产清单完成后两年期间届满,无须经过授权即可处置剩余资产。

第 1353 条

由经济、财政和工业部的决议确定,依据《国有资产法典》第 L77 条规定的条件,在管理、运营和出售费用中由国库预先提取税率和入账。

第二目　国家继承

第 1354 条

负责管理资产的公共行政部门依据《民法典》第 811 条主张支配权时,免除委托律师的强制义务。

公共行政部门应当在管辖法院辖区内发行的法律通知公报上发布一份通告。

法院听取检察官意见后在前款规定的公告完成后四个月内做出裁判。

第五节　法院指定的遗产受托人

第 1355 条

《民法典》第 813-3 条所指的登记应当在任命后一个月内,在初审法院书记室记载于第 1334 条所指的登记册中。受托人提出请求时,依据司法部决议确定的方式,把任命决定通过电子方式公告于民商事通知公报中。

如有必要,初审法院院长或其委派代表做出不准许提起救济的裁定,命令在法院辖区内发行的法律通知公报中进行发布,作为补充的公开形式。

公告费用从继承财产中支取。

第 1356 条

遗产受托人为完成自己的任务可以要求继承人提交所有有用的材料。

遗产受托人可以召集继承人以便告知和听取他们的意见。

第 1357 条

初审法院院长或其委派代表依职权或依据继承人的申请传唤遗产受托人,要求提供完成任务的所有情况并发布指令。

第六节(一)　遗产分配

第一目　协商分配

第 1358 条

适用《民法典》第 837 条指定的人有资格代表缺席的继承人请求同意进行协商分配时,向做出指定的法官提交经其他共同继承人同意的分配方案。

准许分配方案的裁定是终审裁定。

第二目　司法分配

(一)一般规定

第 1359 条

数份传唤书被发出时,请求分配的申请人是第一个向初审法院书记室提交传唤书的人。

第 1360 条

请求分配的传唤书中应当简要说明要分配的财产,并具体说明申请人财产分配的意图和为达成协商分配开展的工作,否则不予受理。

第 1361 条

法院命令进行分配;如果符合第 1378 条规定的条件,可能需要进行拍卖。

当命令分配时,法官可以指定一名公证员负责制作见证分配的文书。

第 1362 条

在遵守第 145 条规定的前提下,在诉讼过程中可以指定一位鉴定人对财产估价或提议分配的份额。

第 1363 条

如果对财产份额进行抽签,依据第 1361 条第 2 款在委派的公证员面前进行;否则,在初审法院院长或其委派代表面前进行。

当抽签在初审法院院长或其委派代表面前进行或收到由公证员制作的笔录时,如果一名继承人没有到场,初审法院院长或其委派代表可以依职权为未到场继承人指定一名代理人。

(二)特别规定

第 1364 条

有证据证明实施分配具有复杂性时,法院指定一名公证员负责分配,并委派一名法官监督分配过程。

公证员由参与分配的共同继承人选择;如无选择,由法院指定。

第 1365 条

公证员传唤当事人,并要求提供完成任务所需的所有有用文件。

公证员遇到困难时告知委派法官,并请求采取保证分配顺利进行的所有措施。

如果财产的价值或状况证明有需要,公证员可以要求增加一名专家;这名专家由当事人共同选择,如无选择则由委派法官指定。

第 1366 条

公证员可以请求委派法官传唤当事人或其代理人参与和解;公证员也可以在场。

如果和解没有成功,委派法官把当事人发回公证员,由公证员制作笔录记载当事人的各自陈述和清算状况方案。

第 1367 条

《民法典》第 841-1 条所指的正式通知送达缺席继承人。正式通知中写明分配日期。

如果继承人或其受托人在正式通知确定的日期没有到场,公证员制作一份笔录并转交委派法官,由委派法官为缺席继承人指定一名代理人。

第 1368 条

公证员应当在被指定后一年内制作一份清算报表,写明共同继承人之间的帐目、可以分配财产的总价值、当事人的税款和要分配的份额。

第 1369 条

第 1368 条所指的期间依据下列情形中止:

（1）指定一名鉴定人时，直至提交鉴定人报告；

（2）适用第 1377 条命令拍卖时，直至拍卖最终实现；

（3）请求适用《民法典》第 841-1 条指定有资格的人员时，直至完成指定；

（4）适用第 1366 条把当事人发回法官时，直至此行为的完成。

第 1370 条

当分配进展困难时，依据公证员的申请或一名共同继承人的请求，委派法官准许延长期间，但不能超过一年。

第 1371 条

委派法官监督分配的顺利进行和遵守第 1369 条规定的期间。

委派法官可以依职权向当事人或委派的公证员下达指令，采取强制性措施，更替法院委派的公证员。

委派法官对与被委派处理的继承相关的请求做出裁判。

第 1372 条

依据《民法典》第 842 条的规定完成协商分配文书的制作后，公证员告知法官确认程序终结。

第 1373 条

共同继承人对公证员制作的财产清算方案没有达成协议时，公证员向委派法官转交一份笔录，记载当事人的各自陈述和财产清算方案。

书记室告知没有代理人的当事人委托律师。

委派法官可以听取当事人或其代理人、公证员的意见，并促使当事人进行和解。

委派法官向法院提交报告，包括存在争议的焦点。

必要时，委派法官也是审前准备法官。

第 1374 条

依据第 1373 条在当事人之间产生的任何诉讼请求，无论由原告或被告提起，都只能构成一个诉讼。与此分开的诉讼请求不予受理，但诉讼请求的基础是在委派法官的报告完成后产生或发现的除外。

第 1375 条

法院对分歧的焦点进行裁判。

法院确认财产清算报表或把当事人发回对财产分配制作确认文书的公证员。

在确认的情形中，法院在同一决定中命令是否在委派法官或委派的公证员面前采取抽签。

第 1376 条

当命令采取抽签分配份额时,如果一名继承人没有抽签,委派法官拥有第 1363 条第 2 款规定的属于初审法院院长的权力。

(三)不可分共有财产的拍卖

第 1377 条

对不能分配或归属的财产,法院在确定的条件下命令通过拍卖出售。

依据第 1271 条至第 1281 条出售不动产;依据《民事执行法典》第 R221-33 条至第 R221-38 条和第 R221-39 条规定的形式出售动产。

第 1378 条

如果财产的所有共有人均有能力并亲自或派代理人到场,可以一致决定在他们之间进行拍卖。否则,共有财产外的第三人始终有权参与拍卖。

第六节(二)　许可占有判决

第 1378-1 条

在完成《民法典》第 1007 条所指遗嘱的启动和实施笔录后十五日内,公证员把包括死者姓名、负责处理继承的公证员姓名和联系方式以及存在概括遗赠的事项,发布于管辖法院辖区内民商事通知公报和法律通知公报上。

上述公开可以通过电子方式进行。

公开费用由概括遗赠的受遗赠人承担。

第 1378-2 条

《民法典》第 1007 条第 3 款所指的异议向负责处理继承的公证员提出。

法院院长依据申请书和异议书做出裁定,实现概括遗赠的受遗赠人的占有。

第七节　共同规定

第 1379 条

依据《民法典》第 784 条、第 790 条、第 809-1 条、第 810-8 条、第 812-1-1 条、第 813 条、第 813-4 条、第 814-1 条、第 837 条、第 841-1 条和第

1031 条提出的请求呈至初审法院院长，由该院长依据本法典第 493 条至第 498 条和第 846 条规定的形式做出裁判。

依据《民法典》第 829 条提出的关于协商分配的请求，采取前款规定的相同方式进行。

第 1380 条

依据《民法典》第 772 条、第 794 条、第 810-5 条、第 812-3 条、第 813-1 条、第 813-7 条、第 813-9 条、第 814 条第 2 款、第 815-6 条、第 815-7 条、第 815-9 条和第 815-11 条提出的请求呈至初审法院院长，由该院长适用实体审理加速程序做出裁判。

第 1381 条

依据《民法典》第 811 条、第 820 条、第 821 条、第 821-1 条、第 824 条、第 832-1 条、第 832-2 条、第 832-3 条、第 887 条、第 1026 条提出的请求呈至初审法院，但是依据《司法组织法典》第 L213-3 条第(1)项归属于家事法官管辖权限的除外。

第八节　欧盟继承证明

第 1381-1 条

2012 年 7 月 4 日欧洲议会和欧盟理事会第 2012-650 号《关于继承纠纷中的管辖、法律适用、裁判的承认和执行、公文书的接受和执行以及设立欧盟继承证明的条例》第六章中规定的欧盟继承证明，由公证员依据继承人、受遗赠人、遗嘱执行人或继承管理人的请求按照该条例第 65 条至第 67 条确定的程序提供。

第 1381-2 条

经认证与欧盟继承证明相符的副本递交申请人和证明具有正当利益的任何人，由其出具收据或在证明上旁注，也可以通过有回执的挂号信向他们寄送。

对欧盟继承证明进行修改或纠正实体错误时，向之前取得欧盟继承证明副本的所有人递交或通知一份经修改或纠正的证明副本。

公证员应当保管提供的欧盟继承证明。

第 1381-3 条

公证员拒绝提供欧盟继承证明时，通过有回执的挂号信告知申请人。

依据 2012 年 7 月 4 日欧洲议会和欧盟理事会第 2012-650 号《关于继承纠纷中的管辖、法律适用、裁判的承认和执行、公文书的接受和执行以及设立欧盟继承证明的条例》中第 71 条和第 73 条规定的条件,撤回欧盟继承证明或中止其效力,以及拒绝纠正、修改、撤回或中止效力时,公证员在相同条件下告知已取得经认证与欧盟继承证明相符的副本的人员。

公证员向利害关系人告知做出上述决定的理由,并指明救济途径。

第 1381-4 条

对提供欧盟继承证明或拒绝提供欧盟继承证明的决定,继承人、受遗赠人、遗嘱执行人或继承管理人在收到认证副本通知、递交或拒绝提供的决定后十五日内,向公证员办公室所在地的初审法院院长提起救济。

第 1381-3 条所指的其他决定,由证明具有正当利益的任何人在收到认证副本通知、递交或收到决定后十五日内,向公证员办公室所在地的初审法院院长提起救济。

初审法院院长在听审或传唤制作上述文书的公证员后,必要时包括没有提出救济的要求提供欧盟继承证明的申请人,做出终审裁判。裁判通知公证员。

初审法院院长命令提供、纠正或修改欧盟继承证明时,可以自己进行或要求公证员进行。书记室通过有回执的挂号信把文件寄送公证员,由公证员依据第 1381-2 条规定的条件保管和出具副本。

如果初审法院院长命令撤回或中止欧盟继承证明的效力,公证员立即把此事由告知所有已取得经认证与欧盟继承证明相符的副本的人员。在效力中止的期间,不得发放欧盟继承证明的任何副本。

第四编　债与契约

第一章　小额诉讼欧盟程序

第 1382 条

本章小额诉讼欧盟程序由 2007 年 7 月 11 日欧洲议会和欧盟理事会第 2007-861 号《关于设立小额诉讼欧盟程序的条例》规定。

当 2012 年 12 月 12 日欧洲议会和欧盟理事会第 2012-1215 号《关于司法管辖权限、民商事裁判的承认和执行的条例》指定成员国的法院时，如无其他规定，被告所在地的法院具有管辖权。

第 1383 条

起诉书的表格递交或通过邮局寄送法院书记室。

第 1384 条

法院在收到起诉书表格后认为案件不属于小额诉讼欧盟程序的范围时，通过有回执的挂号信告知原告。同时，法院告知原告在指定期间内撤回起诉，否则依据该法院适用的程序规则对案件进行审理和裁判。

指定期间届满时，如果原告没有撤回起诉，法院确认案件不属于小额诉讼欧盟程序的范围，要求原告通过执达员送达的方式传唤被告。此决定是一项司法行政措施。书记室负责通过有回执的挂号信把决定通知原告。

移送案件的法院为使案件适用本法院的程序规则进行审理和裁判时，可以依据本法典规定的条件宣告无管辖权。

第 1385 条

当法院认为起诉明显不具备理由或不予受理，或原告没有在规定期间内完成或修正表格时，做出驳回起诉的裁判；对此裁判，不准许提起救济。但是，原告可以适用普通程序提起诉讼。

第 1386 条

当反诉不属于小额诉讼欧盟程序的适用范围时，法院通过有回执的挂号信通知当事人。法院告知当事人除非反诉原告在规定期间内撤回反诉，否则依据该法院适用的程序规则对案件进行审理和裁判。规定期间届满后，如果反诉原告没有撤回反诉，法院确认反诉案件不属于小额诉讼欧盟程序的适用范围。

移送案件的法院为使案件适用本法院的程序规则进行审理和裁判时,可以依据本法典规定的条件宣告无管辖权。

第 1387 条

发出通知的挂号信回执单没有依据第 670 条的条件签署而退回法院书记室时,由书记室通过执达员文书再次通知。送达费用由国库预先支付。

第 1388 条

当法院决定适用小额诉讼欧盟程序举行庭审时,法院受理适用程序范围内的案件。

第 1389 条

第 1387 条的规定不适用于向当事人发出裁判的通知。裁判的通知由书记室通过有回执的挂号信进行。

第 1390 条

书记室依据请求对适用小额诉讼欧盟程序做出的裁判出具证明。

第 1391 条

2007 年 7 月 11 日欧洲议会和欧盟理事会第 2007-861 号《关于设立小额诉讼欧盟程序的条例》中第 18 条规定的重审权利,在允许启动异议程序时依据此程序进行,否则依据其他相似程序进行。

第 1392 条至第 1404 条　【保留】

第二章　督促程序

第一节　支付令

第 1405 条

下列情形可以适用督促程序收取债权:

(1)因合同义务或章程性质义务产生且数额确定的债权;在合同案件中,债权数额按照合同条款确定,也包括相应情况下规定的违约金;

(2)因接受或签发汇票、本票而产生的义务,或对票据背书或担保而产生的义务,或按照 1981 年 1 月 2 日第 81-1 号《关于方便向企业贷款的法律》接受债权转让所产生的义务。

第 1406 条

诉讼请求根据情况依据法院权限管辖范围向保护诉讼法官或初审法院、商事法院的院长提出。

被起诉的债务人所在地法院具有地域管辖权。

上述各款具有公共秩序性质。任何相反条款均视为未曾订立。法官应当依职权宣告无管辖权。

第 1407 条

诉讼请求根据不同情况由债权人或委托代理人向法院书记室递交或寄送申请书提出。申请书中除载明本法典第 57 条的规定事项外,还应当具体写明要求支付的款项数额,并且列出该债权的各组成部分及其依据。申请书应当附有证明文件。

第 1408 条

债权人可以在请求支付令的申请书中,要求在提出异议时立即把案件移送其认为有管辖权的法院。

第 1409 条

如果法官依据提交的文件认为全部或部分诉讼请求成立,对能确定的数额做出附有支付令的裁定。

如果法官驳回诉讼请求,债权人不得对此提出救济,但可以按照普通程序另行起诉的除外。

如果法官只支持部分诉讼请求,债权人也不得对此提出救济,但债权人不送达裁定而按照普通程序另行起诉的除外。

第 1410 条

附有支付令的裁定和申请书原件均保存于法院书记室。为支持申请书而提交的文件临时保存于法院书记室。

申请被驳回时,申请书和提交的文件均退还申请人。

第 1411 条

经认证与原本相符的申请书和裁定书的副本,由债权人提议送达各债务人。

如果附有支付令的裁定在做出后六个月内没有送达,即失去效力。

第 1412 条

债务人有权对附有支付令的裁定提出异议。

第 1413 条

附有支付令裁定的送达文书,除载明执达员文书的规定事项外,还应

当写明下列催告事项,否则无效:

(1)催告向债权人支付裁定书中确定数额的款项以及利息和诉讼费用;

(2)催告债务人是否要提出辩护理由或异议;异议具有提请法院受理债权人原诉讼请求与争议整体的效力。

送达文书还应当写明下列事项,否则无效:

(1)指明应当提出异议的期限,向哪个法院提出异议以及提出异议的形式;

(2)告知债务人可以到法院书记室查阅债权人提出的文件;如果在指定期间内没有提出异议,不得再行提出任何救济,并且有可能经任何法律途径被强制支付拖欠款项。

第 1414 条

如果向债务人本人送达,执达员应当口头告知债务人第 1413 条规定的事项,但通过电子方式送达的除外;执达员完成告知后,应当在送达文书中记载。

第 1415 条

根据不同情况向做出附有支付令裁定的法官或院长所属法院提出异议。

债务人或其代理人通过附有收据的申请书或挂号信向法院书记室提出异议。

代理人不是律师时应当证明具有特别授权。

第 1416 条

异议应当在裁定书送达后一个月内提出。

但是,如果裁定没有送达债务人本人,可以在第一次送达本人文书完成后一个月内提出异议;否则,在首次采取执行措施使债务人的全部或部分财产不得处分后一个月内提出异议。

第 1417 条

法院对收取债权的请求做出裁判。法院在权限管辖范围内受理本诉请求以及一切附带之诉和实体抗辩。在法院做出无管辖权裁定或第 1408 条所指的情况下,应当按照第 82 条的规定把案件移送有管辖权的法院。

第 1418 条

在受理第 817 条所指案件的初审法院、保护诉讼法官和商事法院面前,书记员通过有回执的挂号信传唤当事人到庭审。

传唤通知书应当寄送所有的当事人,也包括没有提出异议的当事人。

传唤通知书包括:

(1)日期;

(2)向哪个法院提出异议;

(3)指明当事人被传唤至庭审的日期;

(4)当事人可以由他人辅助或代理的条件。

而且,向被告寄送的传唤通知书具体写明,如果缺席将仅依据对方当事人提出的各项材料对其做出判决。

上述事项应当写明,否则无效。

在初审法院受理的其他案件中,案件的审理和裁判在遵守下列规定的前提下适用普通书面程序。

书记室通过有回执的挂号信向债权人寄送异议申请书副本。通知应当在符合手续的情形下发送至债权人在提交支付令申请时指明的地址。当挂号信回执没有签名退回至书记室时,对收件人而言出示日期即为通知日期,视为通知住所或居所。

债权人应当在通知后十五日内委托律师。

债权人委托律师后,其律师通过有回执的挂号信告知债务人并指明在十五日内委托律师。

委托律师文书的副本递交书记室。

第 1419 条

在受理第 817 条所指案件的初审法院、保护诉讼法官和商事法院面前,如果所有当事人均未到庭,法院确认诉讼程序的终结。

在受理其他案件的初审法院,如果债权人没有在第 1418 条规定的期间内委托律师,初审法院院长确认诉讼程序的终结。

诉讼程序的终结引起附有支付令的裁定失效。

第 1420 条

法院的判决取代附有支付令的裁定。

第 1421 条

诉讼请求价值超过法院终审管辖限额时,对法院做出的裁定准许上诉。

第 1422 条

在采取任何送达方式的情形下,附有支付令的裁定送达后一个月内没有人提出异议,或提出异议的债务人撤回异议时,债权人可以请求在裁定书上加盖执行令印。债务人的撤回异议遵守第 400 条至第 405 条的规定。

裁定取得对席裁判的全部效力。即使裁定同意延展支付期限,也不准许上诉。

第 1423 条

通过平信或申请书向书记室提出加盖执行令印的请求。在异议期间届满或债务人撤回异议后一个月内,如果债权人没有提出请求,裁定失效。

第 1424 条

提出异议或裁定加盖执行令印时,依据债权人的请求,向债权人归还由其提交并保存于书记室的文件。

第二节 欧盟支付令

第 1424-1 条

本节欧盟督促程序由 2006 年 12 月 12 日欧洲议会和欧盟理事会第 2006-1896 号《关于欧盟督促程序的条例》规定。

当 2012 年 12 月 12 日欧洲议会和欧盟理事会第 1215-2012 号《关于民商事案件中司法管辖、裁判的承认和执行的条例》指定成员国的法院时,如无其他规定,被告所在地的法院具有地域管辖权。

第 1424-2 条

适用欧盟督促程序的申请表格递交或通过邮局寄送法院的书记室。

第 1424-3 条

申请人接受提出的建议后,法官可以对部分诉讼请求同意给予支付令。在此情形下,申请人不得再对剩余款项提起诉讼,但其没有送达裁定而按照普通程序另行起诉的除外。

第 1424-4 条

欧盟支付令或驳回欧盟支付令申请的裁判原件,以及申请表格原件,存放于书记室。

第 1424-5 条

经认证与原件相符的申请表格和裁判的副本依据申请人的要求送达各被申请人。提出欧盟支付令异议的表格也附于送达文书中。

送达文书除写明执达员文书的应载事项外,还应当指明向哪个法院提出异议,提出异议的期间以及提出的形式,否则无效。

送达文书还应当写明下列事项,否则无效:

(1)提醒被申请人没有在指定期间内提出异议时,依据1971年6月3日欧盟理事会第71-1182号《关于确定期间、日期和条件的适用规则的条例》计算按照普通程序督促给付的数额;

(2)告知被申请人在异议期间届满后,对于2006年12月12日欧洲议会和欧盟理事会第2006-1896号《关于欧盟督促程序的条例》中第20条规定的例外情形,有请求做出支付令的法院对欧盟支付令重新审查的权利。

第1424-6条

如果送达被申请人本人,执达员应当向其口头告知欧盟支付令表格中的重要信息以及第1424-5条的指明事项,但通过电子方式送达的除外。上述手续的完成记载于送达文书中。

第1424-7条

执达员向做出支付令的法院寄送一份送达文书副本。

第1424-8条

提出异议时,向做出欧盟支付令的法院提交申请。

异议申请书可以向书记室递交,书记室出具收据,也可以通过挂号信把异议申请书寄送书记室。

第1424-9条

法院对收回债权的诉讼请求做出裁判。

法院在权限管辖范围内受理本诉请求、附带之诉和实体抗辩。

在做出无管辖权裁定的情形下,案件移送依据第82条具有管辖权的法院。

第1424-10条

书记员通过有回执的挂号信传唤当事人到庭审。

传唤通知书应当寄送所有的当事人,也包括没有提出异议的当事人。

传唤通知书包括:

(1)日期;

(2)向哪个法院提出异议;

(3)指明当事人被传唤到庭审的日期;

(4)当事人可以由他人辅助或代理的条件。

而且,向被告寄送的传唤通知书应当具体写明,如果缺席将仅依据对方当事人提出的材料对其做出判决。

上述事项应当写明,否则无效。

第 1424-11 条

如果所有当事人均未到庭,法院确认诉讼程序的终结。诉讼程序的终结引起欧盟支付令的失效。

第 1424-12 条

法院的判决取代欧盟支付令。

第 1424-13 条

诉讼请求价值超过法院终审管辖限额时,对法院做出的裁判准许上诉。

第 1424-14 条

如果在规定期间内没有提出异议,给予救济的十日补充期间届满后,书记员宣告欧盟支付令在取得执行令印后具有执行力并加盖执行令印。

第 1424-15 条

例外情形下的重新审查程序适用第 1424-8 条至第 1424-13 条的规定。

第三节　在商事法院请求支付令和欧盟支付令的费用

第 1425 条

在商事法院,诉讼费用由申请人预付,并在提出请求后最迟十五日内存交书记室,否则请求无效。

书记员免费接收提出的异议。书记员立即通过有回执的挂号信告知申请人在十五日内向书记室存交异议费用,否则请求无效。

但是,在欧盟督促程序中不会导致请求无效。

第四节　行为指令

第 1425-1 条

如果订立合同的人并不都具有商人身份,他们之间因合同而产生的债务履行,可以起诉至保护诉讼法官,或在第 817 条规定的案件中起诉至初审法院。

第 1425-2 条

申请人选择向被申请人住所地或债务履行地的法院起诉。

第 1425-3 条

由债务受益人或第 764 条所指的人向书记室递交或寄送申请书提出请求。

申请书中除载明第 57 条的规定事项外,还应当包括:

(1)具体写明请求履行的债务的性质及其依据;

(2)可能情况下,写明在不履行行为指令的情况下要求的损害赔偿。

申请书应当附有证明文件。

书记室对申请书进行登记,即告中断诉讼时效和期间。

第 1425-4 条

如果法官依据提交的文件认为诉讼请求成立,可以做出附行为指令的裁定;对此裁定,不准许救济。

法官确定债的标的以及应当履行债务的期限和条件。

裁定还应当写明对案件进行审理的地点、日期和时间,但申请人告知行为指令已得到执行的除外。

第 1425-5 条

书记室通过有回执的挂号信通知当事人。通知的信件中写明第 1425-7 条和第 1425-8 条的规定。

第 1425-6 条

附行为指令的裁定和申请书原件保存于书记室,同时书记室临时保存为支持申请书而提交的文件。

第 1425-7 条

当行为指令在规定期间内得到执行时,申请人告知书记室。案件从法院的案件排期表中撤出。

如果没有得到上述告知或申请人无正当理由不到庭,法官宣告行为指令程序无效。

如果申请人在十五日内向书记室告知因正当理由而不能在有效期间内提出,法院可以撤回上述无效宣告。在此情形下,传唤当事人在随后开庭时到庭。

第 1425-8 条

法院签发的行为指令的全部或部分没有履行时,法院在对当事人试行和解后对请求做出裁判。

法院在权限管辖范围内受理本诉请求、附带之诉和实体抗辩。

如果法院做出无管辖权的裁定,案件依据第 82 条的规定移送有管辖权的法院。

第 1425-9 条

如果法院驳回诉讼请求,申请人不能提起救济,但适用普通程序另行起诉的除外。申请书和有用的文件退还申请人。

第三章 【保留】

第 1426 条至第 1429 条 【保留】

第四章 恢复被毁文书

第 1430 条

请求恢复因为战乱或自然灾害在任何场所被毁的公文书或私文书的原本,向初审法院提出。

第 1431 条

文书制作地的法院具有管辖权;如果文书在外国制作,申请人所在地法院具有管辖权;如果申请人居住在外国,由巴黎初审法院管辖。

第 1432 条

请求恢复被毁的法院裁判,向做出裁判的法院提出。

第 1433 条

案件的提出、审理和裁判适用非讼程序规则。

第 1434 条

文书的部分内容有充分证据证明时,法院可以恢复文书的部分内容。

第五章 出具文书与登记册的复印本

第 1435 条

公务人员、司法助理人员或其他文书保管人员,应当向当事人及其继承人或权利继受人出具文书的副本或复印本,同时收取税款。

第 1436 条

如果保管人拒绝提交或不予答复,初审法院院长在受理申请后做出裁判,但应当听取申请人和保管人的说明或对他们进行传唤。

第 1437 条

裁判具有预先执行的效力。

上诉案件的提出、审理和裁判适用非讼程序规则。

第 1438 条

当事人可以取得没有登记的文书或不完整文书的复印本;当事人应当向初审法院院长提出请求。请求通过申请书提出。

如果文书保管人拒绝或不予答复,当事人可以请求初审法院院长处理。

第 1439 条

当事人如果希望取得公文书的第二份具有执行力的副本,应当向初审法院院长提出请求。请求通过申请书提出。

如果文书保管人拒绝或不予答复,当事人可以请求初审法院院长处理。

第 1440 条

法院书记员和公共登记册或索引的保管人,应当向提出申请的人出具文书的副本或摘录,同时收取税款,但裁判有具体指明的除外。

第 1440-1 条

在提出申请后的两个月内拒绝提供或不予答复,初审法院院长或表明拒绝的书记员所属的法院院长依据申请书受理请求,在听取申请人的说明或传唤申请人后做出裁判。

上诉案件的提出、审理和裁判适用非讼程序规则。

第 1440-1-1 条

对于裁判中提到的作为当事人或第三人的自然人身份资料,如果披露会损害这些人或其家人的安全或隐私,法院书记员在提供裁判文书前应当做隐藏处理。在所有情形下,依据《司法组织法典》第 R111-12 条或第 R111-13 条对上述人员做出决定时,书记员应当隐藏处理。

前款规定不适用于根据《遗产法典》L213-1 条至 L213-5 条查询判决书的情形。

第 1441 条

对适用第 1440-1-1 条的裁判的救济请求,由一名律师向书记员所属法院的院长提交申请书提出。法院院长在听取申请人和裁判中提到的作为当事人和第三人的自然人的说明或传唤上述人员后做出裁定。

当对最高司法法院的判决提出上述救济请求时,最高司法法院院长按照上述相同条件做出裁判。

第六章　具有私法性质的公共采购
合同签订中产生的纠纷

第 1441-1 条

依据 2009 年 5 月 7 日第 2009-515 号《关于公共采购合同救济程序的条例》中第 2 条至第 20 条提出的请求,提出、审理和裁判适用实体审理加速程序。

法官依职权采取上述条例第 3 条、第 6 条和第 15 条至第 18 条中规定的措施前,应当告知当事人提交他们的意见。

依据上述条例第 2 条至第 20 条做出的裁判是终审裁判。对此裁判不服,在通知后十五日内向最高司法法院上诉。

但是,对清偿逾期罚款的裁判可以在通知后十五日内上诉。上诉案件的提出、审理和裁判适用强制代理普通程序的规则。

第 1441-2 条

对依据上述条例第 2 条和第 5 条提起的请求,法官应当在二十日内做出裁判。

确认将与已表明候选人资格或已出价的经营组织签订合同的决定发出后,法官不得在十五日内对上述请求做出裁判。当招标方机构或组织证明上述决定已通过电子方式通知至所有参与的经营组织时,法官不得在十日内对上述请求做出裁判。

在上述条例第 13 条第 1 款所指的合同签订前提交请求时,法官不得在签订合同意向公开后十日内做出裁判。

共和国检察官在上述条例第 9 条规定的情形中依职权提起诉讼。

第 1441-3 条

根据欧盟委员会《有关公共市场和转让合同中公告合同签订意向的标准格式的条例》中确定的方式制作的合同签订意向,在欧盟公报上公告后;或,根据欧盟委员会《有关基于框架性协议或动态采集系统建立的市场中公告合同签订意向的标准格式的条例》中确定的方式制作的合同签订意向,在合同签订通知后;应当最迟依据上述条例第 11 条在第三十一日请求法院受理。只有在通知中说明持有人的姓名和选择其出价理由,才能开始计算期间。

如果没有公告合同签订意向或通知中没有载明上款所指事项,在合同签订后的六个月内可以请求法院受理。

对依据 2009 年 5 月 7 日第 2009-515 号《关于公共采购合同救济程序的条例》中第 11 条提出的请求,法官在一个月内做出裁判。

在圣巴泰勒米岛、圣皮埃尔和密克隆群岛、瓦利斯群岛和富图纳群岛以及法国南部和南极地区等适用时,本条第 1 款中的条文修改为:合同签订意向在主要用于事先公告的载体上公告后,或基于框架性协议或动态采集系统建立的市场中在合同签订通知后,应当最迟在第三十一日向法院请求受理。只有在通知中说明持有人的姓名和选择其出价的理由,才能开始计算期间。

第 1441-3-1 条

为适用上述所指 2009 年 5 月 7 日条例中第 13 条第 1 款,拍卖招标机构或组织在欧盟公报上刊登一份告示。此告示应当按照欧盟委员会条例中关于公共市场和转让合同中规定的告示刊登标准格式进行制作,表明自己签订合同的意向。在告示公开日期和合同签订日期之间,应当至少间隔十一日。

为适用本条第 2 款的规定,在基于框架性协议建立的市场或动态采集系统中,拍卖招标机构或组织把持有者的姓名和选择其出价的理由通知框架性协议的持有者或动态采集系统的参加者,同时应当遵守在寄送通知日期和签订合同日期之间至少间隔十六日。当通过电子方式通知所有参与的持有者时,此期间可以减少,至少间隔十一日。

适用于圣巴泰勒米岛、圣皮埃尔和密克隆群岛、瓦利斯群岛和富图纳群岛以及法国南部和南极地区时,本条第 1 款中的条文修改为:为适用上述所指 2009 年 5 月 7 日条例第 13 条第 1 款中的规定,拍卖招标机构或组织在欧盟公报上刊登一份告示,表明自己签订合同的意向。在告示公开日期和合同签订日期之间,应当至少间隔十一日。

第五编　社会保障和社会救助

第 1441-4 条

依据《司法组织法典》第 L211-16 条、第 L311-15 条和第 L311-16 条特别指定初审法院和上诉法院受理的案件,适用于《社会保障法典》第一卷条例部分的第四编第二章。

第四卷　仲裁

第一编　国内仲裁

第一章　仲裁契约

第 1442 条

仲裁契约,是指合同中的仲裁条款或单独的仲裁协议。

仲裁条款是一个或多个合同中的当事人同意把合同中可能产生的争议提交仲裁的约定。

单独的仲裁协议是当事人在纠纷产生后同意把纠纷提交仲裁的约定。

第 1443 条

仲裁契约应当为书面,否则无效。仲裁契约可以包括书面的交换文件或主合同中附件。

第 1444 条

仲裁契约指定一名或多名仲裁员,必要时写明参照某仲裁规则;或者,仲裁契约约定指定仲裁员的方式。否则,应当按照第 1451 条至第 1454 条进行。

第 1445 条

单独的仲裁协议应当确定纠纷标的,否则无效。

第 1446 条

在法院受理案件的诉讼过程中,当事人可以达成单独的仲裁协议。

第 1447 条

仲裁契约独立于与之有联系的其他合同。仲裁契约的效力不受其他合同无效的影响。

仲裁契约无效时,仲裁条款视为未曾订立。

第 1448 条

与仲裁契约有关的纠纷提交法院时,法院宣布无管辖权,但仲裁庭尚未受理并且仲裁协议明显无效或不能适用的除外。

法院不能依职权宣布无管辖权。

违反本条的条款视为未曾订立。

第 1449 条

仲裁庭组成前,仲裁契约的存在不妨碍一方当事人向法院请求采取调查取证措施、临时性措施或保全措施。

在保留保全扣押和司法担保的规定下,向初审法院或商事法院院长提出请求,由该院长依据第 145 条的条件对调查取证措施做出裁判,以及在紧急情况下对仲裁契约的当事人提出的临时性措施、保全措施做出裁判。

第二章　仲裁庭

第 1450 条

仲裁员只能是具有完全行为能力的自然人。

如果仲裁契约指定法人,该法人只有组织仲裁的权力。

第 1451 条

仲裁庭由一名或多名并且为奇数的仲裁员组成。

如果仲裁契约约定指定的仲裁员人数为偶数,当事人补充协商。

如果当事人对指定补充的仲裁员未达成补充协议,在选择的仲裁员接受指定后一个月内补充仲裁庭,否则由第 1459 条所指的援助法官补充。

第 1452 条

当事人对仲裁员的指定方式或仲裁员没有约定时,按照下列情形处理:

(1)在独任仲裁员进行仲裁的情形下,如果当事人对选择仲裁员没有约定,仲裁员由组织仲裁的人指定;如无组织仲裁的人,则由援助法官指定;

(2)在三名仲裁员进行仲裁的情形下,每个当事人选择一名,再由选择出来的两名仲裁员共同指定第三名仲裁员;如果一方当事人在收到对方当事人提出的请求后一个月内没有选择仲裁员,或两名仲裁员在接受指定后一个月内没有选择第三名仲裁员,由组织仲裁的人指定;如无组织仲裁的人,则由援助法官指定。

第 1453 条

当纠纷中存在两个以上的当事人并且对仲裁庭的组成没有约定时,由组织仲裁的人指定仲裁员;如无组织仲裁的人,则由援助法官解决。

第 1454 条

因仲裁庭组成而产生的其他争议,如果当事人没有约定,由组织仲裁的人解决;如无组织仲裁的人,则由援助法官解决。

第 1455 条

如果仲裁契约明显无效或不能履行,援助法官宣告不指定仲裁员。

第 1456 条

仲裁员接受指定任务时组成仲裁庭。在此日期,仲裁庭受理案件。

仲裁员在接受指定前应当披露可能影响独立或公正的所有情形。在接受指定后也应当随时立即披露上述情形。

对保留仲裁员产生的争议在争议事实披露或发现后一个月内提出请求,由负责组织仲裁的人解决;如无组织仲裁的人,则由援助法官解决。

第 1457 条

仲裁员应当履行职责直至仲裁结束,但证明具有阻碍事由或弃权、辞职的正当理由除外。

对上述事由的真实性存在争议时,在阻碍、弃权或辞职后一个月内提出请求,由负责组织仲裁的人解决;如无组织仲裁的人,则由援助法官解决。

第 1458 条

只有当事人一致同意时,才能撤销对仲裁员的指定。否则,依据第 1456 条最后一款的规定进行。

第 1459 条

初审法院院长是有管辖权的援助法官。

但是,如果仲裁契约明确约定,商事法院院长也有权受理依据第 1451 条至第 1454 条提出的请求。在此情形下,该院长适用第 1455 条的规定。

仲裁契约中指定具有地域管辖权的法官;如无指定,为仲裁庭确定地初审法院的法官。仲裁契约均无上述约定时,被申请人所在地的法官具有地域管辖权;如果被申请人不居住在法国,申请人所在地的法官具有地域管辖权。

第 1460 条

向援助法官的请求,由一方当事人、仲裁庭及其成员提出。

法官适用实体审理加速程序做出裁判。

对援助法官做出的裁判,不准许提起救济。但是,法官判决宣告基于第 1455 条规定的原因不指定仲裁员时,对此判决准许上诉。

第 1461 条

在保留第 1456 条第 1 款规定的前提下,所有与本章规定相反的条款视为未曾订立。

第三章　仲裁程序

第 1462 条

仲裁案件由当事人共同或由最先行动的一方当事人提交至仲裁庭。

第 1463 条

如果仲裁契约没有约定仲裁期间,仲裁庭应当在受理后六个月内做出仲裁裁决。

法定期间或约定期间均可以由当事人合意延长;如无当事人合意,由援助法官决定延长。

第 1464 条

除当事人另有约定外,仲裁庭确定的仲裁程序无须遵守为法院适用制定的规则。

但是,仲裁程序必须始终遵守第 4 条至第 10 条、第 11 条第 1 款、第 12 条第 2 款和第 3 款、第 13 条至第 21 条、第 23 条和第 23-1 条中的基本原则。

当事人和仲裁员应当迅速并且诚实参与仲裁程序。

在遵守法定义务的前提下,仲裁程序遵守保密原则,但当事人另有约定的除外。

第 1465 条

仲裁庭对与自己是否具有仲裁权有关的所有争议具有专属管辖权。

第 1466 条

当事人在知晓非法事由后没有在有效期限内向仲裁庭提出,如无正当理由则视为放弃对此事由的异议权。

第 1467 条

仲裁庭采取必要的调查取证行为;当事人也可以授权仲裁庭中一名仲裁员进行。

仲裁庭可以听取所有人的意见。此听审不要求进行宣誓。

对一方当事人持有的证据材料,仲裁庭可以依据确定的方式要求提供并可能采取强制措施。

第 1468 条

仲裁庭依据确定的条件向当事人命令采取认为合适的任何保全措施或临时措施,需要时还可以采取强制措施。但是,法院对命令采取保全扣押和司法担保具有专属管辖权。

仲裁庭可以对其命令的保全措施或临时措施进行修改或补充。

第 1469 条

如果仲裁程序的一方当事人援引一份自身并非参与者的公文书或私文书或由第三人持有的书证,该当事人可以应仲裁庭要求,传唤此第三人至初审法院院长面前,以便取得文书的节录本、文书或书证。

按照第 42 条至第 48 条确定具有地域管辖权的初审法院院长。

请求的提出、审理和裁判适用实体审理加速程序。

初审法院院长认为请求理由充分时,视情况在确定的条件和提供担保的情形下,命令出具或提供文书和书证的原件、复印件或节录本,并且需要时采用强制措施。

此裁判不具有预先执行的法定效力。

对裁判不服,可以在送达后十五日内提起上诉。

第 1470 条

如无相反规定,仲裁庭有权解决第 287 条至第 294 条、第 299 条所指的核对字迹或审查伪造文书的事件。

对文件属伪造的附带请求,适用第 313 条的规定进行处理。

第 1471 条

仲裁程序的中断适用第 369 条至第 372 条的规定。

第 1472 条

如有需要,仲裁庭推迟裁决。推迟裁决的决定中断仲裁程序一段期间或直至决定中确定的事件发生。

仲裁庭可以根据具体情况撤销推迟裁决或缩短期间。

第 1473 条

除有相反规定外,仲裁程序可以因为一名仲裁员的去世、妨碍、弃权、辞职、回避或撤销而中止,直至替代仲裁员在被指定后同意接受。

按照当事人约定的方式指定替代的新仲裁员;如果当事人没有约定,按照指定旧仲裁员的方式进行。

第 1474 条

仲裁程序的中断或中止,不会导致仲裁庭丧失管辖权。

仲裁庭可以提请当事人表明是否继续仲裁程序或终结中断、中止事由。当事人没有表明时,仲裁庭终结仲裁程序。

第 1475 条

中断或中止事由消失时,仲裁程序从被中断或中止的阶段继续进行。

继续进行仲裁程序时,作为第 1463 条的例外情形,仲裁庭可以决定延长仲裁期间,但延长的期间不得超过六个月。

第 1476 条

仲裁庭确定宣告进入评议的日期。

在评议中,如果仲裁庭没有要求,不得提出任何请求、援引任何理由以及提供任何书证。

第 1477 条

仲裁期间届满时,仲裁程序终结。

第四章　仲裁裁决

第 1478 条

仲裁庭依据法律规定解决纠纷,但当事人授予仲裁庭进行衡平裁决的除外。

第 1479 条

仲裁庭的评议秘密进行。

第 1480 条

仲裁裁决依据多数人的意见做出。

仲裁裁决由所有仲裁员签名。

如果少数仲裁员拒绝签名,写明于裁决中。此仲裁裁决具有与所有仲裁员签名的仲裁裁决的相同效力。

第 1481 条

仲裁裁决应当写明下列事项：

(1)当事人的姓名或名称，以及住所或总部所在地；

(2)必要时，律师的姓名或其他辅助、代理当事人的人；

(3)做出裁决的仲裁员姓名；

(4)日期；

(5)做出裁决的地点。

第 1482 条

仲裁裁决应当简要说明当事人的各自请求及其理由。

仲裁裁决应当说明裁决的理由。

第 1483 条

仲裁裁决中应当写明第 1480 条所指的事项，第 1481 条的仲裁员姓名和裁决日期以及第 1482 条的裁决理由，否则仲裁裁决无效。

但是，仲裁裁决中法定要求的记载事项遗漏或不准确时，如果能通过仲裁程序中的书证或其他方式证明已经遵守法律规定，则不会导致裁决无效。

第 1484 条

仲裁裁决对解决的纠纷具有既判力。

仲裁裁决具有预先执行的效力。

仲裁裁决通过执达员送达当事人，但当事人另有约定的除外。

第 1485 条

仲裁裁决终止仲裁庭对解决纠纷的管辖权。

但是，依据一方当事人请求，仲裁庭对仲裁裁决可以做出解释或修正裁决中的错误和实体遗漏；仲裁裁决中遗漏某项仲裁请求时，仲裁庭还能补充裁决。仲裁庭在听审或传唤当事人后做出仲裁裁决。

如果仲裁庭不能再次组合，并且当事人不同意组成新仲裁庭，由对案件享有司法管辖权的法院办理。

第 1486 条

基于第 1485 条第 2 款产生的请求在仲裁裁决通知后三个月内提出。

如无相反约定，纠正或补充仲裁裁决应当在仲裁庭受理后三个月内完成。期间可以按照第 1463 条第 2 款进行延长。

经纠正或补充的仲裁裁决按照原仲裁裁决的相同方式进行通知。

第五章　仲裁裁决执行书

第 1487 条

只有向仲裁裁决做出地的初审法院请求做出仲裁裁决执行书后,才能强制执行仲裁裁决。

处理仲裁裁决执行书请求所适用的诉讼程序不是对审程序。

最先行动的一方当事人向法院提交申请书,并附上仲裁裁决原件和一份仲裁契约,或符合真实性证明条件的复印本。

仲裁裁决执行书张贴于仲裁裁决的原件上;如未提供原件则张贴于符合上款条件的仲裁裁决复印本上。

第 1488 条

如果仲裁裁决明显违反公共秩序,法院拒绝做出仲裁裁决执行书。

拒绝做出仲裁裁决执行书的裁定应当说明理由。

第六章　救济

第一节　上诉

第 1489 条

对仲裁裁决,不准许上诉;但当事人另有约定的除外。

第 1490 条

上诉旨在改变或撤销仲裁裁决。

上诉法院在仲裁庭解决纠纷的范围内依据法律或衡平原则做出裁判。

第二节　撤销仲裁裁决

第 1491 条

对仲裁裁决始终可以申请撤销仲裁裁决,但当事人约定提起上诉的除外。

与上款相反的条款视为未曾订立。

第 1492 条

只有符合下列情形之一时,才能撤销仲裁裁决:

（1）仲裁庭错误宣布有管辖权或无管辖权；

（2）仲裁庭的组成不合法；

（3）仲裁庭没有按照授予的任务做出裁决；

（4）没有遵守对审原则；

（5）仲裁裁决违反公共秩序；

（6）在仲裁裁决中,没有说明理由；没有指明裁决日期或做出裁决的仲裁员姓名；仲裁员没有按照要求签名；仲裁裁决的结果不是多数人意见。

第 1493 条

当法院撤销仲裁裁决时,在仲裁员解决纠纷的范围内做出实体裁判,但当事人另有约定的除外。

第三节　上诉和撤销仲裁裁决的共同规定

第 1494 条

对仲裁裁决的上诉和撤销申请,向仲裁裁决做出地的上诉法院提出。

仲裁裁决宣告后即可启动上述救济。应当在仲裁裁决通知后一个月内提出上诉或撤销申请,逾期则不准许。

第 1495 条

对仲裁裁决的上诉和撤销申请,提起、审理和裁判适用第 900 条至第 930-1 条规定的争讼程序规则。

第 1496 条

对仲裁裁决提起上诉和撤销申请的期间,以及在此期间内提起上诉或撤销申请,能中止仲裁裁决的执行,但仲裁裁决具有预先执行效力的除外。

第 1497 条

在下列情形下,由上诉法院的第一院长或接管案件的审前准备法官做出紧急审理裁判：

（1）当仲裁裁决具有预先执行效力时,如果执行可能导致明显过分后果,阻止或中断对仲裁裁决的执行；

（2）当仲裁裁决没有预先执行效力时,命令对仲裁裁决的全部或部分预先执行。

第 1498 条

当仲裁裁决具有预先执行效力或适用第 1497 条第（2）项时,上诉法院的第一院长或接管案件的审前准备法官做出仲裁裁决执行书。

驳回上诉或撤销申请的裁判,等同于向仲裁裁决或上诉法院没有审查的内容授予仲裁裁决执行书。

第四节　对裁定执行仲裁裁决的救济

第 1499 条

对准许执行仲裁裁决的裁定,不准许提起救济。

但是,对仲裁裁决提起上诉或撤销申请时,在上诉法院受理的范围内包括对准许执行仲裁裁决的裁定的救济,导致做出此裁定的法官终止管辖。

第 1500 条

对驳回执行仲裁裁决请求的裁定不服,可以在收到通知后一个月内提起上诉。

在此情形下,上诉法院可以依据一方当事人在规定期间内提起的请求受理对仲裁裁决的上诉或撤销申请。

第五节　其他救济

第 1501 条

对仲裁裁决,可以向对案件具有司法管辖权的法院提起第三人异议,应当遵守第 588 条第 1 款的规定。

第 1502 条

在第 595 条有关判决规定的情形中,可以依据第 594 条、第 596 条、第 597 条、第 601 条至第 603 条规定的条件对仲裁裁决申请再审。

向仲裁庭提交再审申请。

但是,如果仲裁庭不能再次组合,向对仲裁裁决的其他救济有管辖权的上诉法院提交再审申请。

第 1503 条

对仲裁裁决,不准许提起缺席裁决异议,也不准许向最高司法法院上诉。

第二编　国际仲裁

第 1504 条

涉及国际商事利益的仲裁是国际仲裁。

第 1505 条

如无相反约定,在下列情形中,国际仲裁程序的援助法官是巴黎初审法院院长:

(1)仲裁在法国进行;

(2)当事人约定仲裁适用法国的程序法律;

(3)当事人明确授予法国法院解决与仲裁程序有关的纠纷;

(4)一方当事人面临司法不公正的危险。

第 1506 条

除遵守本编规定外,下列条文也适用于国际仲裁,但当事人另有约定的除外:

(1)关于仲裁契约:第 1446 条、第 1447 条、第 1448 条第 1 款和第 2 款、第 1449 条;

(2)关于仲裁庭的组成和援助法官适用的程序:第 1452 条至第 1458 条、第 1460 条;

(3)关于仲裁程序:第 1462 条、第 1463 条第 2 款、第 1464 条第 3 款、第 1465 条至 1470 条、第 1472 条;

(4)关于仲裁裁决:第 1479 条、第 1481 条、第 1482 条、第 1484 条第 1 款和第 2 款、第 1485 条第 1 款和第 2 款、第 1486 条;

(5)关于上诉和撤销仲裁裁决之外的其他救济:第 1502 条第 1 款和第 2 款、第 1503 条。

第一章　国际仲裁契约

第 1507 条

国际仲裁契约的形式不受任何条件的限制。

第 1508 条

国际仲裁契约可以直接适用或参照某仲裁规则或程序规则,指定一名或数名仲裁员或约定指定仲裁员的方式。

第二章 仲裁程序和仲裁裁决

第 1509 条

国际仲裁契约可以直接适用或参照某仲裁规则或程序规则确定仲裁程序。

在国际仲裁契约没有约定时,仲裁庭根据需要确定程序,或者直接适用、参照某仲裁规则或程序规则。

第 1510 条

仲裁庭无论选择何种程序,应当保证当事人的平等和遵守对审原则。

第 1511 条

仲裁庭按照当事人选择的法律解决纠纷;如果当事人没有选择,按照仲裁庭认为合适的法律解决纠纷。

在任何情形下,仲裁庭应当考虑商业习惯。

第 1512 条

仲裁庭可以取得当事人的授权进行衡平裁决。

第 1513 条

除国际仲裁契约另有约定外,仲裁裁决按照多数人意见做出。仲裁裁决由所有仲裁员签名。

但是,如果少数仲裁员拒绝签名,其他仲裁员在仲裁裁决中写明。

如果不能达成多数人意见,仲裁庭的首席仲裁员单独做出裁决。在其他仲裁员拒绝签名时,首席仲裁员在独自签名的仲裁裁决中写明。

依据上述两款规定的条件做出的仲裁裁决,与由所有仲裁员签名或按照多数人意见做出的仲裁裁决具有相同效力。

第三章 承认和执行外国仲裁裁决或国际仲裁裁决

第 1514 条

援引仲裁裁决者应当证明仲裁裁决的存在,并且对此仲裁裁决的承认或执行没有明显违反国际公共秩序,才能在法国承认或执行仲裁裁决。

第 1515 条

仲裁裁决的存在,以提供仲裁裁决原本和仲裁契约确认,或提交符合认证真实性条件的上述文件副本确认。

如果上述文件没有采用法文撰写,提出申请的当事人应当提供翻译件。当事人可以提请在司法专家名册中注册的翻译人提供,也可以提请在欧盟其他成员国、欧盟经济共同体协定成员国或瑞士联邦的司法机构或行政机构中有翻译资格的翻译人提供。

第 1516 条

对仲裁裁决的强制执行,只能依据仲裁裁决做出地的初审法院做出的仲裁裁决执行书进行;如果是在外国做出的仲裁裁决,只能依据巴黎初审法院做出的仲裁裁决执行书进行。

申请仲裁裁决执行书的程序不采用对审程序。

最先行动的一方当事人把申请书递交法院书记室,并附上仲裁裁决和仲裁契约原件或证明符合真实性条件的复印本。

第 1517 条

仲裁裁决执行书张贴于仲裁裁决原件上,如果没有提供原件则张贴于符合第 1516 条最后一款规定条件的仲裁裁决复印本上。

当仲裁裁决没有用法文撰写时,在依据第 1515 条提供的翻译件上张贴仲裁裁决执行书。

拒绝出具仲裁裁决执行书的裁定应当说明理由。

第四章　救济

第一节　在法国做出的国际仲裁裁决

第 1518 条

对在法国做出的国际仲裁裁决不服,只准许提起撤销仲裁裁决的申请。

第 1519 条

撤销仲裁裁决的申请,向仲裁裁决做出地的上诉法院提出。

仲裁裁决宣告后即可提出撤销申请。如果在仲裁裁决通知后一个月内没有申请撤销,不得再申请。

仲裁裁决通过执达员送达当事人,但当事人另有约定的除外。

第 1520 条

只有符合下列情形之一时,才能撤销仲裁裁决:

(1)仲裁庭错误宣布有管辖权或无管辖权;

(2)仲裁庭的组成不合法;

(3)仲裁庭没有按照授予的任务做出裁决;

(4)没有遵守对审原则;

(5)仲裁裁决的承认或执行违反国际公共秩序。

第 1521 条

上诉法院第一院长或接管案件的审前准备法官可以对仲裁裁决授予仲裁裁决执行书。

第 1522 条

当事人可以随时通过特别约定明确放弃申请撤销仲裁裁决。

在此情形下,他们始终有权依据第 1520 条规定的理由对准许仲裁裁决执行书的裁定提起上诉。

当事人应当在收到附有仲裁裁决执行书的仲裁裁决通知后一个月内提起上诉。通知采用执达员送达,但当事人另有约定的除外。

第 1523 条

对拒绝承认或执行在法国做出的国际仲裁裁决的裁判,准许提起上诉。

上诉应当在裁判通知后一个月内提出。

在此情形下,上诉法院可以依据一方当事人的申请受理撤销仲裁裁决的申请;但是,当事人明确放弃申请撤销仲裁裁决的权利或提出此权利的期间届满的除外。

第 1524 条

对准许仲裁裁决执行书的裁定,不准许提起任何救济,但第 1522 条第 2 款规定的情形除外。

但是,对仲裁裁决提起撤销申请时,在上诉法院受理的范围内包括对准许执行仲裁裁决的裁定的救济,导致做出此裁定的法官终止管辖。

第二节 外国仲裁裁决

第 1525 条

对申请承认和执行外国仲裁裁决的裁判,准许提起上诉。

上诉应当在通过执达员送达裁判后一个月内提出。

但是,当对取得仲裁裁决执行书的外国仲裁裁决提出上诉时,当事人可以约定采取其他通知方式。

上诉法院只能依据第 1520 条规定的情形拒绝承认或执行外国仲裁裁决。

第三节　适用于在法国做出的国际仲裁裁决和
外国仲裁裁决的共同规定

第 1526 条

对仲裁裁决提起的撤销申请,以及对准许仲裁裁决执行书的裁定提起的上诉,不具有中止效力。

但是,如果执行仲裁裁决可能对一方当事人的权利造成严重损害,上诉法院的第一院长或接管的审前准备法官可以做出紧急审理裁判阻止或安排仲裁裁决的执行。

第 1527 条

对准许仲裁裁决执行书的裁定提起的上诉以及对仲裁裁决提起的撤销申请,提出、审理和裁判适用第 900 条至第 930-1 条规定的争讼程序规则。

驳回上诉或撤销申请,等同于向仲裁裁决或上诉法院没有审查的内容授予仲裁裁决执行书。

第五卷　协商解决纠纷

第 1528 条

纠纷当事人可以依据本卷规定的条件在调解员、司法和解员或参与程序中律师的协助下寻求协商解决纠纷。

第 1529 条

本卷规定适用于司法机关管辖民事案件、商事案件、社会保障案件或农村事务案件等范围内的纠纷，但应当遵守各案件和各法院的特殊规定。

本卷规定也适用于劳动纠纷，但应当遵守《民法典》第 2066 条第 3 款规定。

本卷规定也适用于在上述法院审理的诉讼程序中以审前准备为目的而缔结的参与程序契约。

第一编　协商调解和协商和解

第 1530 条

本编规定的协商调解和协商和解，是指依据前面提到的 1995 年 2 月 8 日法律第 21 条和第 21-2 条，由两个或多个当事人在司法程序外为寻求协商解决纠纷而共同选择的第三方，秉承公正、有能力和负责任的态度协助当事人寻求协商解决纠纷的结构性过程。

第 1531 条

协商调解和协商和解，应当依据 1995 年 2 月 8 日法律第 21-3 条规定的条件和方式进行，并且遵循保密原则。

第一章　协商调解

第 1532 条

调解员可以是自然人或法人。

调解员是法人时，依据当事人的合意指定一名自然人主持调解。

第 1533 条

调解员以及依据第 1532 条第 2 款指定的人应当满足下列条件：

（1）未曾涉及犯罪记录第 3 号公报中提及的处罚、能力剥夺或能力丧失情形；

（2）依据当前或过去的活动具有适合解决纠纷的性质所要求的资格，或必要时证明具有适合于调解实践的培训经历或经验。

第 1534 条

应当由调解中的全体当事人或一方当事人持有其他当事人的明确同意，请求法官对调解协议进行确认。

第 1535 条

当调解协议已由欧盟其他成员国的法院或主管机构依据 2008 年 5 月 21 日欧洲议会和理事会第 52 号《关于民商事调解的指令》中第 6 条规定的条件赋予执行效力时，调解协议在法国依据第 509-2 条至第 509-7 条得到承认和执行。

第二章　司法和解员促进和解

第 1536 条

司法和解员是由 1978 年 3 月 20 日《关于司法和解员的法令》创设；任何自然人或法人均可以通过任何方式请求司法和解员促进和解。

第 1537 条

必要时，司法和解员可以提请利害关系人到场进行面谈。

到场的利害关系人可以选择一名成年人陪同；成年人应当向司法和解员证明身份。

第 1538 条

司法和解员可以经利害关系人同意后前往某地点，听取其认为有用之人的意见，但事先应当取得被听取意见的人的同意。

第 1539 条

征得当事人同意后，司法和解员可以联合同一上诉法院辖区内另一名司法和解员共同促进和解。在全部当事人参与的会议中，两名司法和解员可以交换各自收到的申请中的相关信息。两名司法和解员在确认当事人达成和解协议的文件上共同签名。

第 1540 条

和解全部或部分成功时,可以制作一份和解笔录,由当事人和司法和解员签名。一方当事人或多方当事人在司法和解员不在场时和解成功,可以把合意内容记录于自行制作的签名文件中;也可以制作和解笔录,由司法和解员和达成和解的当事人签名,并由司法和解员把前述签名文件附于和解笔录中。

如果和解导致权利的放弃,必须制作和解笔录。

应当向每位利害关系人发送一份和解笔录。司法和解员应当及时把一份和解笔录呈交初审法院的书记室。

第 1541 条

应当由和解中的全体当事人或一方当事人持有其他当事人的明确同意,请求法官对和解协议进行确认。

第二编　参与程序

第 1542 条

《民法典》第 2062 条至第 2067 条规定的参与程序,适用本编规定。

第 1543 条

参与程序依据寻求和解协议的协商程序进行,必要时随后进入审判程序。

参与程序也可以在所有司法法院的诉讼程序内以审前准备为目的而进行,无论之后进行何种程序。

第一章　协商程序

第一节(一)　参与程序契约

第一目　一般规定

第 1544 条

当事人在律师的协助下,根据参与程序契约确定的条件,共同努力达成解决纠纷的和解协议或对纠纷进行审前准备。

第 1545 条

除《民法典》第 2063 条规定的事项外,参与程序契约还应当写明当事人和其律师的姓名和地址。

当事人的律师依据参与程序契约中约定的方式进行诉讼请求、事实理由和法律理由、书证和信息的交换;各方采用任何适宜的方式告知对方。完成书证交换后应当制作一份清单。

参与程序契约也确定当事人之间费用的分担;但一方当事人获得法律援助时,遵守 1991 年 12 月 19 日第 91-1266 号法令第 123-2 条的规定。如果参与程序契约没有约定,参与程序的费用由各方当事人均等承担。

第 1546 条

参与程序契约依照签订时的相同形式进行修改。

第二目　以审前准备为目的的参与程序

第 1546-1 条

当事人在诉讼程序的过程中随时可以签订以审前准备为目的的参与程序契约。

当事人和其律师证明已签订以审前准备为目的的参与程序时,法官可以依据他们的请求确定终结调查取证的庭审日期和辩论的庭审日期。法官把对案件的审查提请至前面提到的第一次庭审。如果没有提出请求,法官命令合意撤诉。

各方当事人签署以审前准备为目的的参与程序契约,等同于放弃提出不予受理、程序抗辩或援引本法典第 47 条规定的权利,但这些事由在签署参与程序契约后产生或发现的除外。

第 1546-2 条

在上诉法院向法官提供上诉当事人之间签订参与程序契约的信息时,将中断第 905-2 条和第 908 条至第 910 条为提交答辩意见书或提出附带上诉指定的期间。期间中断的效力延续至向法官告知参与程序终结。

第一节(二)　律师共同签署的文书

第 1546-3 条

在法院受理的纠纷或尚未受理的纠纷中,当事人的律师们共同制作律师共同签署的诉讼文书,可以适用于参与程序内外。

通过参与程序契约中律师共同签署的文书,当事人可以进行下列特殊事项:

(1)列举参与程序契约中没有提到的事实或书证,当事人对上述事实或书证的存在、内容或解释已达成一致意见。

(2)当事人对可以自由处分的权利确定限制辩论的法律焦点。

(3)商定证明文件的交换方式。

(4)依据第 1547 条至第 1554 条的方式求助于一名专家。

(5)指定一名司法和解员或调解员参与纠纷解决,包括被指定人员的任务,必要时还有报酬和支付方式。

(6)记载对当事人先后在其顾问到场情况下被听取陈述的情况,包括对纠纷的陈述和诉讼请求,律师的问题以及回复,希望提交的意见。

(7)由律师们共同收集的对因为见证事实而提供证言的人的言辞或个人认知,证人自愿陈述或接受询问的回答。文书包括第 202 条第 2 款的事项;证人签名第 202 条第 3 款所指的事项。

(8)由律师们共同收集的一名技术人员的确认内容或出具的意见。

第二节　求助技术人员

第 1547 条

当事人考虑求助于一名技术人员时,共同选择并共同确定该技术人员的任务。

当事人按照约定方式向技术人员支付报酬。

第 1548 条

为了使当事人能够从中获得其认为有用的结果,技术人员在接受任务前应当披露可能影响独立的所有情形。

第 1549 条

当事人和技术人员对合同条款达成一致意见时,技术人员开始工作。

技术人员应当秉承良心、认真和中立开展工作,并且遵守对审原则。

只有经当事人一致同意,才能撤换技术人员。

第 1550 条

依据技术人员的申请或者在收到其意见后,当事人可以改变授予的任务或者委托另一名技术人员完成补充工作。

第 1551 条

当事人向技术人员提交有助于完成工作的必需资料。

当一方当事人的消极行为阻碍开展工作时,技术人员可以召集所有当事人,向他们指明应当采取其认为有必要的认真态度。

如果当事人没有听从技术人员的请求,技术人员根据持有的资料继续工作。

第 1552 条

经当事人和技术人员同意,有利害关系的第三人可以参与到技术人员的活动中。技术人员告知第三人可以对这些活动提出抗辩。

第 1553 条

如果当事人要求以及必要时第三人要求,技术人员在报告中附上他们的意见或书面声明。

技术人员在报告中对上述意见或声明的后果进行说明。

第 1554 条

任务结束时,技术人员应当提交一份书面报告给当事人,必要时也提交给第三人。

报告也可以在诉讼程序中提交。

第三节　协商程序结束

第 1555 条

协商程序因为下列情形而结束:

(1)参与程序契约的期限届满;

(2)当事人在律师协助下书面提前解除参与程序契约;

(3)对全部纠纷达成和解协议或对存留的全部或部分纠纷制作文书;

(4)一方当事人不履行参与程序契约;

(5)在以审前准备为目的的参与程序中,法院受理附带事件的裁判请求,但各方当事人同意法院受理的除外。

第 1555-1 条

对部分纠纷达成和解协议时,依据《民法典》第 1374 条规定的条件制作签名私文书进行确认。文书中明确列举达成和解协议的各要点。

签订以审前准备为目的的参与程序契约时,本条第 1 款提到的和解协议最迟在终结调查取证的开庭之日寄送法院。

在没有审前准备的程序中签订参与程序契约时,本条第 1 款提到的和解协议最迟在开庭之日寄送法院。

第二章　审判程序

第 1556 条

在协商程序结束时,法官可以受理案件或依据一方当事人的请求重新立案,根据情况确认当事人解决全部纠纷的和解协议,或确认当事人的部分协议并对剩余纠纷做出裁判,或对全部纠纷做出裁判;对离婚或分居请求的裁判作为例外情形,应当依据第三卷第一编第五章第二节的规定进行。

一方当事人不履行参与程序契约时,另一方当事人可以依据《民法典》第 2065 条第 1 款请求法官在参与程序契约届满前对纠纷做出裁判。请求的提出、审理和裁判,按照在该法官面前适用的程序规则进行。

第一节 和解协议的确认程序或试行协商
解决纠纷后的审判程序

第一目 终止全部纠纷的和解协议的确认程序

第 1557 条

由最先行动的一方当事人或全体当事人向法官提交申请书,请求对依据第 1555 条制作的和解协议进行确认。

提交申请书时必须附上参与程序契约,否则不予受理。

和解协议涉及具备辨识能力的未成年人时,特别是协议内容有关亲权的行使,申请书中应当写明已告知未成年人可以在一名律师辅助下由法官或其指定的人听取意见权利的条件。

第二目 对剩余纠纷的审判程序

（一）共同规定

第 1558 条

在保留《民法典》第 2066 条第 3 款的前提下,法官基于本目中（二）和（三）对剩余纠纷的全部或部分进行裁判,依据其所适用的程序应当先行和解或调解时,直接传唤至庭审进行裁判。

第 1559 条

在初审法院,直接传唤至分配审理案件的审判庭进行判决的庭审,但全部纠纷适用普通程序的除外。只能在第 1561 条第 2 款和第 3 款规定的情形中,把案件移送审前准备法官。

（二）对部分协议的确认和对剩余纠纷的判决

第 1560 条

当事人达成部分协议时,可以请求法院对剩余纠纷进行裁判,但他们只要求依据第 1557 条进行司法确认的除外。法院按照适用的规则进行裁判,或者依据在参与程序中协助当事人的律师们签名的共同申请书适用本目（二）中规定的条件进行裁判。

申请书除第 57 条所指的事项外,还应当包括下列事项,否则法官依职权宣告不予受理:

（1）当事人达成协议的要点可以在同一申请书中请求法院确认；

（2）当事人对剩余纠纷的各自诉讼请求，并附上支持诉讼请求的事实理由和法律理由，指明支持诉讼请求的援引书证。

申请书还应当附上参与程序契约和《民法典》第 2063 条所指的书证，必要时还有技术人员的报告以及协商程序中交换的书证；否则，法院可以依职权宣告不予受理。

第 1561 条

纠纷的标的由当事人各自的诉讼请求确定，并在第 1560 条所指的申请书中提出。

当事人不能修改自己的诉讼请求，但下列情形除外：更新继承执行中债权的请求数额；对抗之后的支付或赔偿；请求审理第三人介入后产生的问题；请求审理和解协议签订后产生或发现某项事实产生的问题。

只有在法院认为解决纠纷所必要而提请当事人提供事实说明或法律说明时，当事人才能修改自己诉讼请求的法律基础或提出新理由。

（三）对全部纠纷的审判

第 1562 条

面对剩余的全部纠纷，法官可以通过下列方式受理：

（1）依照适用的程序规则；

（2）依照本目（二）中的方式；

（3）依照单方起诉书，法官适用相应程序做出裁判，但应当遵守本目（三）中规定。

第 1563 条

起诉书由最先行动的一方当事人的律师向书记室提交。起诉书应当在参与程序契约结束后三个月内提交，否则不予受理。

除第 58 条规定的事项外，起诉书还应当包括事实理由和法律理由的说明，并附第 1560 条第 3 款所指的书证目录，否则不予受理。

提交起诉书的律师根据情况通知或通过有回执的挂号信告知对方当事人以及在参与程序的过程中协助对方当事人的律师。

在初审法院，向书记室递交起诉书即表明委托律师。

第 1564 条

当起诉书提交初审法院的书记室时，第 1563 条第 3 款所指的通知向对方当事人指明应当在通知后十五日内委托律师。

在其他情形下,书记室在收到起诉书后告知起诉人的律师对案件第一次有效审理的庭审日期。按照第 1563 条第 3 款规定,把此庭审日期通知对方当事人。

第二节　对纠纷协商进行审前准备后的审判程序

第 1564-1 条

依据一方当事人的请求重新立案,由法官根据情况确认和解协议,并且对剩余的部分纠纷或全部纠纷做出裁判;必要时,先行完成对纠纷的审前准备。

提出重新立案请求时,应当附上当事人签订的参与程序契约和《民法典》第 2063 条所指的书证,必要时还有技术人员的报告以及协商程序中交换的书证。

第 1564-2 条

在保留《民法典》第 2067 条规定的前提下,在审前准备程序中对纠纷的全部达成和解协议时,由最先行动的一方当事人或全体当事人依据第 1555-1 条规定请求法官确认和解协议。

当和解协议涉及具备辨识能力的未成年人时,尤其涉及亲权的行使,申请书中应当写明已告知未成年人可以在一名律师辅助下由法官或其指定的人员听取意见权利的条件。

第 1564-3 条

当在协商程序中完成审前准备进入等待判决状况,而且当事人对纠纷的实体内容达成部分和解协议时,如果提出重新立案请求,应当附上按照《民法典》第 1374 条规定的条件制作的律师文书,包括当事人达成的和解协议的要点,当事人对剩余纠纷的各自诉讼请求,附上支持诉讼请求的事实理由和法律理由,并且指明每项诉讼请求援引的书证。

第 1564-4 条

当在协商程序中完成审前准备进入等待判决状况,但全部纠纷存留时,如果提出重新立案请求,应当附上按照《民法典》第 1374 条规定的条件制作的律师文书,包括当事人的各自诉讼请求,附上支持诉讼请求的事实理由和法律理由,并且指明每项诉讼请求援引的书证。

第 1564-5 条

当在协商程序中案件的全部或部分没有进入等待判决状况时,依据最先行动的一方当事人提出的请求重新立案,进入审前准备阶段,适用审前准备法官的程序规则。

第 1564-6 条

当法官依据第 1564-3 条和第 1564-4 条的规定受理案件时,在简短的期间内登记案件。

第 1564-7 条

当案件审理适用第 1546-1 条第 2 款进入终结调查取证的庭审时,第 1564-1 条、第 1564-3 条、第 1564-4 条所指的文书和书证最迟在庭审日期提交审前准备法官。

第三编　共同规定

第 1565 条

当事人通过调解、和解或参与程序达成调解协议或和解协议后,可以请求对纠纷具有管辖权的法官确认调解协议或和解协议,授予执行效力。

法官在确认中不能改变调解协议或和解协议的条款。

第 1566 条

法官在确认中不经辩论即可做出裁判,但认为有必要听取当事人意见的除外。

如果法官支持确认,所有利害关系人可以向做出裁判的法官提出紧急审理申请。

对拒绝确认的裁判不服,准许提起上诉。向上诉法院的书记室,提交单独上诉书。上诉案件的审理适用非讼程序。

第 1567 条

第 1565 条和第 1566 条的规定适用于《民法典》中的和解合同,但通过调解、和解或参与程序达成的和解合同除外。由最先行动的一方当事人或全体当事人向法官请求确认和解合同。

第 1568 条至第 1574 条　【保留】

第六卷 适用于海外属地的规定

第一编 【保留】

第二编　适用于瓦利斯群岛和富图纳群岛的规定

第 1575 条

根据 2019 年 12 月 11 日第 2019-1333 号《关于民事诉讼程序改革的法令》而产生的本法典版本,在本卷规定的条件下适用于瓦利斯群岛和富图纳群岛,但下列条文除外:第二卷的第四编和第五编,第三卷第二编第四章,第三卷第一编第九章第二节(二),第五卷。

第 1576 条

本法典适用于瓦利斯群岛和富图纳群岛时,下列的术语应当进行替换:

(1)"初审法院"替换为"第一审法院";

(2)"商事法院"或"商事裁判"替换为"审理商事案件的第一审法院";

(3)"保护诉讼法官"替换为"第一审法院的院长";

(4)"共和国检察官"替换为"驻第一审法院的共和国检察官";

(5)"省"替换为"瓦利斯群岛和富图纳群岛";

(6)"省长"替换为"国家代表";

(7)"执达员"替换为"行政主管机构或军事主管机构";

(8)"地方报纸"替换为"瓦利斯群岛和富图纳群岛公报";

(9)"信托寄存处"替换为"国库";

(10)"省议会主席"或"市长"替换为"领主"。

第 1577 条

当事人没有委托律师强制代理的义务;在任何情况下,当事人可以自行抗辩或委托一名诉讼代理人。

第 1578 条

在瓦利斯群岛和富图纳群岛,执达员交付本法典所指文书的管辖权限,可以由一名行政主管机构或军事主管机构的代表进行;拍卖者进行拍卖的权限,由第一审法院的书记员进行;公证员持有的下列权限,包括按照《民法典》第 229-1 条规定的方式保管合意离婚或分居协议原件,交付《民法典》第 46 条和第 317 条所指的公证书,接收《民法典》第 311-20 条所指医疗辅助生育的同意,由第一审法院的书记员进行。

第 1579 条

在瓦利斯群岛和富图纳群岛，本法典中所指的执达员传唤书、传唤通知书、送达文书、通知书和递交的文书，均可以通过平信寄送利害关系人并由其签名。

第 1580 条

在遵守《司法组织法典》第九卷第三编第四章和本法典第 1514 条规定的前提下，第一审法院依据首府各法院在《司法组织法典》分配的管辖范围内适用的特别规定做出裁判。

第 1581 条

在本法典没有规定变更适用时，在瓦利斯群岛和富图纳群岛不适用本法典引用的参照条文，而适用具有同一目的的适用于当地的参照条文。

第 1582 条

在瓦利斯群岛和富图纳群岛，本法典规定的民事罚款金额更换为当地货币的对价。